如果不从源远流长的历史连续性来认识中国

就不可能理解古代中国

也不可能理解现代中国

更不可能理解未来中国

漢字中國

方正之间的中华文明

CHINA IN LIGHT OF HANZI

The Splendor of Chinese Civilization Written in Square-Block Script

成都博物馆 编

中華書局
巴蜀書社

《汉字中国——方正之间的中华文明》

编辑委员会

“汉字中国——方正之间的中华文明”特展策展工作组

总 监 制：金瑞国
监　　制：罗　娟　王　毅
总 统 筹：李　蓓　濮　新　张学文
统　　筹：李春鹏　唐　颖
学术顾问：孙　华　何应辉　张居中　房　方　彭邦本　许　杰
策　　展：任　舸
展览协调：冯　雪　陈　昀　孙　鹏　闫　琰　段杨波　范　犁
执行策展：黄晓枫
内容策划：魏　敏　张宝琳　原　媛
展陈设计：黄彦怡　段凯风　卢　虹
展品组织：刘秋佚　张潇尹　蒋宛羚　张倩影　周　舟
科技展项：柯阳鹏　王云飞　卢秋霖　杨立尧　谢尚志　胡　琨
安　　防：张　弩　李建勇
文　　保：白玉川　闵　晨　林雅伦　彭棫佳　杨文强
宣　　传：王　立　唐澜芯　王诗瑶　李婧涵　张羽腾　张玉禧
法务采购：敬林娜　秦　风　李梦雨

隹三年九月丁子
王才奠鄉醴乎
虢弔召㾓易羔
俎己丑王才句陵
鄉逆酉乎師壽

災害滅除黔首康
略刻此樂石以著
盡始皇帝所為也
不稱始皇帝其於
者不稱成功盛德
史大夫臣德昧死言
刻因明白矣臣昧

皇帝立國維初在

逆威動四極武義

不久滅六暴強廿

道顯明既獻泰成

登于繹山群臣從

世分土建邦以開

於野自泰古始世

觀宇宙之大俯察品類之盛
所以遊目騁懷足以極視聽之
娛信可樂也夫人之相與俯仰
一世或取諸懷抱悟言一室之內
或因寄所託放浪形骸之外雖
趣舍萬殊靜躁不同當其欣
於所遇暫得於己快然自足不
知老之將至及其所之既惓情

永和九年歲在癸丑暮春之初
于會稽山陰之蘭亭脩禊事
也羣賢畢至少長咸集此地
有崇山峻領茂林脩竹又有清流激
湍暎帶左右引以爲流觴曲水
列坐其次雖無絲竹管弦之
盛一觴一詠亦足以暢敘幽情
是日也天朗氣清惠風和暢仰

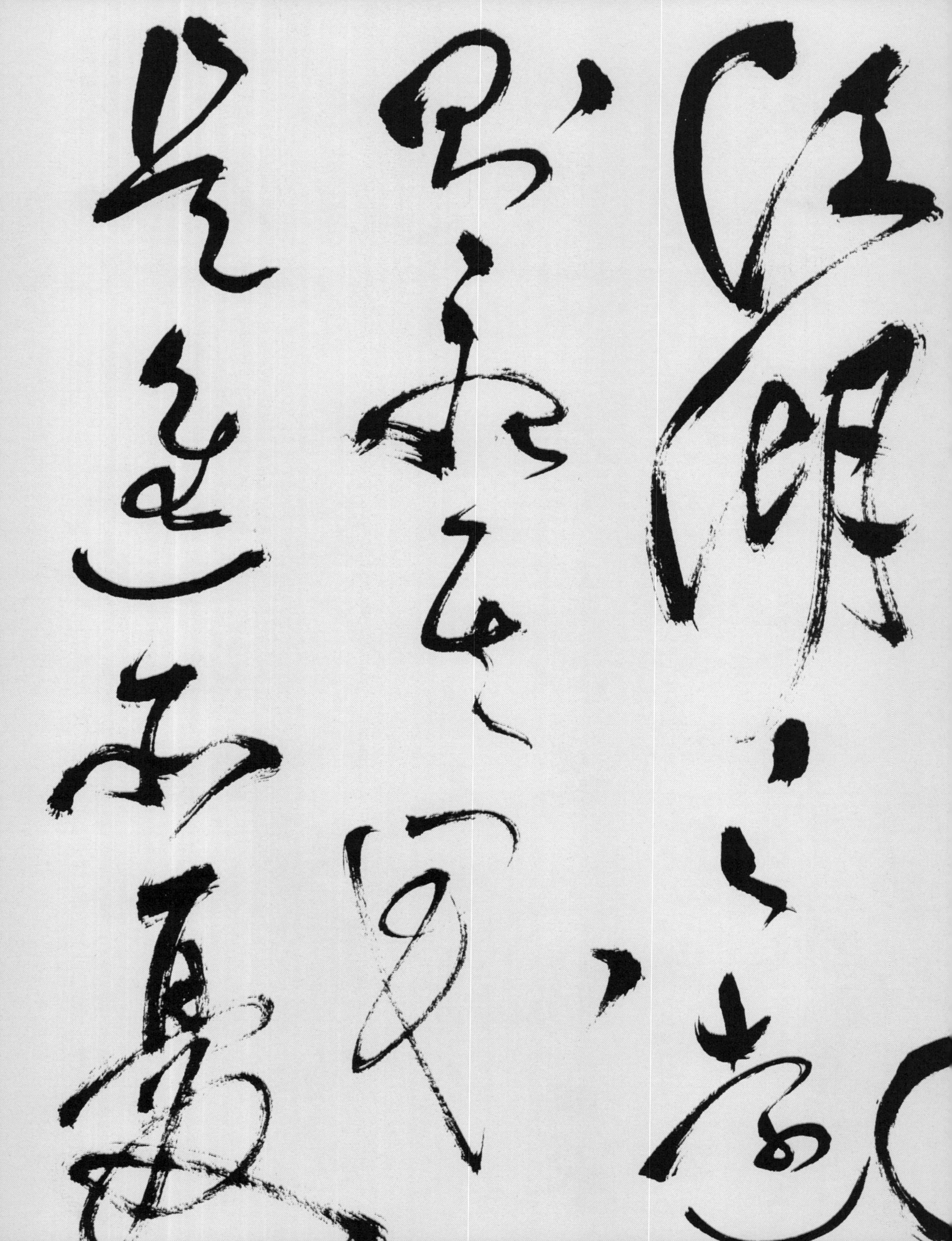

致敬“源远流长”的中华文明

习近平总书记指出，中华文明是世界上唯一绵延不断且以国家形态发展至今的伟大文明。如果不从源远流长的历史连续性来认识中国，就不可能理解古代中国，也不可能理解现代中国，更不可能理解未来中国。

方正之间，文明生发。汉字是中华文明最具标识性的载体，是中华民族根植于文明深处的文化基因。汉字的起源、发展、成熟，与中华文明之间有着深刻的内在联系，它在不同历史时期的发展面貌，正是中华文明的时代缩影。同时，作为至今仍在使用的、活着的、离人们生活最近的一种文化遗产，对汉字文化的诠释，也成为连接过去中国、现代中国和未来中国的桥梁。

2023 年“文化和自然遗产日”期间，国家文物局、四川省人民政府联合主办的“汉字中国——方正之间的中华文明”展览在成都博物馆启幕。展览以汉字说文明，以“源”“远”“流”“长”四字构建讲述脉络，见字剖意，解读汉字与中华文明相生相发、相互成就的历史进程：古人萃图成字，焕文明之光，是为“源”；文以载道，汇融天下，奠统一之基，是为“远”；字承民族之志，不断守正创新，发展演化，是为“流”；文脉绵延，焕发当代光彩，历久弥新，是为“长”。

展览期间，全国 20 个省（自治区、直辖市）42 家文博单位的 225 件珍品汇聚蓉城，是以考古文物进行大历史叙事和文化阐释的一次创新实践。其中如河南舞阳贾湖出土的距今约 8000 年的刻符龟甲，是迄今所知最早的汉字源头之一；陕西扶风庄白一号窖藏出土的史墙盘，金文雍容浑厚，是煌煌周礼的生动承载；甘肃省镇原县博物馆的馆藏珍品——秦始皇二十六年铜诏版，是秦统一度量衡和文字的历史见证。更有初唐四大家虞世南楷书《大运帖》，行笔如闲庭信步、不疾不徐，彰显大唐海纳百川的盛世气象；宋代著名词人、爱国将领辛弃疾唯一传世真迹《去国帖》，笔触方正挺拔，铮铮之气跃然纸上；黄庭坚楷书《狄梁公碑》册，为狄仁杰、范仲淹、黄庭坚三绝之作，可见中国文人一脉相承的济世报国之情；米芾行书《方圆庵记》册，集王羲之古字；赵孟頫《急就章》册，领元代章草书风；祝允明草书《岳阳楼记》，运笔豪放狂纵，行笔沉着痛快……众多书法艺术珍品，演绎出中国文人致知修身、胸怀天地的家国情怀。

展览的成功举办，也是讲好中国故事，向世界展示中华文明的源远流长、博大精深，推进文化自信自强、扩大中华文化国际影响力的一次有益尝试。以文物为载体，阐释并展示中华民族伟大民族精神和优秀传统文化，诠释中华文明生生不息、长盛不衰的文化基因，汲取实现中华文明伟大复兴的精神力量，为人类可持续发展贡献中国智慧，是当代文博工作者孜孜以求的目标。

立足新时代，全国文物系统要认真学习贯彻习近平文化思想，担负起新的文化使命，加强学术研究，创新价值阐释，提升教育功能，推动文明交流，弘扬全人类共同价值，为强国建设、民族复兴贡献文博力量。

国家文物局
2024 年 4 月

汉　字　发

时代	新石器时代	商代	西周至春秋	战国	秦
关键词	刻绘记事	甲骨卜辞	铭于钟鼎	文字普及	统一文字
主要书写载体	陶器 玉石器	龟甲 兽骨	青铜器	青铜器 简牍 绢帛	简牍 绢帛
汉字发展面貌	萌芽期	汉字成熟，具备“象形”“会意”“形声”“指事”等基本结构，还有“假借”“转注”等用字方法。	篆引规范，章法初具，金文走向成熟。	以地域性、多样化、崇美性和变异性为显著特点，出现了草体篆文。	小篆通行，隶书发轫汉字史承上启下的键时期。
书法家代表					李斯

展　　脉　　络

汉	魏晋南北朝	隋唐五代	宋元	明清
汉字隶变	多元共进	秉持法度	纵情尚意	传承革新
牍 帛	纸张 石碑	纸张 石碑	纸张	纸张
隶书成熟，草书初兴，书法审美趋于自觉，书学著作大量出现。	汉字由隶书向楷书过渡的关键时期，隶、楷、草、行四体纷呈，书法审美以突出情感为特点。	楷书成为官方字体。楷书的严谨法度与草书的浪漫纵情相互交融，对书法发展历史规律的总体性研究广泛出现。	两宋力求突破唐代章法，提倡个性自由之书风；元代书学推崇复古，强调“书画同源”，确立了“诗”“书”“画”相结合的艺术面貌。	明代书学书画兼论，崇尚自由奇巧；清代书学开创了碑学理论，完善了中国书法的传统理论体系。
张芝 蔡邕	钟繇 王羲之 王献之	虞世南 褚遂良 柳公权 怀素 颜真卿	苏轼 黄庭坚 米芾 赵孟頫	文徵明 董其昌 傅山 王铎 翁方纲

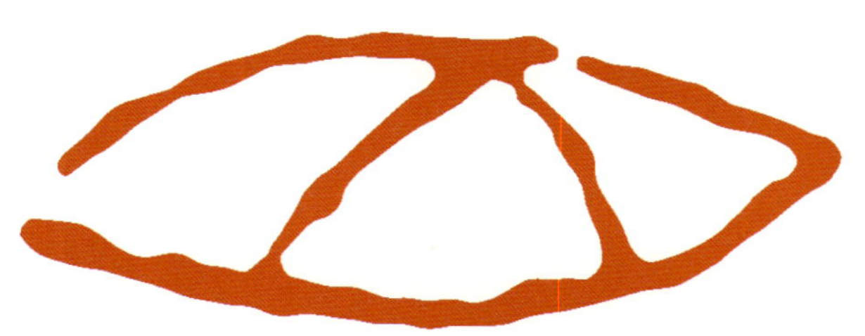

目录

001 前言

原 萃图成字 礼序乾坤
006 星火燎原
014 商契文明
026 仪礼之铭
042 意象万千

远 文以载道 汇融天下
060 统一之基
072 泱泱汉风
086 多元共进
098 天下楷模

流 润泽万物 滴汗万方
126 惠泽天下
156 霞光万道

长 华夏之魂 芳华永驻
172 曲折相通
214 怀抱天地
230 致知修身

文论
256 从文字发明到书体大备——汉字发展历程概说 文 / 孙华
270 书法历史传统源流概说 文 / 何应辉
275 以景观为方法——从成博“汉字中国——方正之间的中华文明”谈起 文 / 胡范铸
284 从《为田律》说到秦治时期蜀地农田水利与蜀道交通大发展 文 / 彭邦本

289 主要参考文献

293 后记

前言

Foreword

汉字是世界上唯一沿用至今的古老文字系统，是中国与世界沟通的桥梁，是人类文明的瑰宝。在中华民族形成、发展的历史进程中，汉字是文明起源的基石，是维系国家统一、促进民族融合的纽带，更是承载中华文明奔腾不息的汤汤之水。它是璀璨的大邑商、煌煌的周礼，是巍巍的秦汉、万邦来朝的盛唐，也是文化造极的两宋、继往开来的明清，是中华民族生生不息、历久弥新的历史长卷。

时代更迭，斗转星移，汉字的字形与结构、书写的介质与载体屡有变迁，但中国人的哲学思想、伦理道德和审美情趣始终蕴藏其中，于方寸之间演绎着一个民族的思维方式和生活态度，以其特有的坚韧生命力和非凡的创造力跨越千年，见证古今。

文字凝万古之志，典籍承千载之思。在祖国日益强盛、对外交流蓬勃发展的今天，承载着悠久历史和灿烂文化的汉字，将驰骋于世界更广阔的舞台上，持续生发，芳华永驻。

Hanzi, or Chinese characters, the only ancient writing system in the world that has been used to this day, have served as a bridge between China and the rest of the world and a gem of human civilization. Throughout the formation and development of the Chinese nation, Chinese characters have been the cornerstone of the origin of civilization, the bond that sustains national unity and promotes ethnic integration, and the torrent that carries the ever-advancing Chinese civilization. They testify to the splendor of the late Shang Dynasty capital, the brilliance of the Rites of the Zhou Dynasty, the magnificence of the Qin and Han Dynasties, the cosmopolitan influence of the Tang Dynasty, the cultural culmination of the Song Dynasty, and the continued legacy of the Ming and Qing Dynasties. They write the long scroll of the continuous, everlasting history of the Chinese nation.

Over time, the form and structure of Chinese characters and the instruments and media of writing have undergone numerous changes. However, they have always embodied the philosophical thoughts, ethical values, and aesthetic tastes of the Chinese people, reflecting a nation's way of thinking and attitude toward life within the space of a few squares. With their unique resilience and extraordinary creativity, Chinese characters transcend thousands of years, bearing witness to both the past and the present.

Written words condense the aspirations of countless generations, and classic texts carry the thoughts over thousands of years. Today, as China grows stronger and its exchanges with foreign countries flourish, Chinese characters, with their profound history and vibrant culture, will continue to shine on a broader global stage, ever-developing and ever-radiant.

《说文解字》："源，水泉本也。"

Cornerstone of Civilization and Social Cohesion

Civilization begins with the transformation of images into texts. The rituals and order encompass the universe and are the light of the Chinese civilization.

In the fertile land of China, which has evolved over hundreds of millions of years, the ancestors of the Neolithic Age "gazed at the heavens, observed the laws of the earth, learned the patterns of birds and animals, and drew inspiration from near and far", creating a rich variety of inscribed symbols that captured the essence of all things. And Chinese civilization, illuminated by the wisdom of ancestors, became a stream that surged forward. As late as the Shang Dynasty, Chinese characters had already gone through its long infancy, and formed a complete system of oracle bone scripts, which is the earliest known mature script in East Asia to date. From these scripts, we catch a glimpse of the splendor of Chinese civilization 3,000 years ago. Based on the Shang culture inheritance, the Zhou people laid down rules of "rites" and "music", inscribing the brilliant Rites of Zhou on fine bronze wares. During the Spring and Autumn Period and the Warring States Period, social reforms and the emergence of various schools of thought promoted the popularization and development of writing. With the trend of transforming people's collective wisdom into books, China gradually reached the first pinnacle of ideology and culture.

萃图成字　礼序乾坤

文明之源，萃图成字，礼序乾坤，焕华夏文明之光。

在亿万年演化而成的神州沃土上，新石器时代先民们“仰则观象于天，俯则观法于地，观鸟兽之文与地之宜，近取诸身，远取诸物”，孕育出丰富多样的刻绘符号，以类万物之情。而中华文明，在这些承载先民智慧的文明星芒映照下，成涧成溪，奔涌向前。至晚于商代，汉字已走过漫长的“童年时代”，形成了体系完备的甲骨文，这也是迄今东亚地区所知最早的成熟文字，从中可窥见三千年前中华文明的璀璨光芒。周人在继承商文化的基础上，藏礼乐于青铜，铭铸出吉金之上的煌煌周礼。春秋战国，社会革新、诸家并出，百家争鸣的生动面貌推动了文字的普及发展，聚民智以成典籍的浩荡洪流，沉淀出中国第一个思想文化的高峰。

星火燎原

新石器时代，先民们在与宇宙自然的频繁互动中，参悟天地、顺应自然，或结绳而治，或绘于陶石，或刻于竹木，将对万物的感知、观察与思索抽象为多样的记事性刻绘符号。文明由此初萌，星火逐渐燎原，如满天星斗，共同构成了中国汉字的源头，是中华文明多元一体的生动写照。

刻符龟甲

裴李岗文化（距今约 8000—7000 年）
长 16.2 厘米，宽 8.4—9.95 厘米
河南省漯河市舞阳县贾湖遗址出土
河南博物院藏

Tortoise Shell with Carved Marks

About 8000 - 7000 Years Ago
Length: 16.2cm, Width: 8.4 - 9.95cm
Unearthed from the Jiahu Site in the Wuyang County, Luohe City, Henan Province
Henan Museum

龟甲下部有一刻画符号，应为人的眼睛形象，瞳孔偏下，似为向下看之状。甲骨文、金文所见“目”字写法与之相似，大同小异。贾湖遗址是裴李岗文化早期典型遗址，遗址内共发现 17 例刻画符号，是国内迄今发现的最早的刻画符号，是目前所知最早的汉字源头。贾湖刻符与比它晚四五千年的殷墟甲骨文有着惊人的相似之处，一是契刻方式相同，皆以利器将符号刻在龟甲、骨器上；二是作用相同，商代甲骨文是用来记载占卜内容的，而贾湖契刻也可能与占卜相关；三是某些符号记录了特定的事项。

安徽蚌埠双墩刻符

安徽省蚌埠市双墩文化遗址（距今约 7300 年）出土的陶器上共发现有 600 余个刻符，内容涉及日月山川、动植物、房屋等，也有表示渔猎、种植、养殖、编织等生产生活的内容，是迄今发现的新石器时代数量最多、内容最丰富的刻符材料之一。

十字形刻符陶片

双墩文化（距今约 7300 年）
直径 8 厘米
安徽省蚌埠市双墩遗址出土
蚌埠市博物馆藏

Pottery with Carved Marks

About 7300 Years Ago
Diameter: 8cm
Unearthed from the Shuangdun Site,
Bengbu City, Anhui Province
Bengbu Museum

猪形刻符陶片

双墩文化（距今约 7300 年）
直径 8.6 厘米
安徽省蚌埠市双墩遗址出土
蚌埠市博物馆藏

Pottery with Carved Marks

About 7300 Years Ago
Diameter: 8.6cm
Unearthed from the Shuangdun Site,
Bengbu City, Anhui Province
Bengbu Museum

干栏式房屋形刻符陶片

双墩文化（距今约 7300 年）
直径 9 厘米
安徽省蚌埠市双墩遗址出土
蚌埠市博物馆藏

Pottery with Carved Marks

About 7300 Years Ago
Diameter: 9cm
Unearthed from the Shuangdun Site,
Bengbu City, Anhui Province
Bengbu Museum

鱼形刻符陶片

双墩文化（距今约 7300 年）
直径 9 厘米
安徽省蚌埠市双墩遗址出土
蚌埠市博物馆藏

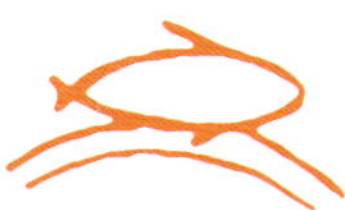

Pottery with Carved Marks

About 7300 Years Ago
Diameter: 9cm
Unearthed from the Shuangdun Site, Bengbu City, Anhui Province
Bengbu Museum

太阳形刻符陶片

双墩文化（距今约 7300 年）
直径 9 厘米
安徽省蚌埠市双墩遗址出土
蚌埠市博物馆藏

Pottery with Carved marks

About 7300 Years Ago
Diameter: 9cm
Unearthed from the Shuangdun Site, Bengbu City, Anhui Province
Bengbu Museum

陶钵

仰韶文化（距今约 7000—5000 年）
高 13.8 厘米，口径 35.7 厘米
甘肃省博物馆藏

Pottery Bowl

About 7000 - 5000 Years Ago
Height: 13.8cm, Mouth Diameter: 35.7cm
Gansu Provincial Museum

红陶制，口沿一周涂黑彩，上有一刻绘符号。仰韶文化以渭河、汾河、洛河等黄河支流汇集的中原地区为中心，北到河套地区，南达鄂西北，东至豫东，西抵黄河上游。带刻画符号的陶器在关中、豫西和晋南地区仰韶文化遗址中均有发现，其中以陕西西安半坡遗址和姜寨遗址出土彩陶上的刻画符号最多。

柳湾遗址
马家窑文化
彩绘符号

马家窑文化（距今约 5000—4000 年）分布范围以甘肃中部为中心区域，东起陇东山地，西到河西走廊和青海东南部，北达甘肃北部，南抵甘南山地和天水谷地。马家窑文化彩绘符号集中发现于青海省乐都柳湾遗址，绝大多数画在饰有彩绘图案的陶壶的下腹部，少数画在器物的颈部。这些符号都是在陶器未入窑前用类似毛笔的工具以黑彩或红彩绘出。

彩陶壶

马家窑文化（距今约 5000—4000 年）
高 31.5 厘米，口径 9.5 厘米
腹径 27.5 厘米，底径 11.4 厘米
青海省海东市乐都区柳湾遗址出土
青海柳湾彩陶博物馆藏

Painted Pottery Pot

About 5000 - 4000 Years Ago
Height: 31.5cm, Mouth Diameter: 9.5cm
Belly Diameter: 27.5cm, Bottom Diameter: 11.4cm
Unearthed from the Liuwan Site in Ledu District, Haidong City, Qinghai Province
Qinghai Liuwan Painted Pottery Museum

彩陶壶

马家窑文化（距今约 5000—4000 年）
高 32.5 厘米，口径 10 厘米
腹径 27.5 厘米，底径 11 厘米
青海省海东市乐都区柳湾遗址出土
青海柳湾彩陶博物馆藏

Painted Pottery Pot

About 5000 - 4000 Years Ago
Height: 32.5cm, Mouth Diameter: 10cm
Belly Diameter: 27.5cm, Bottom Diameter: 11cm
Unearthed from the Liuwan Site in Ledu District,
Haidong City, Qinghai Province
Qinghai Liuwan Painted Pottery Museum

彩陶壶

马家窑文化（距今约 5000—4000 年）
高 32.5 厘米，口径 10 厘米
腹径 26.5 厘米，底径 9.6 厘米
青海省海东市乐都区柳湾遗址出土
青海柳湾彩陶博物馆藏

Painted Pottery Pot

About 5000 - 4000 Years Ago
Height: 32.5cm, Mouth Diameter: 10cm
Belly Diameter: 26.5cm, Bottom Diameter: 9.6cm
Unearthed from the Liuwan Site in Ledu District,
Haidong City, Qinghai Province
Qinghai Liuwan Painted Pottery Museum

刻符黑陶罐

良渚文化（距今约 5300—4300 年）
高 26.4 厘米，口径 12.8 厘米
腹径 25 厘米，底径 19 厘米
江苏省苏州市吴中区澄湖遗址出土
吴文化博物馆藏

Black Pottery Jar with Carved Marks

About 5300 - 4300 Years Ago
Height: 26.4cm, Mouth Diameter: 12.8cm
Belly Diameter: 25cm, Bottom Diameter: 19cm
Unearthed from the Chenghu Site in Wuzhong Distirct, Suzhou City, Jiangsu Province
Museum of Wu

黑陶罐作方唇，直口，高领，溜肩，鼓腹，平底，为良渚文化典型器物。颈下部饰凸弦纹一周，两侧置对称贯耳，器表打磨光滑，外腹部有 4 个刻划符号，呈左高右低、中间略高的形式横向排列，为陶器烧成后用锋刃器刻出。关于这 4 个刻划符号的考释，学术界目前有多种论述，或说为文字的萌芽形态。

良渚文化主要分布在长江下游的钱塘江和太湖流域。良渚文化刻划符号绝大部分发现于陶器上，石器、玉器上也有少量发现，目前已整理出 650 余种，有部分动物、植物类的象形符号，更多的则是经过变形的抽象符号。

人射马石雕

龙山文化晚期至夏早期
长 50 厘米，宽 29 厘米，高 18 厘米
陕西省榆林市石峁遗址出土
陕西考古博物馆藏

Stone Relief Sculpture of Human Shooting Horse

Late Longshan Culture-Early Xia Dynasty
Length: 50cm, Width: 29cm, Height: 18cm
Unearthed from the Shimao Site, Yulin City, Shaanxi Province
Shaanxi Archaeological Museum

画面为一立人持弓箭射马，呈待发之状。持弓人之面，与石峁玉人雕像十分相似。学界普遍认为，图画是汉字的源头之一，原始图画向两方面发展，一方面成为图画艺术，另一方面成为文字。石峁遗址出土的人射马石雕，或许记录的是一场战争，也可能只是一次狩猎，却生动诠释了石峁先民以图像记事的方式，“射”字可能是由此发展而来。

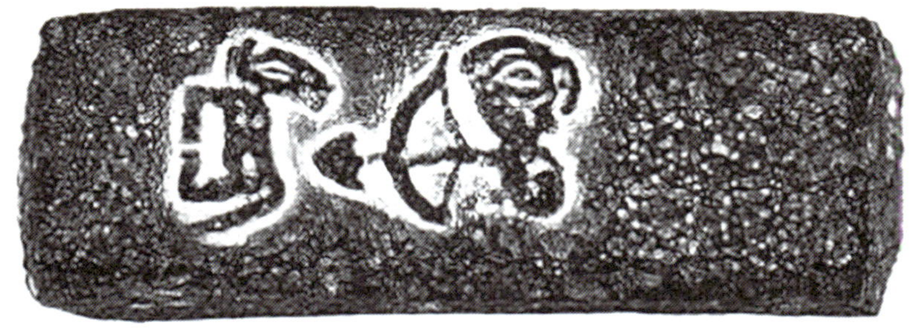

（拓片）

商契文明

“惟殷先人，有册有典。”商代，汉字已发展成熟。“殷人尊神，率民以事神。”契刻在龟甲或兽骨上的甲骨文，是商王贵族与神灵、祖先沟通的桥梁，中国早期国家的信仰体系和精神凝聚力由此建立。同时，甲骨文所记内容涉及当时政治军事、生产生活、科技文化等方方面面，向世人诠释出商王朝广阔的文明图景。

狩猎残辞卜甲

商（约前 1600—前 1046 年）
长 2 厘米，宽 1.7 厘米，厚 0.5 厘米
出自河南省安阳市小屯村，罗振玉旧藏
旅顺博物馆藏

Tortoise Shell Incised with an Inquiry about Hunting

Shang Dynasty（ca. 1600 - 1046 B.C.）
Length: 2cm, Width: 1.7cm, Thickness: 0.5cm
Unearthed from the Xiaotun Village, Anyang City, Henan Province, Collected by Luozhenyu
Lushun Museum

龟背甲。卜辞残缺，推断大意为：商王外出打猎，捕获野马和麋鹿。卜辞刻有“马”和“麋”两个象形字。

（正面）

释文

正
□□卜，宾……馬……麋……

背
……□……

征伐刻辞卜骨

商（约前 1600—前 1046 年）
长 14 厘米，宽 8.5 厘米，厚 0.56 厘米
出自河南省安阳市小屯村，罗振玉旧藏
旅顺博物馆藏

Oracle Bone Incised with an Inquiry about Warfare

Shang Dynasty（ca. 1600 - 1046 B.C.）
Length: 14cm, Width: 8.5cm, Thickness: 0.56cm
Unearthed from the Xiaotun Village, Anyang City, Henan Province, Collected by Luozhenyu
Lushun Museum

兽骨。卜辞残缺，大意为：商王占卜征伐𢀛方国，是否会顺利，是否会受到祖先神明的保佑。卜辞刻有指事字⼆（下）和二（上）。

释文

癸丑卜，㱿，貞勿隹王正𢀛方，下上弗若，不我其受又。六
貞勿隹王正𢀛方，下上弗若，不我其受又。六
六

天气卜骨

商（约前 1600—前 1046 年）
长 7.84 厘米，宽 2.25 厘米，厚 0.53 厘米
出自河南省安阳市小屯村，罗振玉旧藏
旅顺博物馆藏

Oracle Bone Incised with an Inquiry about Weather

Shang Dynasty（ca. 1600 - 1046 B.C.）
Length: 7.84cm, Width: 2.25cm, Thickness: 0.53cm
Unearthed from the Xiaotun Village, Anyang City, Henan Province, Collected by Luozhenyu
Lushun Museum

兽骨。卜辞残缺，大意为：商王占卜在甲子日举行祭祀,会不会下雨。

释文

癸丑……
庚申，貞今來甲子酌，王不冓雨。
庚申，貞酌，大[illegible]，尞，其冓。

祭祀刻辞卜骨

商（约前 1600—前 1046 年）
长 7.5 厘米，宽 4.5 厘米，厚 0.65 厘米
出自河南省安阳市小屯村，罗振玉旧藏
旅顺博物馆藏

Oracle Bone Incised with an Inquiry about Sacrifice

Shang Dynasty（ca. 1600 - 1046 B.C.）
Length: 7.5cm, Width: 4.5cm, Thickness: 0.65cm
Unearthed from the Xiaotun Village, Anyang City, Henan Province, Collected by Luozhenyu
Lushun Museum

兽骨。历组卜辞，卜辞残缺，大意为：商王在庚辰日占卜是否可以举行某种祭祀。卜辞刻有“[illegible]”字，解读为手持十字法器之意。

释文

庚［辰］，貞□降鬼，允隹帝令。二
庚辰，貞其[illegible]鬼。二二

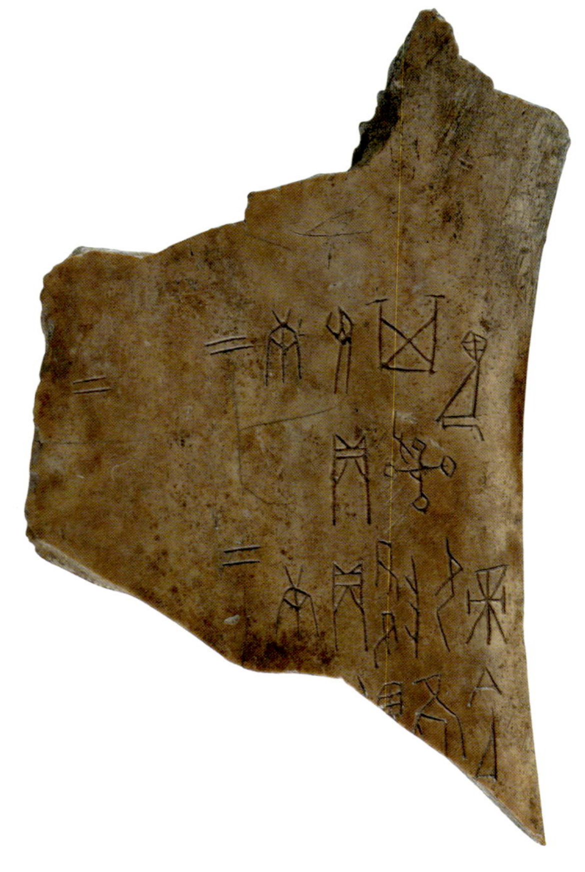

刻辞卜骨

商（约前 1600—前 1046 年）

最大宽 7.1 厘米，长 7.9 厘米，厚 0.8 厘米

北京大学赛克勒考古与艺术博物馆藏

Oracle Bone

Shang Dynasty（ca. 1600 - 1046 B.C.）

Max Width: 7.1cm, Length: 7.9cm, Thickness 0.8cm

Arthur M. Sackler Museum of Art and Archaeology at Peking University

根据殷墟甲骨文的相关记载，本版卜辞中的妇妌是商王武丁的第一任王后，是井方（今河北省邢台市）方伯之女，善于农业种植，也曾参与征伐、祭祀、进贡等一系列王室活动。

（拓印图）

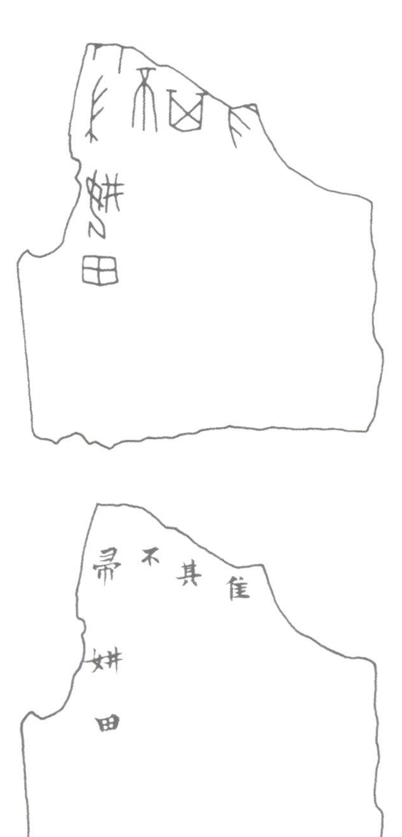

（线描图）

刻辞卜骨

商（约前 1600—前 1046 年）
最大宽 10.5 厘米，长 16.5 厘米，厚 0.8 厘米
北京大学赛克勒考古与艺术博物馆藏

Oracle Bone

Shang Dynasty（ca. 1600 - 1046 B.C.）
Max Width: 10.5cm, Length: 16.5cm, Thickness: 0.8cm
Arthur M. Sackler Museum of Art and
Archaeology at Peking University

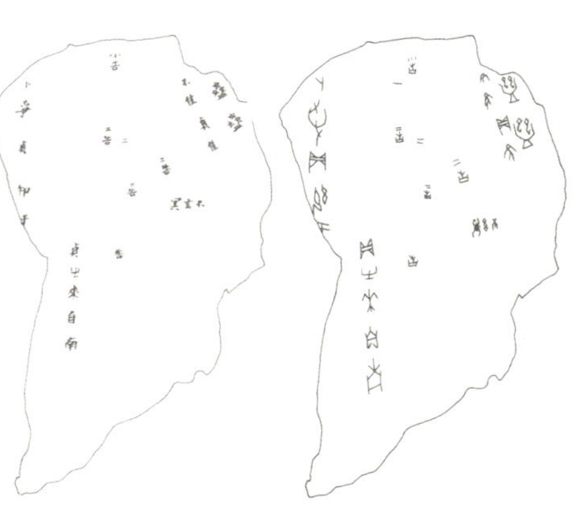

（拓印图）　　（线描图）

刻辞卜骨

商（约前 1600—前 1046 年）
最大宽 6 厘米，长 19 厘米，厚 1.2 厘米
北京大学赛克勒考古与艺术博物馆藏

Oracle Bone

Shang Dynasty（ca. 1600 - 1046 B.C.）
Max Width: 6cm, Length: 19cm, Thickness: 1.2cm
Arthur M. Sackler Museum of Art and
Archaeology at Peking University

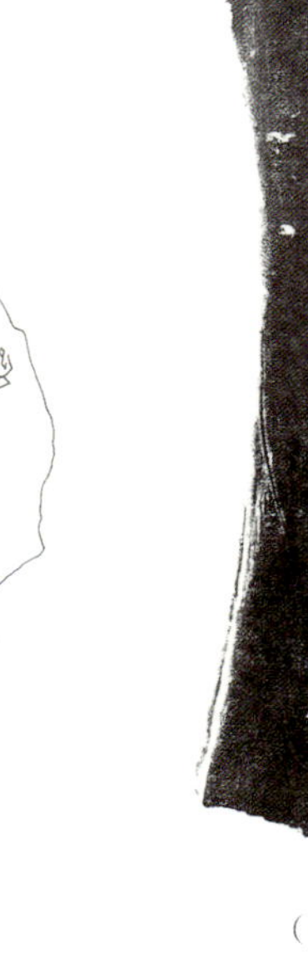

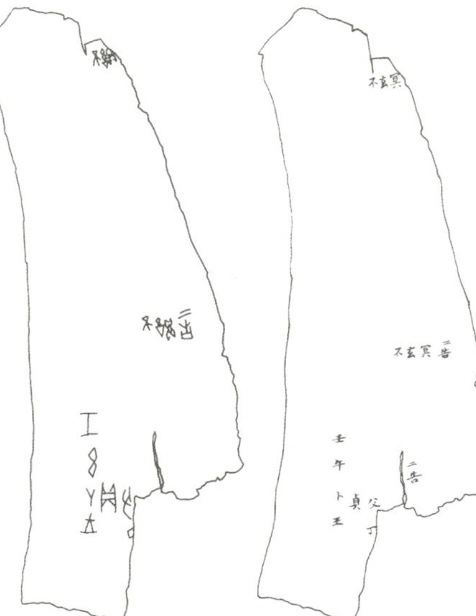

（拓印图）　　（线描图）

刻辞卜骨

商（约前 1600—前 1046 年）
最大宽 6 厘米，长 9 厘米，厚 0.8 厘米
北京大学赛克勒考古与艺术博物馆藏

Oracle Bone

Shang Dynasty（ca. 1600 - 1046 B.C.）
Max Width: 6cm, Length: 9cm, Thickness: 0.8cm
Arthur M. Sackler Museum of Art and Archaeology at Peking University

本版卜辞中的“见”字为典型的会意字。

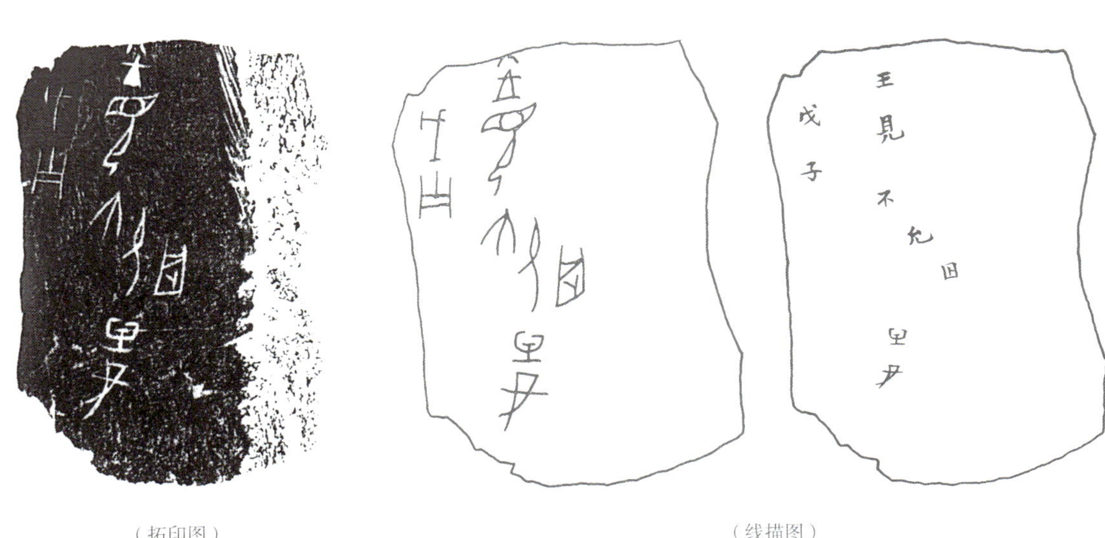

（拓印图）　（线描图）

（背面）

商武丁
五百[illegible]用卜骨

商（约前 1600—前 1046 年）
长 19.4 厘米，宽 11.2 厘米
方若旧藏
天津博物馆藏

Oracle Bone

Shang Dynasty（ca. 1600 - 1046 B.C.）
Length: 19.4cm, Width: 11.2cm
Collected by Fangruo
Tianjin Museum

此卜骨正面所刻卜辞中，有一条记录了三月癸丑日，贞人㱿贞问是否要用五百[illegible]奴进行祭祀。根据事后补刻的验辞，之后第十天，也就是三月壬戌日，最终用了一百名[illegible]奴进行祭祀。背面所刻卜辞记录了商王根据卜兆判断说丙戌日会下雨、不吉利等事。

释文

正

（1）□子卜……
（2）貞五百[illegible]［勿］用。
（3）甲子卜，㱿，貞告若。
（4）戊辰卜，㱿，貞王徝土方。
（5）癸丑卜，㱿，貞五百[illegible]用。旬壬戌㞢用[illegible]百。三月。
（6）癸巳卜，亘，貞戋。七月。
（7）小告

背

（1）王占曰：其用。
（2）王占曰：丙戌其雨，不吉。

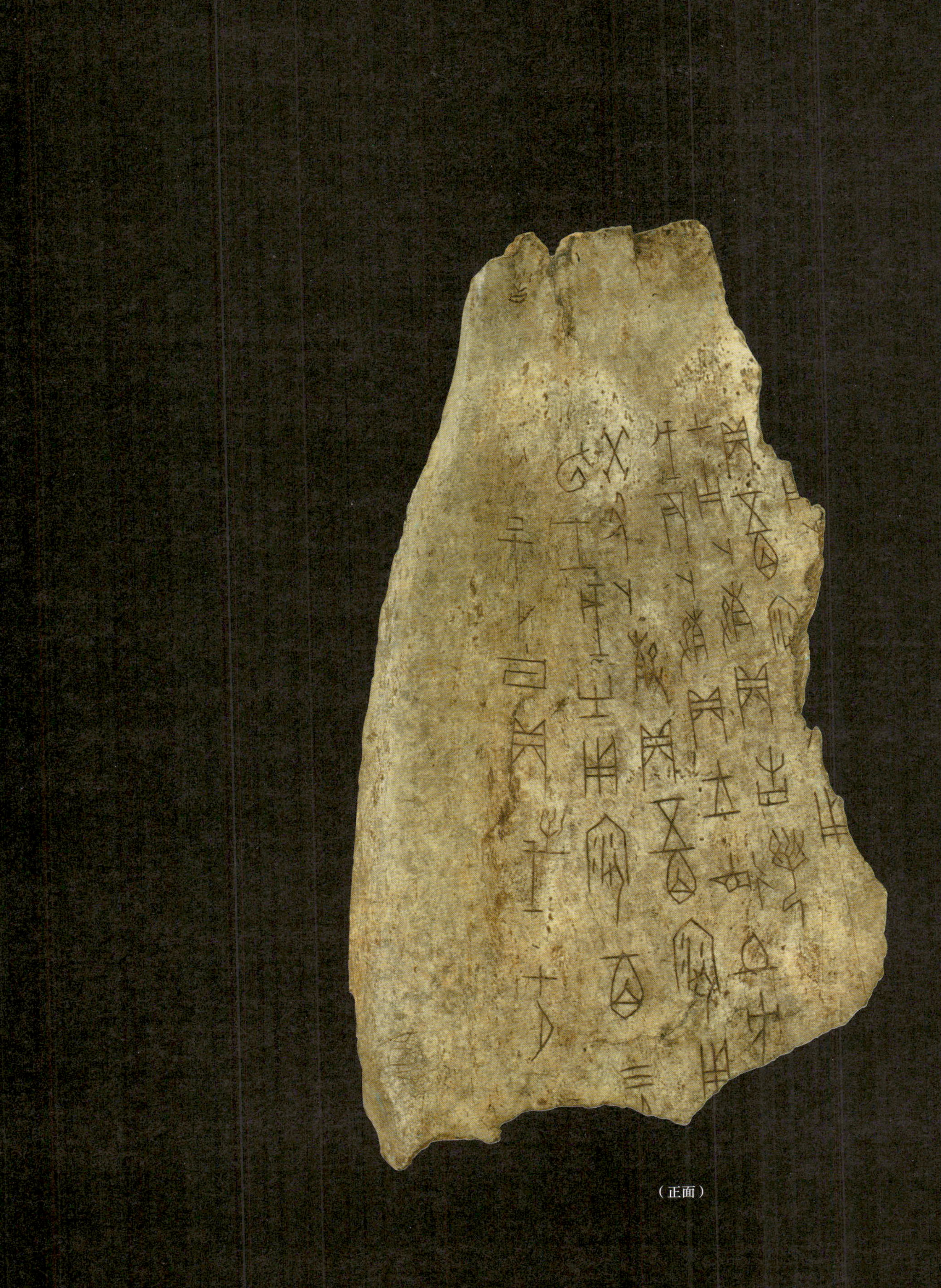

（正面）

商武丁
勿乎伐𢀛方卜骨

商（约前 1600—前 1046 年）
长 18.95 厘米，宽 7.9 厘米
王襄旧藏
天津博物馆藏

Oracle Bone Incised with an Inquiry about Warfare

Shang Dynasty（ca. 1600 - 1046 B.C.）
Length: 18.95cm, Width: 7.9cm
Collected by Wangxiang
Tianjin Museum

此卜骨所刻卜辞记录了辛酉日贞人宾贞问是否要为战事向自大乙至祖丁的九位直系先王祷告，以及征伐𢀛方是否会受到保佑等事。

释文 正
（1）辛酉卜，宾，貞勿于九示桒。五
（2）貞勿乎伐𢀛方，弗其受㞢又。五二告
（3）貞勿乎以[illegible]。五
（4）五

背
于□……[illegible]……

（正面）

商武丁
𠬪（擒）二百六十九卜骨

商（约前 1600—前 1046 年）
长 8.2 厘米，宽 7.1 厘米
王襄旧藏
天津博物馆藏

Oracle Bone

Shang Dynasty（ca. 1600 - 1046 B.C.）
Length: 8.2cm, Width: 7.1cm
Collected by Wangxiang
Tianjin Museum

此卜骨所刻卜辞不全，大致记录了贞问是否可以前去狩猎。根据事后补刻的验辞，此次狩猎共猎获了 269 只猎物。

释文 □□［卜］，貞勿狩……𠬪（擒）二百六十九。
二□二告

商帝乙、帝辛
雉众卜骨

商（约前 1600—前 1046 年）
长 12.7 厘米，宽 4.2 厘米
王襄旧藏
天津博物馆藏

Oracle Bone

Shang Dynasty（ca. 1600 - 1046 B.C.）
Length: 12.7cm, Width: 4.2cm
Collected by Wangxiang
Tianjin Museum

此卜骨上所刻写的一条卜辞记录了壬申日在攸地进行的一次占卜活动。占卜的内容为：目前牧官卤报告已经完成了开道工作，那么此时商王让贵族戍同大将寽出征，是否会有灾悔，能否顺利？

其余两条卜辞中记录的“雉众”，或为丧失部众之义。

释文

（1）弗戋。吉。二
（2）不雉眾。王占曰：引吉。一
（3）其雉眾。吉。二
（4）壬申卜，在攸，貞又牧卤告啓，王其乎戍比寽伐，弗每，利。一
（5）……利。

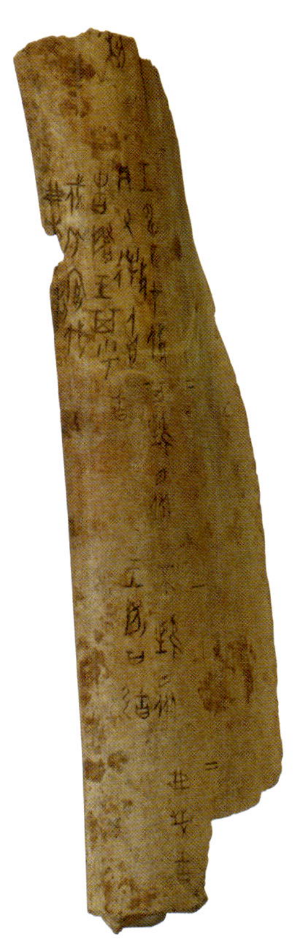

“大丁”鹿角爵

商（约前 1600—前 1046 年）
长 5.2 厘米，宽 5.2 厘米
河南省安阳市殷墟纱厂遗址出土
安阳博物馆藏

Da Ding Jue

Shang Dynasty（ca. 1600 - 1046 B.C.）
Length: 5.2cm, Width: 5.2cm
Unearthed from the Shachang Site, Anyang City, Henan Province
Anyang Museum

西周 刻辞甲骨

迄今为止，殷商刻辞甲骨均集中出土于殷墟，与此不同，西周刻辞甲骨虽以陕西周原地区出土数量最多，但在河南、山西、四川、湖北、河北、山东、宁夏各地均有出土，地域范围几乎与西周鼎盛时期的疆域重合。这可能是由于周王朝在分封过程中，将甲骨刻辞传播到更为广阔的区域。西周甲骨文的字形较小，堪称微雕作品，字体风格整体比殷商甲骨文显得更加奔放自由、生动写意。

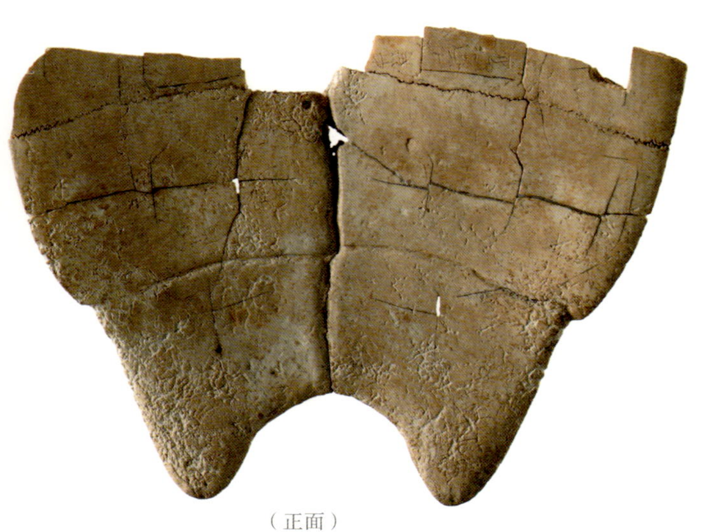

（正面）

刻辞卜甲

西周（约前 1046—前 771 年）
长 11 厘米，宽 9 厘米
陕西省宝鸡市岐山县周公庙遗址出土
陕西考古博物馆藏

Tortoise Shell

Western Zhou Dynasty（ca. 1046 - 771 B.C.）
Length: 11cm, Width: 9cm
Unearthed from the Zhougongmiao Site, Qishan County, Baoji City, Shaanxi Province
Shaanxi Archaeological Museum

释文

正
母𩰫卜，周公……

背
周。

刻辞卜甲

西周（约前 1046—前 771 年）
长 12.5 厘米，宽 10.5 厘米
陕西省宝鸡市岐山县周公庙遗址出土
陕西考古博物馆藏

Tortoise Shell

Western Zhou Dynasty（ca. 1046 - 771 B.C.）
Length: 12.5cm, Width: 10.5cm
Unearthed from the Zhougongmiao Site, Qishan County, Baoji City, Shaanxi Province
Shaanxi Archaeological Museum

释文

周。周。

西周卜骨

西周（约前 1046—前 771 年）
长 21 厘米，宽 9 厘米
陕西省宝鸡市扶风县齐家村出土
宝鸡周原博物院藏

Oracle Bone

Western Zhou Dynasty（ca. 1046 - 771 B.C.）
Length: 21cm, Width: 9cm
Unearthed from the Qijia Village, Fufeng County,
Baoji City, Shaanxi Province
Baoji Zhouyuan Museum

释文　王曰我枝單冢勿卜。

“今又西”卜骨

西周（约前 1046—前 771 年）
长 14 厘米，宽 8.5 厘米
陕西省宝鸡市扶风县齐家村出土
宝鸡周原博物院藏

Jin You You Oracle Bone

Western Zhou Dynasty（ca. 1046 - 771 B.C.）
Length: 14cm, Width: 8.5cm
Unearthed from the Qijia Village, Fufeng County,
Baoji City, Shaanxi Province
Baoji Zhouyuan Museum

释文　今又西□□食□征隹乎□食
□又西曰既喪□廼□。

西周卜骨

西周（约前 1046—前 771 年）
长 9.5 厘米，宽 7 厘米
陕西省宝鸡市扶风县法门镇采集
宝鸡周原博物院藏

Oracle Bone

Western Zhou Dynasty（ca. 1046 - 771 B.C.）
Length: 9.5cm, Width: 7cm
Collected from Famen Town, Fufeng County,
Baoji City, Shaanxi Province
Baoji Zhouyuan Museum

释文　曰其衣車馬。
由。

仪礼之铭

商人尚鬼神，而周人尊礼尚施。周代商后，以煌煌周礼“经国家，定社稷，序民人，利后嗣”，青铜器及铭于其上的金文成为礼制的体现。伴随着周朝大分封，周王室将有铭青铜礼器授予各诸侯国，文字由此在中华大地上实现了大规模传播，促进了思想、文化的跨区域交流和族群融合。

小臣缶方鼎

商（约前 1600—前 1046 年）
长 22.5 厘米，宽 17 厘米，高 29.6 厘米
故宫博物院藏

Bronze *Ding* with Inscription “小臣缶”（the Name of Founder）

Shang Dynasty（ca. 1600 - 1046 B.C.）
Length: 22.5cm, Width: 17cm, Height: 29.6cm
The Palace Museum

方唇，二直耳，长方形腹，四柱足。颈饰夔纹，以云雷纹为底饰，腹饰大兽面纹，每面两侧下部均饰一倒夔纹。器内壁铸铭文 4 行 22 字，大意是：商王赏赐其近臣缶湡地五年的积贮。缶因此作了这件鼎，置于家庙，用来祭享死去的父亲太子乙。

这件铜器铭文中的小臣缶、太子乙与王族之间的关系值得注意，铭文说明小臣缶和太子乙是父子关系，他们的族名是䍙。如果太子乙可以理解为王太子的话，则说明䍙即商王族的名号。此外，铭文中的“享”，是一种祭祀名称，指供奉食品给亡故的父祖。

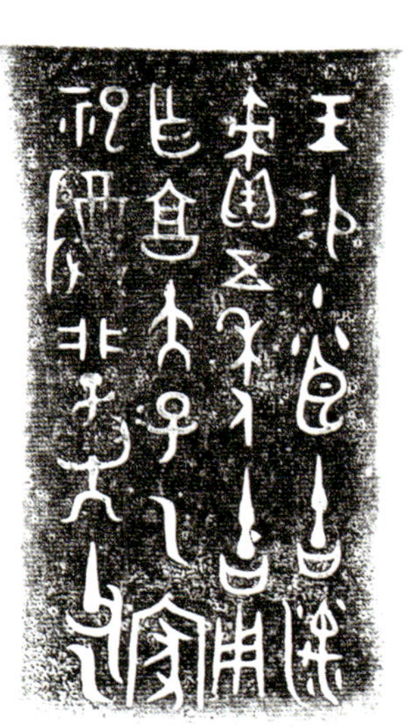

（铭文拓片）

释文 王賜小臣缶湡積五年，缶用作享太子乙家祀尊。䍙父乙。

康生豆

西周（约前 1046—前 771 年）
高 15.1 厘米，口径 15.5 厘米
山西省太原市冶炼厂征集
山西博物院藏

Kang Sheng Dou

Western Zhou Dynasty（ca. 1046 - 771 B.C.）
Height: 15.1cm, Mouth Diameter: 15.5cm
Collected from the Smelter in Taiyuan City, Shanxi Province
Shanxi Museum

豆盘直壁，口沿外有凸棱。圈足较高，下部作喇叭状，一侧有弧形兽首鋬。盘壁纹饰为火纹与卷体纹相间排列。圈足根部饰相顾式两头龙纹，下部饰蕉叶状外卷角兽面纹。盘底铸铭文 2 行 10 字，意为：康生致祭先父癸公而制作了这件礼器。

（铭文拓片）

释文　康生作文考癸公寶尊彝。

陕西扶风庄白村一号窖藏

1976年12月，陕西省扶风县法门公社生产队在平整土地时，意外发现了青铜器。周原考古队闻讯后，立即赶赴现场进行了发掘，确认这是一处西周青铜器窖藏，命名为“庄白一号窖藏”。窖藏内共出土青铜器103件，其中有铭文者74件，铭文少者1字、多者284字。根据青铜器上的铭文，该窖藏属于微氏家族，这一家族可能为周初微国宗室的一支。

折觥

西周（约前1046—前771年）· 昭王时期
高28.7厘米，通长38厘米
陕西省宝鸡市扶风县法门镇庄白村出土
宝鸡周原博物院藏

Zhe Gong

King Zhao Era, Western Zhou Dynasty（ca. 1046 - 771 B.C.）
Height: 28.7cm, Length: 38cm
Unearthed from the Zhuangbai Village, Famen Town, Fufeng County, Baoji City, Shaanxi Province
Baoji Zhouyuan Museum

觥腹长方外鼓，前有流，后有鋬，方圈足，盖呈羊首形，高鼻突目，两齿外露，巨角，有棱扉。通体饰三层花纹，以饕餮纹、夔纹为主，以云雷纹为地，其间配以象、蛇、鸮、蝉等动物，形态逼真。器、盖同铭。

铭文大意是：昭王十九年五月戊子这天，王在庠这个地方，命令作册折去为相侯代天子赠望土，同时，昭王又给折赏赐了许多青铜器和奴仆。为宣扬王的美德和恩惠，折便为父亲乙铸造了这件祭器觥，以作纪念。

据唐兰先生考证，其所记事件可以与中方鼎、作册折卣和折尊铭文相印证，应是在西周昭王第二次南下伐楚之前，此年的下半年昭王伐楚而不返。此外，关于铭文中“庠”的地望研究有不同观点，有学者认为当距丰邑辟雍不远。

释文

隹（唯）五月，王在庠，戊（子），令乍（命作）册折兄（貺）望土于相侯，易（錫）金易（錫）臣，揚王休，唯王十又（有）九祀，用乍（作）父乙（尊），其永寶。木羊册。

（盖铭拓片）

（器铭拓片）

史墙盘

西周（约前 1046—前 771 年）· 共（恭）王时期
高 16.2 厘米，口径 47.3 厘米
陕西省宝鸡市扶风县法门镇庄白村出土
宝鸡周原博物院藏

Qiang Basin

King Gong Era, Western Zhou Dynasty（ca. 1046 - 771 B.C.）
Height: 16.2cm, Mouth Diameter: 47.3cm
Unearthed from the Zhuangbai Village, Famen Town,
Fufeng County, Baoji City, Shaanxi Province
Baoji Zhouyuan Museum

墙盘盘型巨大，腹和圈足分别饰凤纹和兽体卷曲纹，雷纹填地，圈足有折边。底部铸有铭文 284 字，铭文前段颂扬西周文、武、成、康、昭、穆、共（恭）七代周王的功绩，后段记叙微氏家族高祖、烈祖、乙祖、亚祖、文考和作本盘者自身六代的事迹。墙盘所记述的周王政绩与司马迁《史记·周本纪》中的内容非常吻合，关于微氏家族发展史部分的内容则并不曾见于已知的文献，填补了西周国史微氏家族的一段空白。

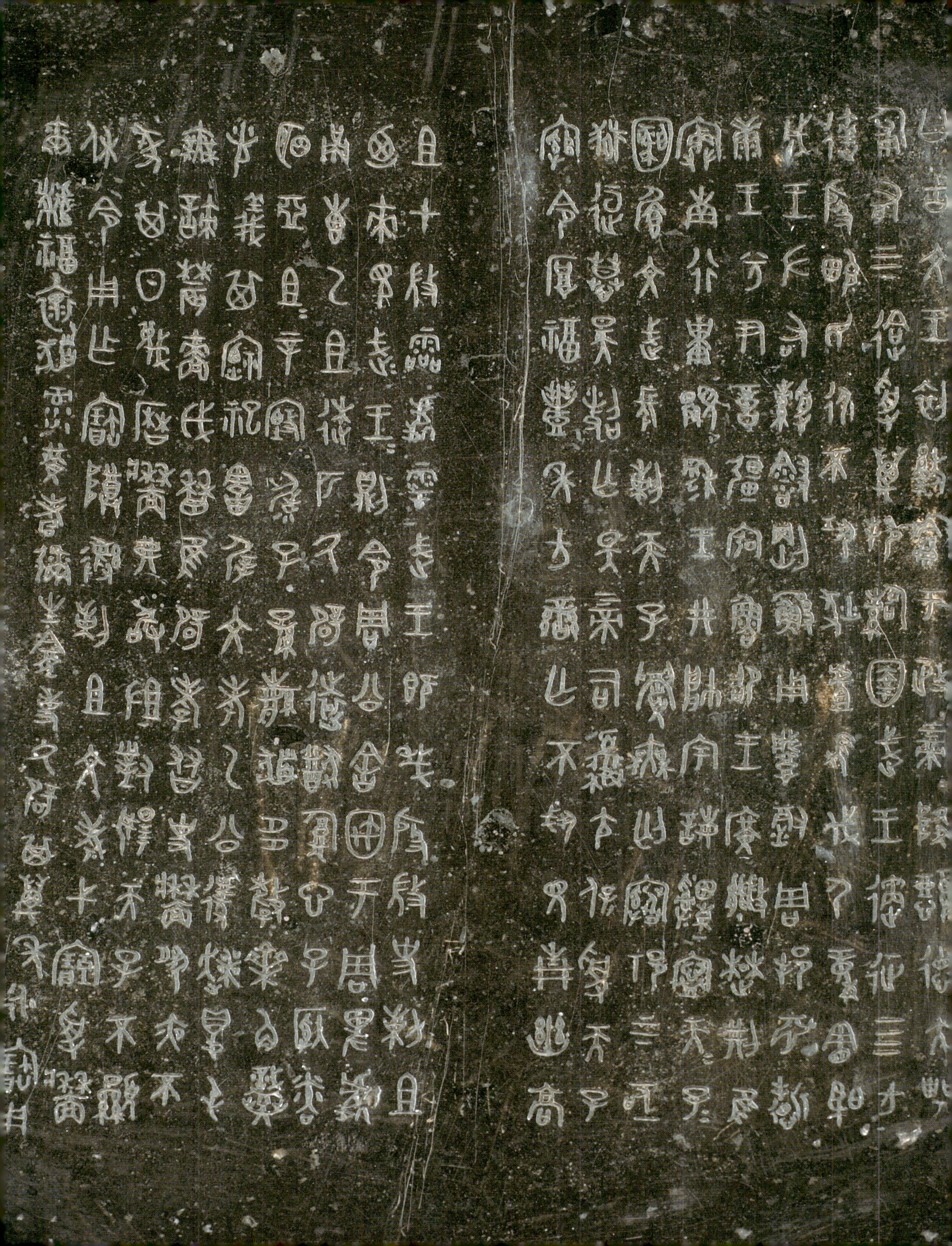

瘐簋

西周（约前 1046—前 771 年）· 懿王时期
高 36.1 厘米，口径 22.7 厘米
底座长 22.5 厘米，宽 22.3 厘米，高 11.5 厘米
陕西省宝鸡市扶风县法门镇庄白村出土
宝鸡周原博物院藏

Xing Gui

King Yi Era, Western Zhou Dynasty（ca. 1046 - 771 B.C.）
Height: 36.1cm, Mouth Diameter: 22.7cm
Base Length: 22.5cm, Base Width: 22.3cm, Base Height: 11.5cm
Unearthed from the Zhuangbai Village, Famen Town,
Fufeng County, Baoji City, Shaanxi Province
Baoji Zhouyuan Museum

簋是盛放煮熟的黍、稷、稻、粱等饭食的器具，也是商周时期重要的礼器。在祭祀和宴飨时常以偶数的簋与奇数的鼎配合使用，表示主人的地位和身份。庄白村青铜窖藏共出土 8 件瘐簋，此为其中之一。器盖同铭，大意为：显赫的祖、父继世咸有威仪，以先王为君而臣事之，我不敢不从早到晚勤奋做事；王鼓励我，并赐给我佩；我为祖、父铸造了这件簋，用来祭祀他们的在天之灵，希望予以多福，万年永宝用。

（铭文拓片）

释文　瘐曰：顯皇且（祖）考𤔲（司）威義（儀），用辟先王，不叡（敢）弗帅用夙（夙）夕，王對瘐楙（懋），易（錫）佩，乍（作）且（祖）考𣪕（簋），甘（其）盄（享）祀大神，大神妥（綏）多福，瘐萬年寶。

三年痶壶

西周（约前 1046—前 771 年）· 懿王三年
通高 65.4 厘米，口径 19.7 厘米，腹围 129 厘米
陕西省宝鸡市扶风县法门镇庄白村出土
宝鸡周原博物院藏

Bronze Pot by *Xing*

3rd Year of King Yi Era, Western Zhou Dynasty（ca. 1046 - 771 B.C.）
Height: 65.4cm, Mouth Diameter: 19.7cm, Abdominal Circumference: 129cm
Unearthed from the Zhuangbai Village, Famen Town,
Fufeng County, Baoji City, Shaanxi Province
Baoji Zhouyuan Museum

扶风县法门镇庄白村一号窖藏共出懿王三年痶壶 2 件，大小、纹饰、铭文完全相同，此为其中之一。痶壶通体饰波状环带纹，波纹上下间以三角、口、眉。盖口沿和圈足饰窃曲纹，盖顶饰蟠鸟纹。盖铭 12 行 60 字，大意为：周王三年九月丁巳和己丑日，周王举行飨礼，天子命人召痶，给痶赏赐。痶为答谢天子之赐，铸造了这对壶，以记录天子的恩德。

（铭文拓片）

释文 隹（唯）三年九月丁子（巳），王才（在）奠（鄭）卿（饗）醴，乎（呼）虢弔（叔）召痶，易（錫）羔俎；己丑，王才（在）句陵卿（饗）逆酉（酒），乎（呼）师壽（壽）召痶，易（錫）彘俎，捧（拜）韻（稽）首，敢（敢）對颺（揚）天子休，用乍（作）皇且（祖）文考尊（尊）壺，痶其（其）萬年永寶。

十三年瘐壶

西周（约前 1046—前 771 年）· 懿王十三年
通高 59.6 厘米，口径 16.8 厘米，腹围 108 厘米
陕西省宝鸡市扶风县法门镇庄白村出土
宝鸡周原博物院藏

Bronze Pot by *Xing*

13th Year of King Yi Era, Western Zhou Dynasty（ca. 1046 - 771 B.C.）
Height: 59.6cm, Mouth Diameter: 16.8cm, Abdominal Circumference: 108cm
Unearthed from the Zhuangbai Village, Famen Town, Fufeng County, Baoji City, Shaanxi Province
Baoji Zhouyuan Museum

扶风县法门镇庄白村一号窖藏共出懿王十三年瘐壶 2 件，大小、纹饰、铭文完全相同，此为其中之一。瘐壶长颈，扁腹，龙首衔环，颈饰凤鸟纹，盖缘和腹部饰重环纹，盖顶饰重蟠鸟纹，圈足饰波曲纹。盖榫和颈外壁同铭各 56 字，大意为：十三年九月戊寅日，徲父陪同瘐在成周的司土淲宫入见周王，接受周王的册命和赏赐。

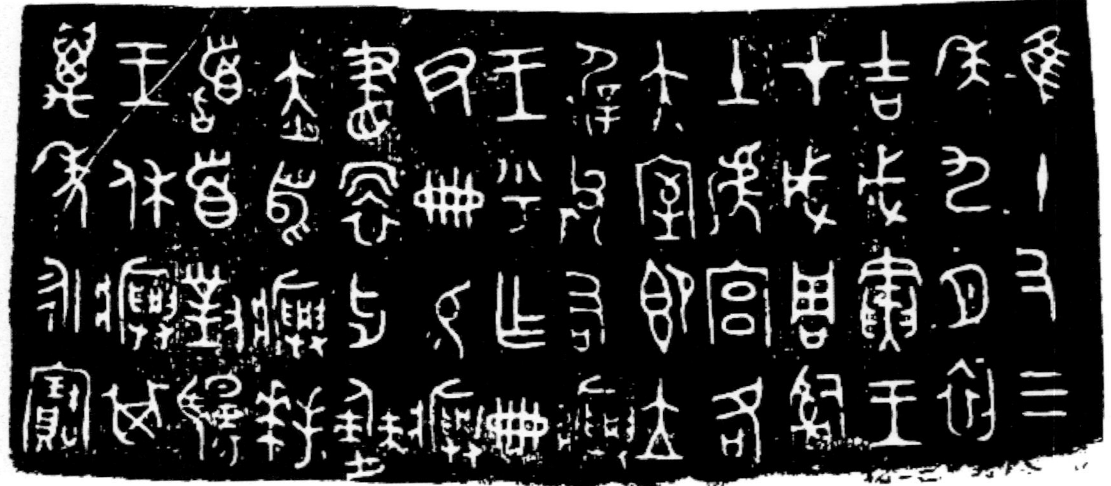

（铭文拓片）

释文 隹（唯）十又（有）三年九月初吉戊寅，王才（在）成周嗣（司）土淲宫，各（格）大（太）室，即立（位），徲父右瘐，王乎（呼）乍（作）册尹册易（錫）瘐畫袁（靳）、牙僰、赤舄，瘐拜（拜）䭫（稽）首，對䍜（揚）王休，瘐甘（其）萬年永寶。

四十三年逨鼎（丙）

西周（约前 1046—前 771 年）· 宣王时期
通高 58.5 厘米，口径 49.7 厘米，重 29.5 千克
陕西省宝鸡市眉县马家镇杨家村出土
宝鸡青铜器博物院藏

Bronze *Ding* by *Lai*

King Xuan Era, Western Zhou Dynasty（ca. 1046 - 771 B.C.）
Height: 58.5cm, Mouth Diameter: 49.7cm, Weight: 29.5kg
Unearthed from the Yangjia Village, Majia Town, Mei County, Baoji City, Shaanxi Province
Baoji Bronze Ware Museum

（铭文拓片）

杨家村窖藏出土四十三年逨鼎 10 件，形制、纹饰基本一致，大小依次递减。逨鼎均立耳，口沿平且外折，圜底，蹄足。口沿下饰变体龙纹，腹部饰环带纹，耳外侧饰重环鳞纹。器身铸扉棱 6 个，足跟部外侧面饰兽面纹。鼎内均铸有铭文，内容相同。仅壬、癸两鼎因器形较小，不能通篇记铸，将全文分为两部分，分别铸于两件器物内壁。铭文 310 余字，记述逨因治理林泽有功，被周宣王任命为监察官，并在任前进行训示，告诫他要依法行政、廉洁自律。为时刻铭记周天子训诫，逨在鼎中铸刻下了天子册封的全过程，上告先祖，下示子孙。

文字传播

西周时，周天子经常将刻有铭文的青铜器赏赐给各地诸侯，而诸侯国之间的交往也常以青铜器为载体，在彰显王室威仪、强调礼仪秩序的同时，也促进了文字的传播。

夨王窃曲纹折沿簋盖

西周（约前 1046—前 771 年）
通高 7.2 厘米，口径 22.2 厘米
陕西省宝鸡市贾村镇征集
宝鸡青铜器博物院藏

Lid of *Gui*

Western Zhou Dynasty（ca. 1046 - 771 B.C.）
Height: 7.2cm, Mouth Diameter: 22.2cm
Collected from the Jiacun Town, Baoji City, Shaanxi Province
Baoji Bronze Ware Museum

释文　夨王乍（作）奠（鄭）姜尊簋，子子孫孫其萬年永寶用。

（铭文拓片）

簋盖为折沿，有圈足状捉手，捉手上有一对穿孔。簋盖上饰瓦棱纹和窃曲纹，捉手内饰重环纹，以浅阳纹为地。簋盖内铸有 3 行 17 字铭文，据其所述，该器是夨王为其妻子铸造的，为寻找史籍无载的夨国提供了重要的线索。

迄今为止，经过科学发掘或有确切出土地点的夨国器物，集中出土于宝鸡地区，据此推测，今宝鸡陇县、千阳、陈仓区贾村一带都属于古夨国范围。先周时期，位于汧水流域的夨族兴起，之后与西周王室的关系若即若离，汧渭之会的贾村塬、斗鸡台一带是古代夨国活动的中心地区，其发展轨迹始终没有离开渭水一带，可能至西周晚期消亡。

𢐗季尊

西周（约前 1046—前 771 年）
通高 22.1 厘米，口径 19.1 厘米，腹深 18 厘米
陕西省宝鸡市竹园沟𢐗国墓地出土
宝鸡青铜器博物院藏

Yu Ji Zun

Western Zhou Dynasty（ca. 1046 - 771 B.C.）
Height: 22.1cm, Mouth Diameter: 19.1cm, Abdominal Depth: 18cm
Unearthed from the Zhuyuan Groove, Baoji City, Shaanxi Province
Baoji Bronze Ware Museum

尊是商周青铜器中重要的盛酒器，流行于商至西周中期。𢐗季尊口沿卷曲外侈，束颈，下腹垂，腹下有四扁形虎足，腹侧有一兽头鋬。颈部饰凸弦纹，腹部饰一周共身的夔龙夔凤纹，有云雷纹衬地。器内底铸有铭文 2 行 6 字。

𢐗国遗存主要分布在今陕西省宝鸡市范围内，发现有墓葬、车马坑等，出土文物 3000 余件，其中有多件“𢐗”铭铜器，向世人揭示了一个不见于文献记载的西周时期小方国的文化面貌。

（铭文拓片）

释文　𢐗季乍（作）寶旅彝。

格仲簋

西周（约前 1046—前 771 年）· 穆王时期
高 17.5 厘米，宽 33.5 厘米，口径 25.5 厘米
山西省临汾市翼城大河口墓地出土
山西博物院藏

Ge Zhong Gui

King Mu Era, Western Zhou Dynasty（ca. 1046 - 771 B.C.）
Height: 17.5cm, Width: 33.5cm, Mouth Diameter: 25.5cm
Unearthed from the Dahekou Tombs, Yicheng County, Linfen City, Shanxi Province
Shanxi Museum

盖近圆形，子口内敛，顶面圆隆，中部设矮圈形捉手，捉手下部有一对方穿。簋体为圆形，器身矮扁，腹较浅。腹底圆转处下接大圈足，圈足较矮，下部外撇且下折成阶，足底面内斜，内侧有沟槽。腹两侧附对称龙首半环形竖耳，耳上龙首凸圆眼，双角凸起，耳下垂，勾云形耳，耳内侧不封闭，横截面呈“C”形。盖顶面和器身饰瓦棱纹。盖、器对铭，4 行 29 字。

格仲簋是霸伯之弟霸仲为博戎胜利所作的纪功铜器。根据铭文记录，戎人侵袭至“丧原”，霸伯之弟格仲（即霸仲）率武装力量追袭，活捉两人，获得两个首级，因此作器记功。有学者考证，格仲簋铭中的“格”是“霸”这一族名的另一种写法。大河口墓地的发掘实证了西周时期霸国的存在。

释文　唯正月甲午，戎捷于喪（桑）遼（原），格（霸）仲率追，獲訊二夫，馘二，對揚祖孝畐（福），用作寶簋。

（盖铭拓片）　（器铭拓片）

春秋战国之际，生产力巨变，生产关系鼎革，历史风云际会，学说百家勃兴，空前的思想激荡与制度探索由此展开。汉字在时代的呼应下，朝着简易化、大众化的方向发展。除青铜器上的金文外，简帛文、货币文、玺印文等大量出现，文字使用愈加广泛，成为诸子百家争鸣、学术碰撞的重要载体。

楚系文字

楚系文字的使用范围以楚国为中心，影响至吴、越、徐、蔡、宋等及汉、淮二水之间星罗棋布的小国。楚系文字地域特色鲜明，是“南文尚华藻”的典型代表，前期字体体势狭长，结体婉约，书写华丽流畅，风格浪漫自由，至战国中期受简牍文字的影响，文字形趋扁平。

鄬子倗浴缶

春秋（前 770—前 476 年）
高 49.6 厘米，口径 26.6 厘米，腹径 51.6 厘米
河南省南阳市淅川县下寺楚墓出土
河南博物院藏

Bronze *Fou* by *Peng*

Spring and Autumn Period（770 - 476 B.C.）
Height: 49.6cm, Mouth Diameter: 26.6cm, Abdominal Diameter: 51.6cm
Unearthed from the Chu Tombs in Xiasi, Xichuan County,
Nanyang City, Henan Province
Henan Museum

（盖铭拓片）

（口沿铭文拓片）

缶有盖，小口，方唇，直沿，低领，广肩，鼓腹，平底，矮圈足。盖顶圆鼓，上有竖环钮 4 个，盖上及口沿上均铸有相同的 10 字铭文。肩部两侧有对称的链环耳 2 个。器表上饰满铸镶上去的红铜动物和几何形花纹。盖顶花纹有 4 组，正中铸镶红铜涡纹 1 个。涡纹外有夔龙纹 4 个，夔龙纹之外铸蠕纹带 1 周，蟠螭纹带之间铸镶红铜涡纹 6 个。盖沿上部又铸镶夔纹 10 个。器身花纹上下可分 7 组：肩上铸镶云纹、亚腰形纹及夔龙纹带各 1 组；腹上有凸起的蟠螭纹带 1 周，带间铸镶圆涡纹 12 个；腹下铸镶夔龙纹、亚腰形纹及云纹各 1 组。体现出当时高超的铸镶工艺水平。

古代祀神祭祖之前都要沐浴净身以示虔诚，浴缶是沐浴时的盛水器，它的大量出现显然与楚人重祭祀、行沐浴礼有关，也是楚人特有的器物。考古资料表明，春秋晚期和战国早期的楚墓中出土的浴缶较多，凡较大的贵族墓都出土，常与滮鼎、鉴（盆）等配合使用。

释文　楚叔之孫鄬子倗之浴缶。

越王铜矛

战国（前 475—前 221 年）
长 21.5 厘米，宽 5.5 厘米
河南省洛阳市啤酒厂出土
洛阳博物馆藏

Bronze Spear by *Yue* King

Warring States Period（475 - 221 B.C.）
Length: 21.5cm, Width: 5.5cm
Unearthed from the Brewery in Luoyang City, Henan Province
Luoyang Museum

铜矛上有鸟虫书铭文，其中“者旨”是越王的姓氏，“于赐”则为名。越王于赐即越王鼫与（前 464—前 459 年在位），是“卧薪尝胆”的越王勾践之子。洛阳地区发现越王兵器，对于研究周王室与越国关系具有重要意义。

（铭文线描图）

释文 戉（越）王者（諸）旨（稽）於賜。

“越涌君”记事文书简

战国（前 475—前 221 年）
长 65.5—67.2 厘米，宽 0.8—0.85 厘米
湖南省常德市夕阳坡出土
湖南博物院藏

Bamboo Slips of Document by *Yue Yong*

Warring States Period（475 - 221 B.C.）
Length: 65.5 - 67.2cm, Width: 0.8 - 0.85cm
Unearthed from the Xiyang Hillside, Changde City, Hunan Province
Hunan Museum

释文　越湋君嬴將其眾以歸楚之歲，荊屍之月，己丑之日，王處於蔵郢之游宮。士尹卲之上與悼哲王之愳、造卜尹邵逯以王命賜舒方禦歲愲（饋）。

卜筮祭祷记录简

战国（前 475—前 221 年）
长 60—65.5 厘米，宽 0.7 厘米
湖北省荆州市天星观楚墓出土
荆州博物馆藏

Bamboo Slips of “卜筮祭” Record

Warring States Period（475 - 221 B.C.）
Length: 60 - 65.5cm, Width: 0.7cm
Unearthed from the Chu Tombs in Tianxingguan, Jingzhou City, Hubei Province
Jingzhou Museum

天星观楚墓出土竹简内容为卜筮祭祷记录和遣策，对于研究楚国封君制度、封君葬制以及番（潘）氏家族历史等具有重要的作用。

释文
① 墜（陳）賈習之以白竈，占之吉，集歲自利……
② 黄芋（革）以□□爲君筮，□見於白□今夕□□人□甲午之夕……☰ ☰
③ 惠公大（太）牢，樂之。秋三月擇良日賽禱白朝戠（特）犅，樂之。範獲占之曰吉。
④ 虘（且）有外惡，有祟，以其古（故）敓之，速賽禱惠公，戠（特）豢，饋之，占之吉。

① ② ③ ④

晋系文字

晋系文字的使用范围较广，除韩、赵、魏三国外，中山国、郑、卫等国文字也都属于晋系文字的范畴。晋系文字早期承西周书风，字体古典雅正，后自成体系，结体生动，并带有连笔。

晋公盘

春秋（前 770—前 476 年）
高 12 厘米，口径 40 厘米
公安机关移交
山西博物院藏

Jingong Bronze Plate

Spring and Autumn Period（770 - 476 B.C.）
Height: 12cm, Mouth Diameter: 40cm
Transferred by Public Security Organs
Shanxi Museum

晋公盘浅腹平底，内底中央饰有1对精美浮雕龙盘绕成圆形；双龙中央，有1只立体水鸟；双龙之外，还有4只立体水鸟和4只浮雕金龟；再向外延，又有3只圆雕跳跃青蛙和3条游鱼；最外圈，则有4只蹲姿青蛙、7只浮雕游泳青蛙和4只圆雕爬行乌龟。这些圆雕动物，都能360度转动，鸟嘴可以启闭，乌龟头可以伸缩。内壁铭文7处，每处3行，共183字，详细记载晋文公长女孟姬嫁楚的史实，清晰呈现了“春秋五霸”晋文公时期晋国的盛世气象，传递了春秋中前期极为珍贵的历史信息，在青铜器中实属罕见。

（铭文摹本）

摹本来源
管文韬：《试论晋公盘铭文及相关问题》，《青铜器与金文》2019 年第 1 期。

哀成叔铜鼎

春秋（前 770—前 476 年）
高 33 厘米，口径 32 厘米，腹径 50 厘米
河南省洛阳市玻璃厂出土
洛阳博物馆藏

Ai Cheng Shu Bronze *Ding*

Spring and Autumn Period（770 - 476B.C.）
Height: 33cm, Mouth Diameter: 32cm, Belly Diameter: 50cm
Unearthed from the Glass Work in Luoyang City, Henan Province
Luoyang Museum

（铭文拓片）

鼎敛口，浅圆腹，附立耳，瘦高蹄足，带圈首拱盖。腹内壁有铭文，8行54字，记载哀成叔出生于郑，后来游宦到周（今河南省洛阳市）侍奉康公，当了家臣。此鼎是哀成叔死后，其家人为他作的一件殉葬器，希望他死后永远侍奉康公。

释文 正月庚午，嘉（嘉）曰：余鄭（鄭）邦之産，少去母父，乍（作）鑄（鑄）飤器黃鑊（鑊），君既安叀（惠），亦弗其遜隻（獲），嘉（嘉）是隹（唯）哀成弔（叔），哀成弔（叔）之鼎，永用禋（煙、禋）祀，死（尸）於下土，台（以）事康公，勿或能訇（已）。

中山王圆壶

战国（前 475—前 221 年）
通高 44.5 厘米，腹径 32 厘米
河北省石家庄市平山县中山王墓出土
河北省文物考古研究院藏

Bronze Pot by *Zhongshan* King

Warring States Period (475 - 221 B.C.)
Height: 44.5cm, Belly Diameter: 32cm
Unearthed from the Zhongshan King's Tomb, Pingshan County, Shijiazhuang City, Hebei Province
Hebei Provincial Institute of Cultural Relics and Archaeology

中山国（前 414—前 296 年），姬姓（一说子姓），是由北方白狄鲜虞部落所建立的国家，因城（中山城）中有山而得名中山国。中山国国土嵌在燕赵之间，又曾长期与晋国等中原国家交战，一度被视为中原国家的心腹大患；公元前 296 年，为赵国所灭。该圆壶为中山王墓出土的“中山三器”之一，短颈鼓腹，两侧有两铺首，圈足，有盖，盖饰三钮，腹与圈足皆有铭文。腹部铭文 59 行 182 字，除歌颂先王的贤明外，还大加赞扬相邦马赒的内外功劳。

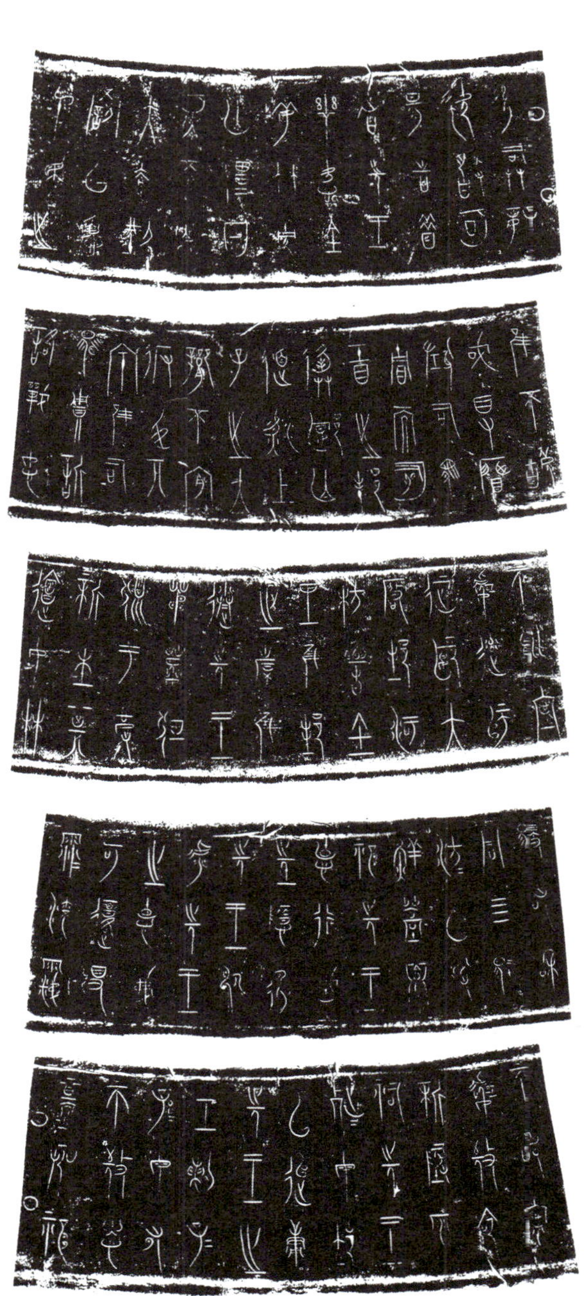

（铭文拓片）

铜鼻钮“武遂大夫”印

战国（前 475—前 221 年）· 韩
长 1.3 厘米，宽 1.3 厘米，高 1.2 厘米
故宫博物院藏

Bronze Seal with Characters of “武遂大夫” (an Ancient Official Name)

Warring States Period（475 - 221 B.C.）
Length: 1.3cm, Width: 1.3cm, Height: 1.2cm
The Palace Museum

（印面）

印鼻钮，朱文。印文中的“大夫”二字作“大 =”，是一种省文。“武遂”是战国时韩国的地名，曾一度属秦国。《史记 · 秦本纪》载秦武王四年“拔宜阳，斩首六万。涉河，城武遂”。《史记 · 韩世家》中又记襄王“六年，秦复与我武遂。九年，秦复取我武遂。……十六年，秦与我河外及武遂”。此印为战国时韩国武遂邑的大夫官印。

铜鼻钮“榆平发弩”印

战国（前 475—前 221 年）· 赵
长 1.5 厘米，宽 1.5 厘米，高 1.2 厘米
故宫博物院藏

Bronze Seal with Characters of “榆平发弩” (an Ancient Official Name)

Warring States Period（475 - 221 B.C.）
Length: 1.5cm, Width: 1.5cm, Height: 1.2cm
The Palace Museum

（印面）

印鼻钮，朱文。弩本为古代射击兵器，印文中以发弩作为职官名。此印为战国时期赵国负责榆平地区弩兵的官员之印。

铜鼻钮“文枱（台）西疆司寇”印

战国（前 475—前 221 年）· 魏
长 1.6 厘米，宽 1.6 厘米，高 1.5 厘米
故宫博物院藏

Bronze Seal with Characters of “文枱（台）西疆司寇” (an Ancient Official Name)

Warring States Period（475 - 221 B.C.）
Length: 1.6cm, Width: 1.6cm, Height: 1.5cm
The Palace Museum

（印面）

印鼻钮，朱文。“文枱”读作“文台”，在今山东东明县东北。《史记 · 魏世家》载：“无忌谓魏王曰：……从林乡军以至于今，秦七攻魏，五入囿中。边城尽拔，文台堕，垂都焚……而国继以围。”此印为战国时期魏国文台所在苑囿的西部地区，负责纠察等事务的司寇所用官印。

齐系文字

齐系文字使用范围以齐国为中心，影响至鲁、邾、郳、任、滕、薛、莒、杞、祝等国。春秋早期，其文字疏朗平整；春秋中期至战国早期，字形稍长，笔画秀丽，已逐渐脱离西周晚期书风影响而自成体系。

青玉鼻钮“郐蘼（苍）信鉨”印

战国（前475—前221年）· 齐
长2.2厘米，宽2.2厘米，高1.7厘米
故宫博物院藏

Jade Seal with Characters of “郐蘼（苍）信鉨”

Warring States Period（475 - 221 B.C.）
Length: 2.2cm, Width: 2.2cm, Height: 1.7cm
The Palace Museum

印鼻钮，白文，属战国时期私印。

（印面）

铜鼻钮“东武城攻师鉨”印

战国（前 475—前 221 年）· 齐
长 2.3 厘米，宽 2.3 厘米，高 1.2 厘米
故宫博物院藏

Bronze Seal with Characters of “东武城攻师鉨”（an Ancient Official Name）

Warring States Period (475 - 221 B.C.)
Length: 2.3cm, Width: 2.3cm, Height: 1.2cm
The Palace Museum

（印面）

印鼻钮，白文。此印造型与文字具有明显的齐国官印特征，印文“攻”作上下结构，“师”作“帀”，均是齐印文的特殊写法。《史记 · 平原君列传》载：“平原君相惠文王及孝成王，三去相，三复位，封于东武城。”赵地东武城与齐国接境，可能此地一度属齐。“攻师”即工师，此印应为齐国负责管理东武城工匠官吏的职官印。

铜鼻钮“怳阴都左司马”印

战国（前 475—前 221 年）· 燕
长 2.1 厘米，宽 2.1 厘米，高 1.5 厘米
故宫博物院藏

Bronze Seal with Characters of “怳阴都左司马”（an Ancient Official Name）

Warring States Period（475 - 221 B.C.）
Length: 2.1cm, Width: 2.1cm, Height: 1.5cm
The Palace Museum

（印面）

印鼻钮，印面有阴线边栏，白文。“怳阴都”也作“广阴都”，即广阳（今北京市西南郊）水之南岸。此印为战国时期燕国广阴邑负责军政的司马官印。燕系文字多带猛厉质朴之风，常见兵器铭文和玺印文字，其中尤以玺印文字最具特色。

巴蜀图语

四川地区出土的战国至西汉的青铜器、印章上的一些特定图形符号，被学术界称为“巴蜀图语”“巴蜀符号”或巴蜀图形文字。目前所知的巴蜀图语约有200余种，大部分出现在铜兵器上，在巴蜀印章上也多有发现，最常见的有虎、鸟、手心、花蒂、蝉等图形符号。

铜矛

春秋（前770—前476年）
长21.6厘米，宽3.5厘米，厚1.6厘米
四川省成都市青白江区双元村出土
成都文物考古研究院藏

Bronze Spear

Spring and Autumn Period（770 - 476 B.C.）
Length: 21.6cm, Width: 3.5cm, Thickness: 1.6cm
Unearthed from the Shuangyuan Village in Qingbaijiang District, Chengdu City, Sichuan Province
Chengdu Cultural Relics and Archaeology Research Institute

铜矛

春秋（前770—前476年）
通长21.3厘米，通宽3.6厘米，厚2厘米
四川省成都市青白江区五里村出土
成都文物考古研究院藏

Bronze Spear

Spring and Autumn Period（770 - 476 B.C.）
Length: 21.3cm, Width: 3.6cm, Thickness: 2cm
Unearthed from the Wuli Village in Qingbaijiang District, Chengdu City, Sichuan Province
Chengdu Cultural Relics and Archaeology Research Institute

巴蜀图语铜削刀

战国（前 475—前 221 年）
长 32.5 厘米，宽 2.48 厘米
四川省成都市青白江区五里村出土
成都文物考古研究院藏

Bronze Knife with Bashu Graphical Symbols

Warring States Period（475 - 221 B.C.）
Length: 32.5cm, Width: 2.48cm
Unearthed from the Wuli Village in Qingbaijiang District, Chengdu City, Sichuan Province
Chengdu Cultural Relics and Archaeology Research Institute

巴蜀图语铜印

战国（前 475—前 221 年）
长 3.4 厘米，宽 3.4 厘米，高 1.1 厘米
四川省成都市新都区马家乡出土
四川博物院藏

Stamp with Bashu Graphical Symbols

Warring States Period（475 - 221 B.C.）
Length: 3.4cm, Width: 3.4cm, Height: 1.1cm
Unearthed from the Majia Village in Xindu District, Chengdu City, Sichuan Province
Sichuan Museum

桥形钮，印面有阴线边栏，印文为巴蜀图语符号组成的图像：下部立二人，抬一罍；上部中间置一类似竹编的笼子，笼子两侧各有一口向上的铎。印背部饰兽面纹。

蚕纹铜印

战国（前 475—前 221 年）
直径 3.7 厘米，高 1.2 厘米
四川省雅安市芦山县清仁乡出土
四川博物院藏

Stamp with Silkworm Pattern

Warring States Period（475 - 221 B.C.）
Diameter: 3.7cm, Height: 1.2cm
Unearthed from the Qingren Village, Lushan County,
Ya'an City, Sichuan Province
Sichuan Museum

巴蜀图语铜印

战国（前 475—前 221 年）
直径 3.2 厘米，高 1 厘米
四川省成都市蒲江县飞虎村出土
成都文物考古研究院藏

Bronze Stamp with Bashu Graphical Symbols

Warring States Period（475 - 221 B.C.）
Diameter: 3.2cm, Height: 1cm
Unearthed from the Feihu Village, Pujiang County,
Chengdu City, Sichuan Province
Chengdu Cultural Relics and Archaeology Research Institute

巴蜀图语铜印

战国（前 475—前 221 年）
直径 2.6 厘米，高 0.8 厘米
四川省成都市蒲江县飞虎村出土
成都文物考古研究院藏

Bronze Stamp with Bashu Graphical Symbols

Warring States Period（475 - 221 B.C.）
Diameter: 2.6cm, Height: 0.8cm
Unearthed from the Feihu Village, Pujiang County,
Chengdu City, Sichuan Province
Chengdu Cultural Relics and Archaeology Research Institute

《说文解字》：「迒，过也。」

Foundation of National Unification

Words convey ideas that spread across the land, laying the foundation for national unification.

In 221 B.C., Emperor Qin Shi Huang, upon the legacy of his predecessors, unified the realm and established the first centralized feudal state in China. The implementation of the "uniform script" policy ensured the enforcement of Qin laws across a broader territory, laying the foundation for national unification. During the Han Dynasty, economic development and cultural confidence under a unified political system led to the first recorded golden age in Chinese history. The advanced technology and culture from the Central Plains spread to the border regions through writing, thus truly establishing a culturally and ideologically unified nation of diverse ethnicities. In the melting pot of the Wei, Jin, Southern and Northern Dynasties, Chinese characters served as an important bond that sustained ethnic exchanges and facilitated ethnic integration, which eventually gave rise to the flourishing Tang Dynasty temperament of integration of all nations, neutrality and peace. Nurtured by the Tang culture, *Kaishu*, the regular script in Chinese calligraphy gradually matured and became the standard form of Chinese characters that has been used to this day, embodying the enduring cultural legacy of the Chinese nation.

文以载道　汇融天下

文以载道，广播宇内，汇融天下，成统一之基。

公元前221年，秦始皇奋六世余烈，平定天下，建立起中国第一个封建集权国家。“书同文字”政策的实行，保障了秦法在更广阔疆域内的施行，奠定了国家统一的基础。汉代大一统政体下，经济发展、文化自信，中原先进的技术、文化以文字为载体传播至边塞地区，真正从文化、思想上建立起多民族的统一国家，缔造了中国历史上第一个有确切记载的盛世。在魏晋南北朝的民族熔炉中，汉字是维系民族交流、促进民族融合的重要纽带，最终生发出融汇万邦、中正平和的盛唐气度。在唐文化的滋养下，汉字书写体系日趋完善，楷书成为通行至今的汉字正体，书写出中华民族一以贯之的泱泱文脉。

统一之基

秦以法治国，统一的文字是国家政令传达的重要保障。秦始皇平定寰宇，以秦文字为基础，取六国文字之长，整理形成统一的官方字体“小篆”，统一多民族国家的制度建构，由是奠基。此后，天下分合，朝代更迭，而“书”必“同文”，成为中华民族顽强的坚守。

石鼓文

石鼓文，因文字刻在鼓形石头上而得名，其上内容为记叙游猎的10首诗，故又称“猎碣”。采用大篆书体，是中国现存最早的一组石刻文字。关于石鼓的年代，曾有诸多说法，后经专家研究，认定是秦国文物。更为确切的年代，有秦文公、秦穆公、秦襄公、秦献公等诸说，尚未取得定论。石鼓在唐初时发现于陕西天兴（今宝鸡市凤翔区）三畤原，至宋徽宗大观年间（1107—1110年）迁于东京（今河南省开封市），金人破宋，辇至燕京（今北京市）。数经迁徙，文字磨灭残损甚多。10个石鼓各有其名，分别为“马薦鼓”“汧殹鼓”“霝雨鼓”“吴人鼓”“作原鼓”“銮车鼓”“田车鼓”“而师鼓”“吾车鼓”“吾水鼓”，其中“马薦鼓”已一字无存。现均藏于故宫博物院。石鼓文，字形方正，集大篆之成，开小篆先河，具有承前启后的重要地位。

“汧殹”石鼓

春秋—战国（前770—前221年）
高90厘米，直径60厘米
故宫博物院藏

Drum-Shaped Stone Block
Spring and Autumn Period to Warring States Period（770 - 221 B.C.）
Height: 90cm, Diameter: 60cm
The Palace Museum

释文 汧殹沔沔，丞皮淖淵。鰋鯉處之，君子漁之。澫又小魚，其斿𨘋𨘋。帛魚鱳鱳，其篕氏鮮。黃白其鰟，又鰟又鮊。其胡孔庶，臠之𩵦𩵦，𢓊𢓊趞趞。其魚隹可？隹鱮隹鯉，可以橐之？隹楊及柳。

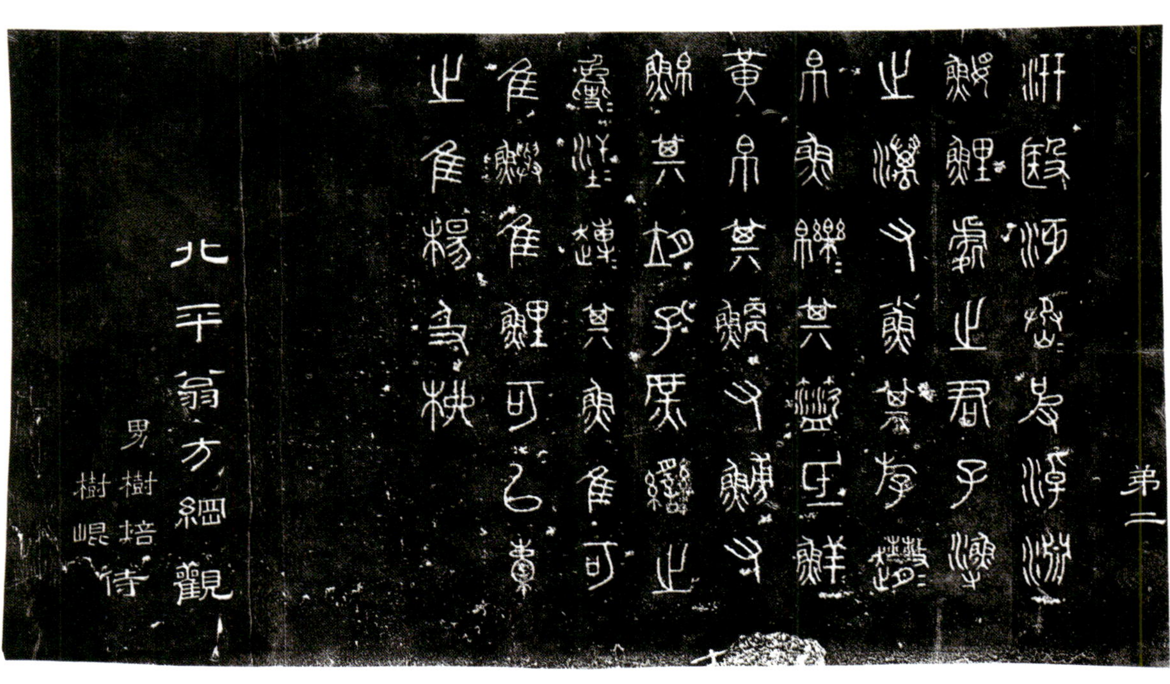

（铭文拓片）

“田车”石鼓

春秋—战国（前 770—前 221 年）
高 90 厘米，直径 60 厘米
故宫博物院藏

Drum-Shaped Stone Block

Spring and Autumn Period to Warring States Period（770 - 221 B.C.）
Height: 90cm, Diameter: 60cm
The Palace Museum

释文　田車孔安，鋚勒馮馮，四介既簡。左驂旛旛，右驂騝騝，遊以隮於遾。遊戎止陕，宮車其寫，秀弓寺射。麋豕孔庶，麀鹿雉兔。其趫又旆，其□𧺆大，四出各亞。□□昊□，執而勿射。多庶趮趮，君子逌樂。

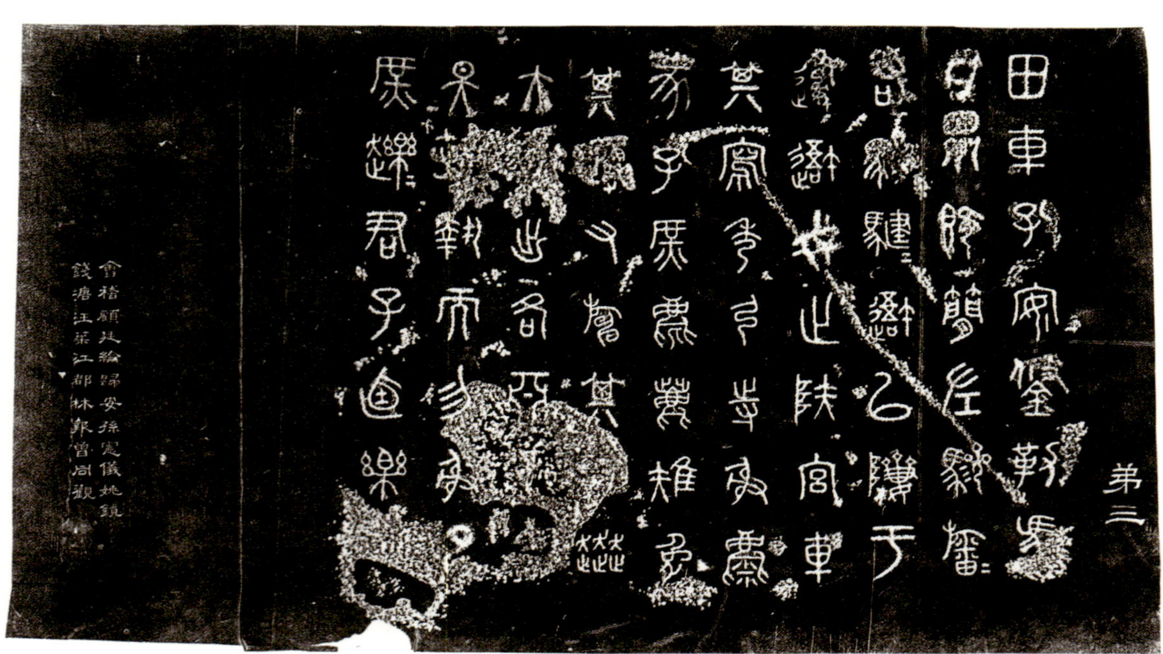

（铭文拓片）

垂鳞纹秦公铜鼎

春秋（前 770—前 476 年）
高 37.7 厘米、口径 38.8 厘米、腹径 37.8 厘米
甘肃省陇南市礼县大堡子山出土
甘肃省博物馆藏

Bronze *Ding* of *Qingong*

Spring and Autumn Period（770 - 476 B.C.）
Height: 37.7cm, Mouth Diameter: 38.8cm, Belly Diameter: 37.8cm
Unearthed from the Dabaozi Mountain in Li County, Longnan City, Gansu Province
Gansu Provincial Museum

铜鼎侈口，折沿，双立耳，垂腹，平底，三蹄足。口沿下饰一周窃曲纹，腹部饰三周垂鳞纹，颈部与腹部间以两道凸弦纹相隔，足上部有“山”字形扉脊，以扉脊为鼻脊饰兽面纹，耳外廓饰重环纹，器腹内壁錾刻 6 字铭文。礼县大堡子山西垂秦公墓主人有秦庄公、秦襄公、秦文公诸说。

（铭文拓片）

释文　秦公作鑄用鼎。

秦公钟（甲）

春秋（前 770—前 476 年）
高 48 厘米，甬高 17 厘米
陕西省宝鸡市杨家沟太公庙村出土
宝鸡青铜器博物院藏

Bronze *Zhong* of *Qingong*

Spring and Autumn Period（770 - 476 B.C.）
Height: 48cm, Height of *Yong*: 17cm
Unearth from the Taigongmiao Village in Yangjia Groove, Baoji City, Shaanxi Province
Baoji Bronze Ware Museum

秦公钟共出土 5 件，大小相次，此为最大的 1 件。钟体呈合瓦状，甬上饰 4 条小龙，舞部饰变形夔纹，钲部以粗阳线为框，中间有铭文，两侧为对称的 3 条设枚区域与 2 个篆区，每个枚区设 3 个长枚，每个篆区饰 2 条头朝向钲间的鸟喙龙纹。中鼓部饰对称的 2 个顾首龙纹。甲钟钲部、顶篆部、左篆部皆有铭文，与乙钟合铭 130 字，内容完整。主要记载了先秦襄公“赏宅受国”，即被周王赏以宅、授以国，以及文公、静公、宪公治国兴邦的业绩。经专家研究，秦公钟铭文为刻铭，这组编钟是我国现存最早的刻铭铜器。

秦国地处西周故地，秦系文字更多保留了西周晚期金文遗风，秦公钟铭文是秦系文字的典型代表。

（铭文拓片）

释文

𪎭（秦）公曰：“我先且（祖）受天命，𧶠（賞）宅受或（國），剌剌（烈烈）卲（昭）文公、靜公、憲公，不㒸（墜）于上，卲（昭）合（答）皇天，㠯（以）虩事䜌（蠻）方。”公及王姬曰：“余小子，余夙（夙）夕虔敬朕（朕）祀，㠯（以）受多福，克明又（厥）心，盭（戾）龢（和）胤士，咸畜（畜、蓄）左右，藹藹（藹藹）允義，翼（翼）受明德，㠯（以）康奠（奠）協（協）朕（朕）或（國），盜（盜）百䜌（蠻）具（俱）即其。”

秦始皇二十六年铜诏版

秦（前 221—前 207 年）
长 10.8 厘米，宽 6.8 厘米
厚 0.3 厘米，重 150 克
甘肃省庆阳市镇原县城关镇征集
镇原县博物馆藏

Bronze Edict

Qin Dynasty（221 - 207 B.C.）
Length: 10.8cm, Width: 6.8cm, Thickness: 0.3cm, Weight: 150g
Collected in the Chengguan Town, Zhenyuan County,
Qingyang City, Gansu Province
Zhenyuan County Museum

诏版正面以秦篆阴刻 40 字，铭文开头的“廿六年”为秦王嬴政二十六年，即公元前 221 年，也是秦始皇统一中国之年。内容大意为：二十六年，秦始皇兼并了各国诸侯，统一了天下，百姓安居乐业，于是立称号为皇帝，并下诏书给丞相隗状、王绾，在全国范围内统一度量衡。这枚诏版为研究秦时政治、经济以及秦统一文字与度量衡并推行全国提供了文字实证，同时也是研究秦篆及其书写风格的珍贵实物资料。

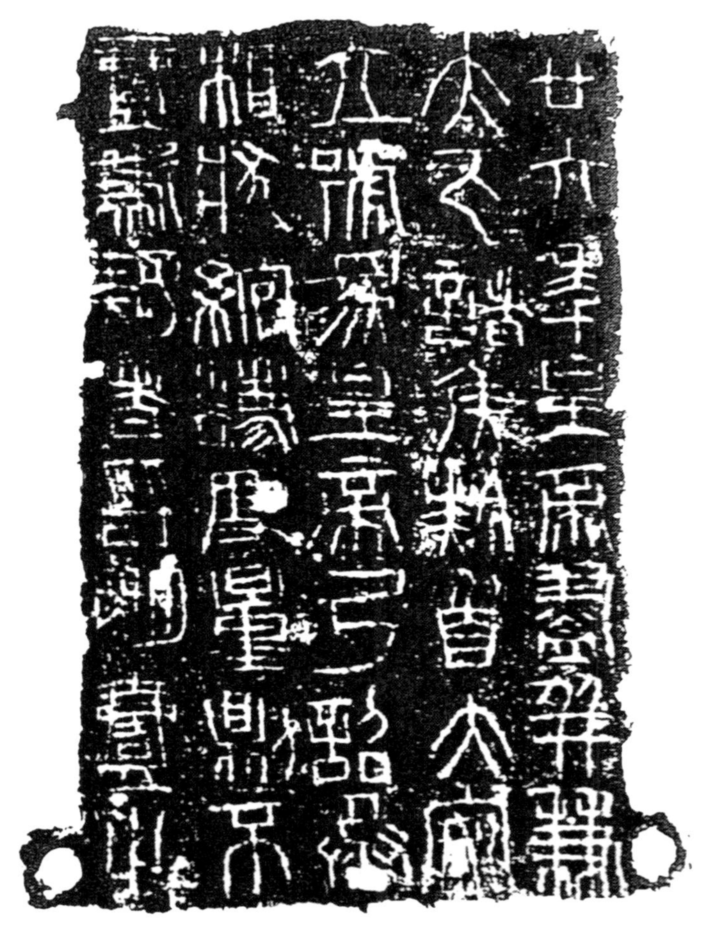

（铭文拓片）

释文　廿六年，皇帝盡並兼天下諸侯，黔首大安，立號爲皇帝，乃詔丞相狀、綰，法度量則不壹，歉疑者，皆明壹之。

《峄山刻石》拓片

民国（1912—1949 年）
纵 160 厘米，横 41 厘米
山东博物馆藏

Rubbing of Stela of *Yi* Mountain

Republic of China（1912 - 1949）
Length: 160cm, Width: 41cm
Shandong Museum

据《史记・秦始皇本纪》记载，秦始皇出巡刻石共有七处，分别为泰山刻石、琅琊刻石、峄山刻石、碣石刻石、东观刻石、会稽刻石和芝罘刻石，相传均为丞相李斯用小篆所书，是秦小篆的代表作。

峄山刻石原石立于山东邹县峄山书门，后于南北朝时期被毁，宋、元均有摹刻碑。内容可分为两部分，前部分刻于秦始皇二十八年（前 219 年），主要为歌颂始皇功绩；后部分刻于秦二世元年（前 209 年），为李斯陪同秦二世出巡时上书请求旁刻的诏书。根据此拓文上“里人刘之美谨记”等文字可知，此拓片所拓碑为元代至元二十九年（1292 年）三月刘之美据宋人张文仲刻本重刻于邹县峄阴堂的元代摹刻碑。

释文

皇帝立國，維初在昔，嗣世稱王。討伐亂逆，威動四極，武義直方。戎臣奉詔，經時不久，滅六暴强。廿有六年，上薦高號，孝道顯明。既獻泰成，乃降專（專）惠，寴輈（親巡）遠方。登於繹山，群臣從者，咸思攸長。追念亂世，分土建邦，以開爭理。功戰日作，流血於野，自泰古始。世無萬數，陀及五帝，莫能禁止。廼今皇帝，壹家天下，兵不復起。（災）害滅除，黔首康定，利澤長久。群臣誦略，刻此樂石，以著經紀。

皇帝曰：“金石刻盡始皇帝所爲也。今襲號而金石刻辭不稱始皇帝。其於久遠也，如後嗣爲之者，不稱成功盛德。”丞相臣斯、臣去疾、御史大夫臣德昧死言：“臣請具刻詔書，金石刻因明白矣。”臣昧死請。制曰：“可。”

宋元祐八年縣令張文仲於北海王君向獲李斯小篆，刻諸廳之嶧陰堂，蓋秦二世登嶧山頌始皇帝功德之謂也。迨聖朝至元廿有九年，轉官達魯花赤進義副尉木忽難，畏□人氏；縣尹宋德，乃夏津人也；主簿兼尉董全，河間人，歎是碑殘缺，恐致泯絶，乃命工礱石，模刻於其傍，庶爲後世不朽之傳。夫李斯相秦，坑儒虐民。其行事也，孰不非之？然其書法之妙，古今稱最。寧因所短，而廢其所長者哉？

歲在壬辰三月下旬有二日

里人劉之美謹記

常泰……

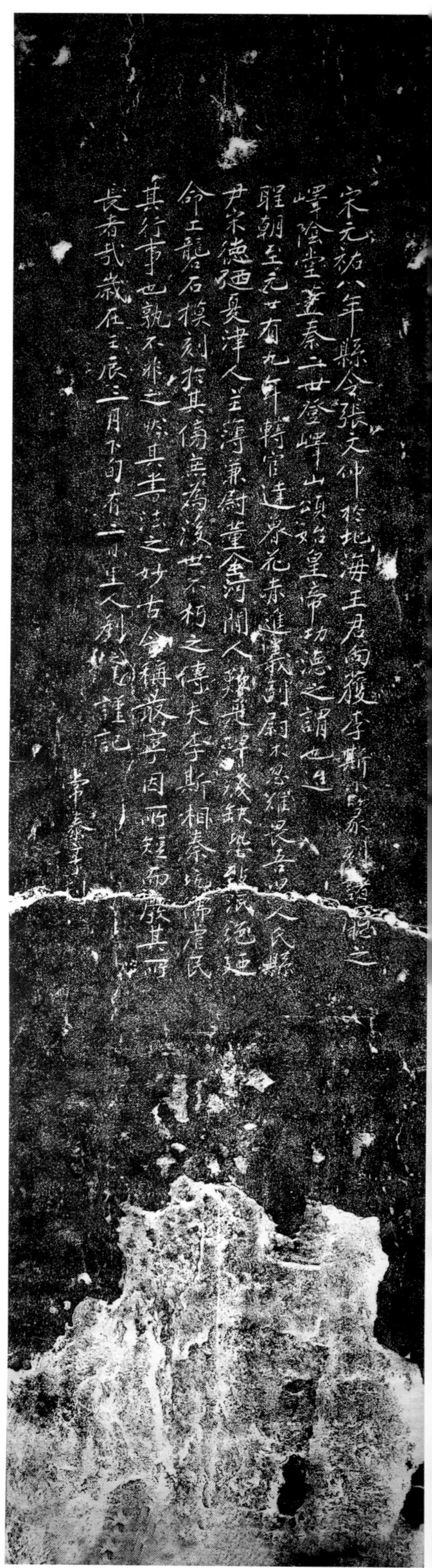

皇帝立國維初在昔嗣世稱王討伐亂
逆威動四極武義直方戎臣奉詔經時
不久滅六暴強廿有六年上薦高號孝
道顯明既獻泰成乃降專惠親巡遠方
登于繹山群臣從者咸思攸長追念亂
世分土建邦以開爭理功戰日
於野自泰古始世無萬數陀及
能禁止迺今皇帝壹家天下兵
災害滅除黔首康定利澤長
略刻此樂石以著經紀皇帝曰
盡始皇帝所為也今襲號而金石刻辭
不稱始皇帝其於久遠也如後嗣為之
者不稱成功盛德丞相臣斯臣去疾御
史大夫臣德昧死言臣請具刻詔書金石
刻因明白矣臣昧死請制曰可

«琅琊刻石»拓轴

清（1644—1911 年）
纵 79 厘米，横 65 厘米
山东博物馆藏

Rubbing of Stela of *Langya* Mountain

Qing Dynasty（1644 - 1911）
Length: 79cm, Width: 65cm
Shandong Museum

《琅琊刻石》为秦始皇二次巡游登临琅琊山时所刻，内容可分为两部分，前部分刻于秦始皇二十八年（前 219 年），主要为歌颂始皇功绩及记录李斯、王绾等大臣商议立碑的事迹；后部分刻于秦二世元年（前 209 年），为李斯陪同秦二世出巡时上书请求旁刻的诏书。《琅琊刻石》用笔雄浑秀丽，虽为小篆，笔画风格接近石鼓文。现仅存一块残石（藏于中国国家博物馆），此拓片为清代所拓，共 13 行 87 字，前两行为始皇巡视从臣的姓名和官职，其余内容为秦二世补刻的诏书及从臣姓名和官职，字迹已漫漶。

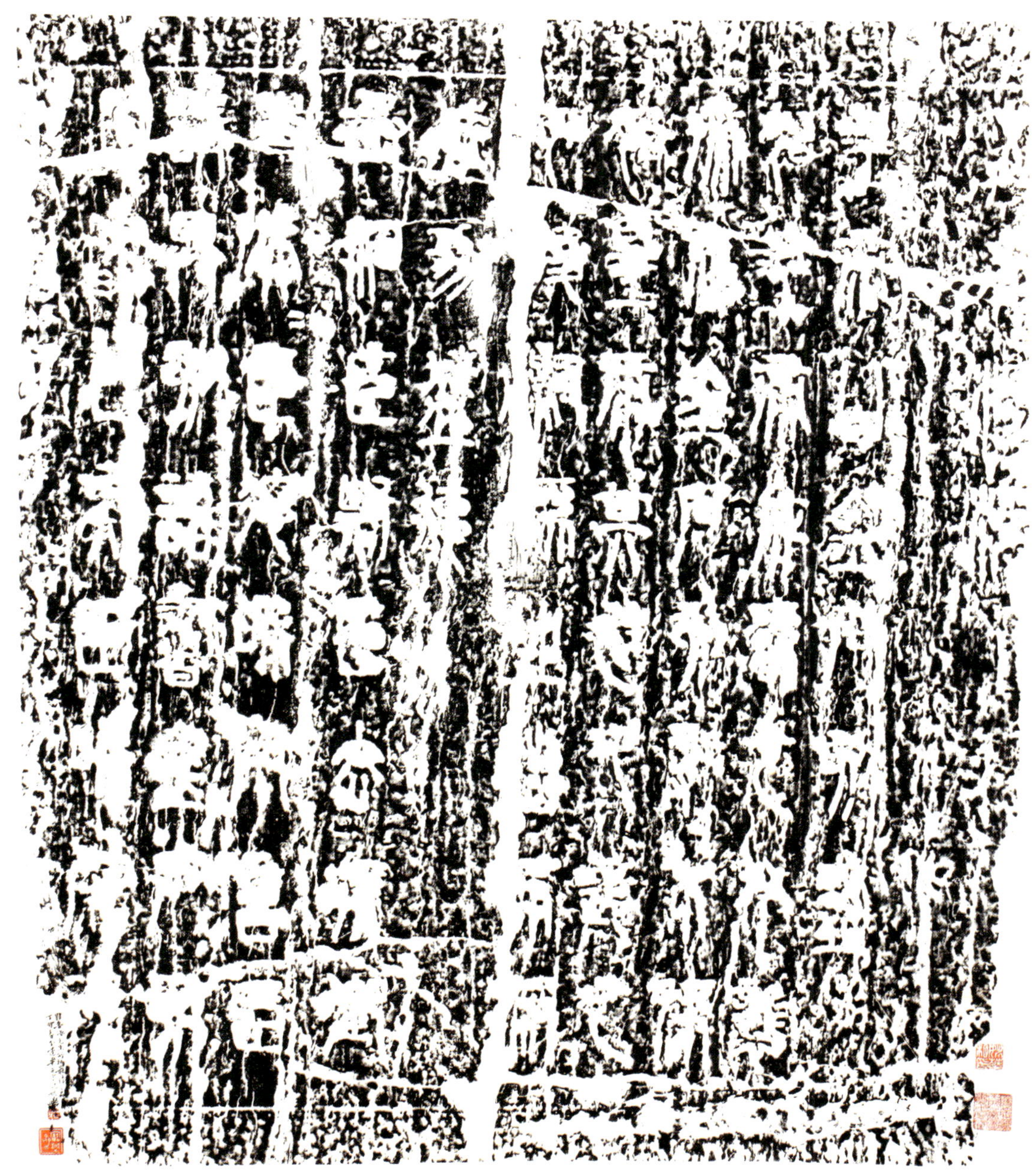

泱泱汉风

汉承秦制，在制度统一的基础上，御边安邦，发展社会经济，以汉族为主体的多民族格局形成，四海人心空前聚拢。国家疆域的扩大，民族人口的增多，对文字发展提出了新的要求，书写更加便捷的隶书代替小篆成为弘扬儒家经典的官方字体。“汉字”之名，由此定格。

“郫”铭文铜戈

战国—秦（前 475—前 207 年）
通长 22.5 厘米，通宽 7.7 厘米
援长 14.3 厘米，内长 8.2 厘米，内宽 2.3 厘米
四川省成都市新川创新科技园出土
成都文物考古研究院藏

Bronze *Ge* Carved with “郫” (a Name of Place)

Warring States Period-Qin Dynasty（475 - 207 B.C.)
Total Length: 22.5cm, Total Width: 7.7cm
Length of *Yuan*: 14.3cm, Length of *Na*: 8.2cm, Width of *Na*: 2.3cm
Unearthed from the Science and Technology Park in Xinchuan, Chengdu City, Sichuan Province
Chengdu Cultural Relics and Archaeology Research Institute

戈援长而狭，半圆形前锋，胡上有三长方形穿，有阑，直内上有一长方形穿。内部刻了一“郫”字。公元前 316 年，秦并巴蜀，蜀地归属秦国，后在蜀地推行郡县制，以成都为郡治设蜀郡，“郫”成为蜀郡的属县。“郫”铭文戈，是目前考古发现最早的“郫”地名实物资料，也是秦文化向西南、西部等边陲地区传播的实证。

里耶秦简

里耶秦简发现于湖南省湘西土家族苗族自治州龙山县里耶镇里耶古城1号井，共36000余枚。所载内容涉及秦代典章制度、行政设置、军事动态、民族关系、当地水文等方面，是标准的秦代官方文档，所书文字绝大多数为古隶书，鲜有官方颁布的小篆字体。里耶秦简的发现，与许慎《说文解字·序》中将隶书作为"秦书八体"的说法相互印证，实证了秦隶以便捷的书写方式被广泛使用，并成为秦官方实用"手写体"。

里耶秦简

秦（前221—前207年）
长22.9—23.1厘米，宽3.9—4.3厘米，厚0.3厘米
湖南省湘西土家族苗族自治州龙山县里耶古城遗址出土
湖南省文物考古研究院藏

Slips from Liye

Qin Dynasty（221 - 207 B.C.）
Length: 22.9 - 23.1cm, Width: 3.9 - 4.3cm, Thickness: 0.3cm
Unearthed from the Liye Site,
Xiangxi Tujia and Miao Autonomous Prefecture, Hunan Province
Hunan Cultural Relics and Archaeology Research Institute

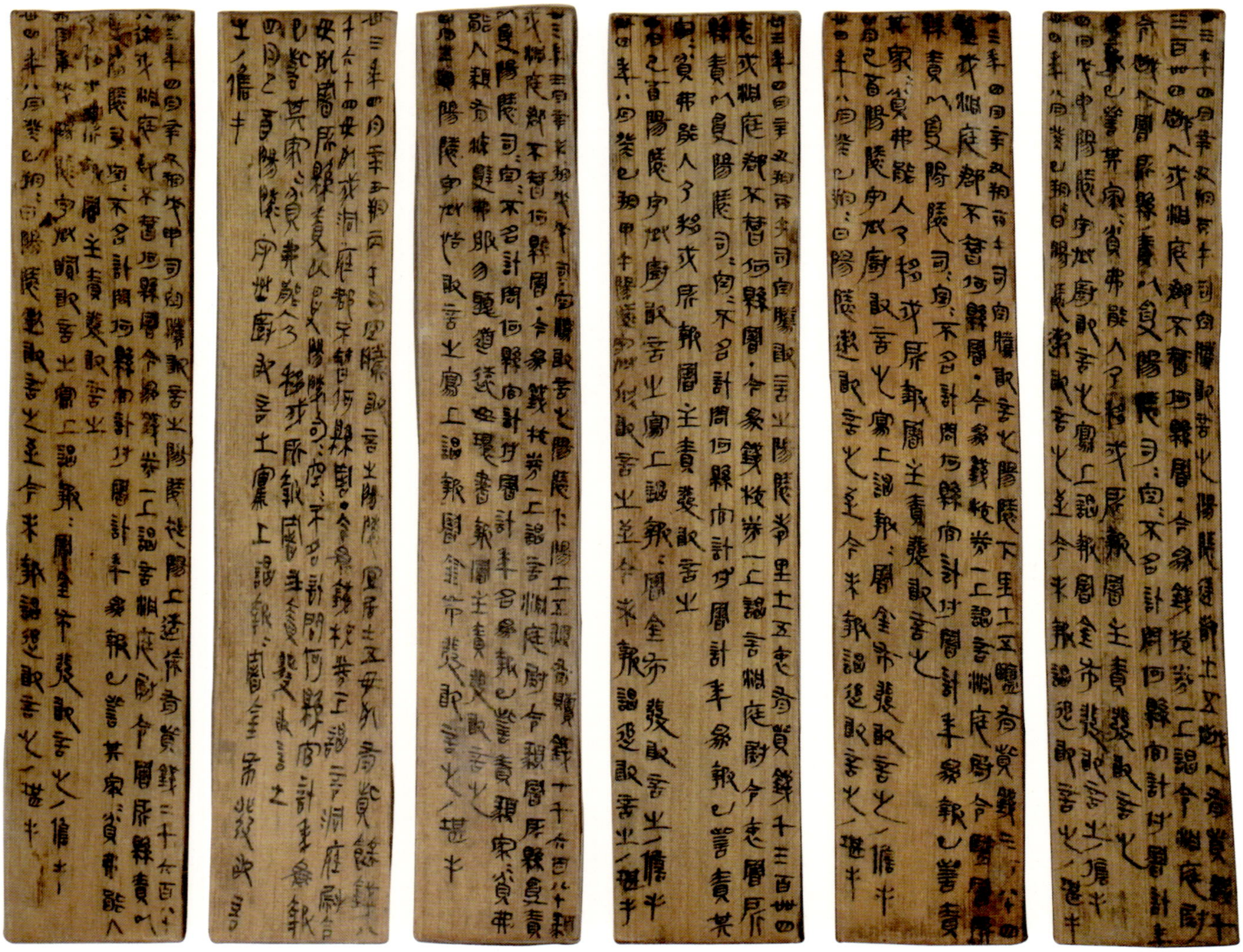

① ② ③ ④ ⑤ ⑥

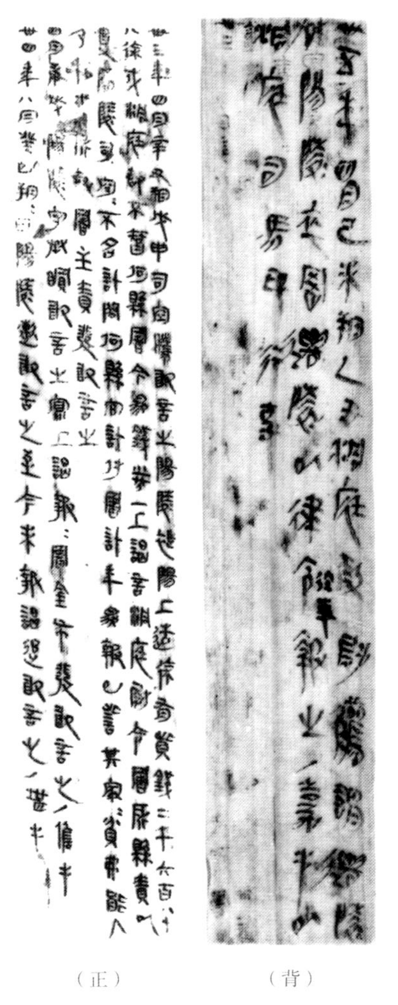

①

（正）　（背）

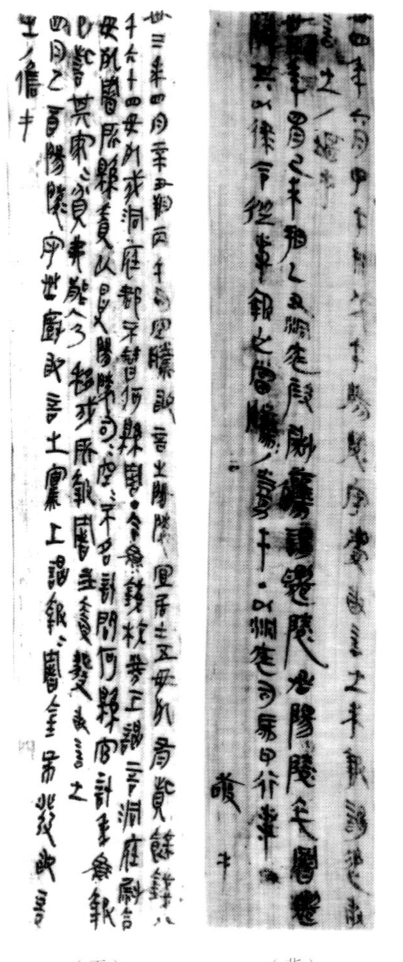

②

（正）　（背）

释文

正

卅三年四月辛丑朔戊申司空騰敢言之陽陵褆陽上造徐有貲錢二千六百八十

八徐戍洞庭郡不智何縣署今爲錢券一上謁言洞庭尉令署所縣責以

受陽陵司＝空＝不名計問何縣官計付署計年爲報已訾其家＝貧弗能入

乃移戍所報署主責發敢言之

四月庚戌陽陵守丞厨敢言之寫上謁報＝署金布發敢言之／儋手

卅四年八月癸巳朔＝日陽陵遫敢言之至今未報謁追敢言之／堪手

背

卅五年四月己未朔乙丑洞庭叚尉觿謂遷陵丞陽陵卒署遷陵以律令從事報之／嘉手以洞庭司馬印行事

释文

正

卅三年四月辛丑朔丙午司空騰敢言之陽陵宜居士五毋死有貲餘錢八

千六十四毋死戍洞庭郡不智何縣署・今爲錢校券一上謁言洞庭尉令

毋死署所縣責以受陽陵司＝空＝不名計問何縣官計年爲報

已訾其家＝貧弗能入乃移戍所報署主責發敢言之

四月己酉陽陵守丞厨敢言之寫上謁報＝署金布發敢言之／儋手

背

卅四年六月甲午朔戊午陽陵守慶敢言之未報謁追敢言之／堪手

卅五年四月己未朔乙丑洞庭叚尉觿謂遷陵丞陽陵卒署遷陵其以律令從事報之當騰＝／嘉手・以洞庭司馬印行事

敬手

③

（正）　　（背）

释文

正

卅三年三月辛未朔戊戌司空騰敢言之陽陵仁陽士五頡有贖錢七千六百八十頡

戍洞庭郡不智何縣署・今爲錢校券一上謁言洞庭尉令頡署所縣受責

以受陽陵司＝空＝不名計問何縣官計付署計年名爲報已訾責頡家＝

貧弗

能入頡有流辭弗服勿聽道遠毋環書報署主責發敢言之

四月壬寅陽陵守丞恬敢言之寫上謁報署金布發敢言之

／堪手

背

卅四年八月癸巳朔＝日陽陵遬敢言之至今未報謁追敢言之／堪手

卅五年四月己未朔乙丑洞庭叚尉觿謂遷陵丞陽陵卒署遷陵其以律令

從事報之當騰＝／嘉手・以洞庭司馬印行事

敬手

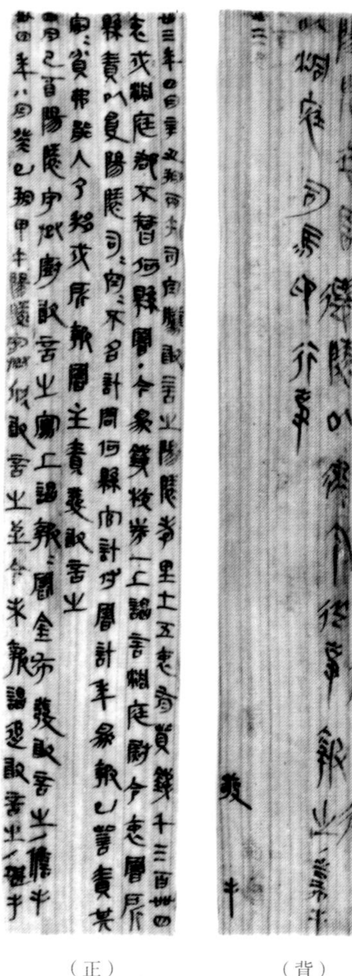

④

（正）　　（背）

释文

正

卅三年四月辛丑朔丙午司空騰敢言之陽陵孝里士五衷有貲錢千三百卅四

衷戍洞庭郡不智何縣署・今爲錢校券一上謁言洞庭尉令衷署所

縣責以受陽陵司＝空＝不名計問何縣官計付署計年爲報已訾責其

家＝貧弗能入乃移戍所報署主責發敢言之

四月己酉陽陵守丞廚敢言之寫上謁報＝署金布發敢言之／儋手

卅四年八月癸巳朔甲午陽陵守丞欣敢言之至今未報謁追敢言之／堪手

背

卅五年四月己未朔乙丑洞庭叚尉觿謂遷陵丞

陽陵卒署遷陵以律令從事報之／嘉手

以洞庭司馬印行事

敬手

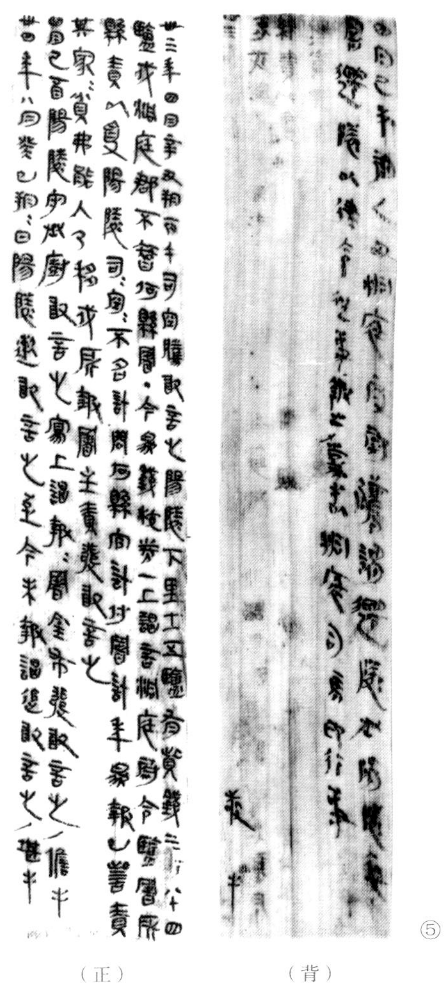

（正）　（背）⑤

（正）　（背）⑥

释文

正

卅三年四月辛丑朔丙午司空騰敢言之陽陵下里士五鹽有貲錢三百八十四

鹽戍洞庭郡不智何縣署・今爲錢校券一上謁言洞庭尉令鹽署所

縣責以受陽陵司＝空＝不名計問何縣官計付署計年爲報已訾責

其家＝貧弗能入乃移戍所報署主責發敢言之

四月己酉陽陵守丞廚敢言之寫上謁報＝署金布發敢言之／儋手

卅四年八月癸巳朔＝日陽陵遬敢言之至今未報謁追敢言之／堪手

背

四月己未朔乙丑洞庭叚尉觿謂遷陵丞陽陵卒

署遷陵以律令從事報之／嘉手以洞庭司馬印行事

敬手

释文

正

卅三年四月辛丑朔丙午司空騰敢言之陽陵逆都士五越人有貲錢千

三百卅四越人戍洞庭郡不智何縣署・今爲錢校券一上謁令洞庭尉

令越人署所縣責以受陽陵司＝空＝不名計問何縣官計付署計年

爲報已訾其家＝貧弗能入乃移戍所報署主責發敢言之

四月戊申陽陵守丞廚敢言之寫上謁報＝署金布發敢言之／儋手

卅四年八月癸巳朔＝日陽陵遬敢言之至今未報謁追敢言之／堪手

背

卅五年四月己未朔乙丑洞庭叚尉觿謂遷陵丞陽陵卒署遷陵

其以律令從事報之當騰／嘉手・以洞庭司馬印行事。

虎溪山汉简

西汉（前 202—8 年）
长 23.6—27.4 厘米，宽 0.5—3.3 厘米
湖南省怀化市沅陵县虎溪山汉墓出土
湖南省文物考古研究院藏

Slips from Huxishan

Western Han Dynasty（202 B.C. - 8 A.D.）
Length: 23.6 - 27.4cm, Width: 0.5 - 3.3cm
Unearthed from the Huxishan Han Tombs, Yuanling County, Huaihua City, Hunan Province
Hunan Cultural Relics and Archaeology Research Institute

虎溪山汉简，出自湖南沅陵城关镇西部的虎溪山汉墓，近千余枚。该墓墓主为西汉长沙王吴臣之子吴阳，系第一代沅陵侯（前 187 — 前 162 年在位）。汉简所记内容可分为《日书》《美食方》和《黄簿》三类，其中《黄簿》记载了西汉初年沅陵侯国的行政设置及田土、人口、税赋、牲畜、交通等社会经济和生产状况，属官方文书，书写颇为规范，字体表现出了古隶向今隶演化的倾向。

①　②　③

释文

① □□以春丙辰鑿南出門其家百倍以壬辰其家十倍

② 丁未己酉辛亥癸丑丙辰丁巳戊午己未辛酉癸亥□

③ 徙與取婦嫁女所辟＝咸池女嬛小歲［咸］池女嬛并在卯小歲在寅咸池左行月徙一繩女嬛

居延新简

汉（前 202—220 年）
长 15—23 厘米，宽 1—2.5 厘米，厚 0.3 厘米
内蒙古自治区额济纳旗居延破城子遗址出土
甘肃简牍博物馆藏

Slip from Juyan

Han Dynasty（202 B.C. - 220 A.D.）
Length: 15 - 23cm, Width: 1 - 2.5cm, Thickness: 0.3cm
Unearthed from the Juyan Pochengzi Site,
Ejina Banner, Inner Mongolia Autonomous Region
Gansu Slips Museum

汉代张掖郡居延边塞遗址（今甘肃省酒泉市金塔县和内蒙古自治区额济纳旗辖区内）曾经历 2 次大规模发掘：1930 年由中瑞西北科学考察团发掘得 1 万余枚汉简，称“居延汉简”；1972—1976 年间由甘肃居延考古队发掘得近 2 万枚汉简，称“居延新简”。简文纪年最早的是西汉武帝元狩四年（前 119 年），大部分是西汉晚期至东汉初期之物，内容主要是与居延、肩水一带屯戍活动有关的文书，包括制书法令、名籍、钱粮簿、兵器册，也有历谱、干支表、药方等内容，涉及当时典章制度、历史事件和文化科技等，是展现 2000 年前汉代边塞生活的“百科全书”。

①　②　③　④

释文

① 正
居攝二年二月甲寅朔辛酉甲渠鄣候放敢言之謹
移正月盡三月吏奉
賦名籍一編敢言之

背
令史業

② 甲渠候長觻得步利里張禹自言故爲肩水都
尉屬元康四年八月

③ 第四隧長陳不識粟三石三斗三升少張歸取𠃊
卒甯横粟三石三斗三升少張歸取𠃊
卒張歸粟三石三斗三升少自取𠃊

④ 狠田以鐵器爲本北邊郡毋鐵官印器内郡令
郡以時博賣予細民毋令豪富吏民得多取販賣細
民

熹平石经残块

东汉（25—220 年）
长 15 厘米
河南省洛阳市偃师区汉魏太学遗址出土
洛阳博物馆藏

Xiping Stone Scriptures

Eastern Han Dynasty（25 - 220）
Length: 15cm
Unearthed from the Han and Wei Imperial School Site in Yanshi District,
Luoyang City, Henan Province
Luoyang Museum

东汉熹平四年（175 年），汉灵帝诏令蔡邕等人订正儒家经典，将《周易》《尚书》《鲁诗》《仪礼》《春秋》《论语》《公羊传》七部儒家经典计 20 余万字刊刻成 46 块石碑，立于洛阳太学堂前，史称“熹平石经”或“太学石经”。因石经是用隶书一体写成，字体方平，中规入矩，故又称为“一字石经”。这也是中国历史上最早的官定儒家石刻经本，具有极高的历史价值和书法价值。

该残石上刊刻“顿子沈子……正月暨齊平三……弟招殺陳世子……越殺陳……”，为《春秋公羊传》的内容。

讲经画像砖

东汉（25—220 年）
长 39.5 厘米，宽 25.5 厘米，高 6.6 厘米
四川省德阳市柏隆乡出土
四川博物院藏

Brick of Lecture on Sutra

Eastern Han Dynasty（25 - 220）
Length: 39.5cm, Width: 25.5cm, Height: 6.6cm
Unearthed from the Bolong Village,
Deyang City, Sichuan Province
Sichuan Museum

砖面共有三人，皆头戴进贤冠，身穿宽袖长袍，相对叙谈。砖面右侧一人或为师长正在授课，左侧二人手捧书简，虔诚肃穆，聆听讲学。从西汉蜀郡太守文翁兴办郡学始，成都文教之风盛行，史书称“蜀地学于京师者比齐鲁焉”，有力促进了汉文化向西南地区的传播。

三体石经

“三体石经”又称“三字石经”，因采用古文、篆文、隶书三体书成而得名，又因其书写、镌刻于曹魏正始二年（241 年），因此也称“正始石经”。石经原立于魏都洛阳南郊太学讲堂西侧，刊刻《尚书》《春秋》及部分《左传》，是中国古代唯一一部使用三种字体刊刻的石经。

三体石经残石

三国魏（220—265 年）
长 9 厘米，宽 11 厘米
移交
河南博物院藏

Stone of Three Fonts

Three Kingdoms · Wei（220 - 265）
Length: 9cm, Width: 11cm
Transferred
Henan Museum

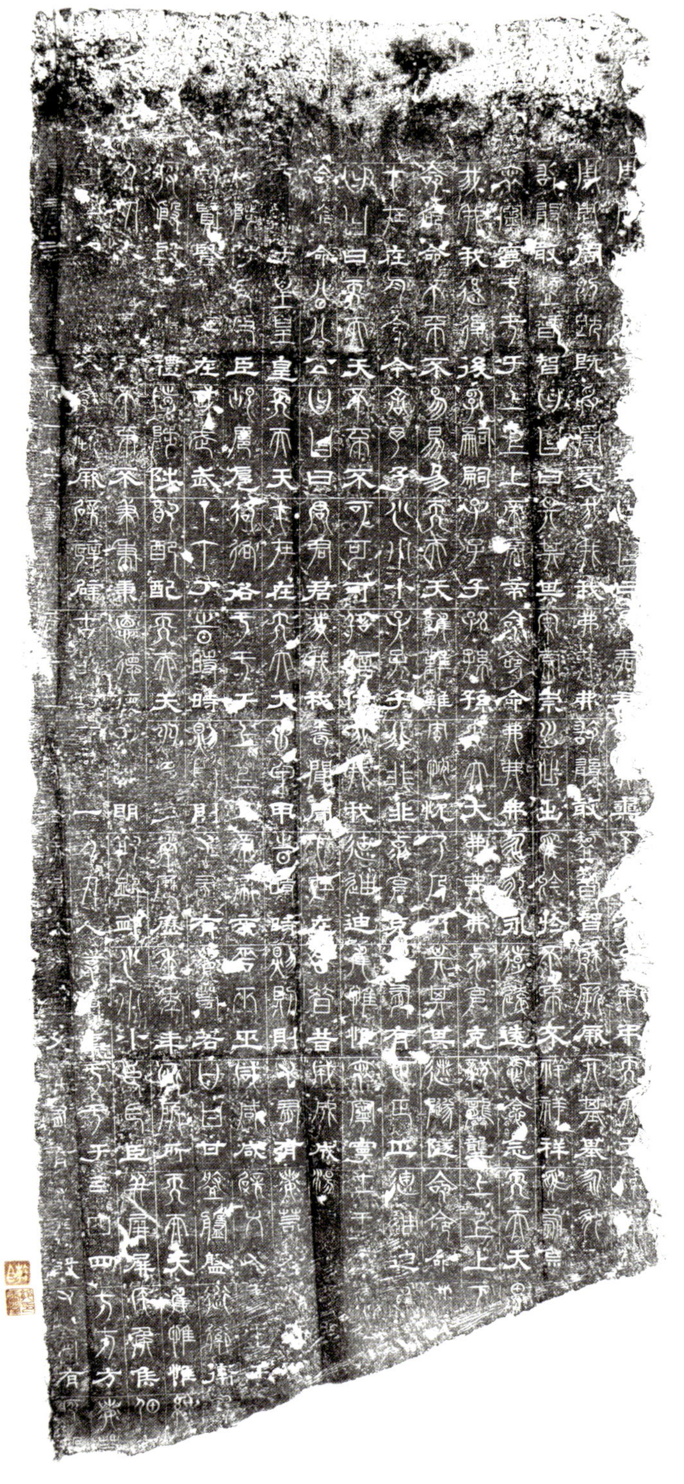

三体石经《尚书》残石拓片

民国（1912—1949 年）
纵 105 厘米，横 60 厘米
捐赠
河南博物院藏

Rubbing of Stone of *Shangshu* Writing in Three Fonts

Republic of China（1912 - 1949）
Length: 105cm, Width: 60cm
Donated
Henan Museum

《袁安碑》拓片

民国（1912—1949 年）
纵 139 厘米，横 73 厘米
捐赠
河南博物院藏

Rubbing of Stela of *Yuan'an*

Republic of China（1912 - 1949）
Length: 139cm, Width: 73cm
Donated
Henan Museum

袁安（?—92 年）为河南汝南郡（今驻马店市汝南县）人，因“袁安困雪”（亦名“袁安卧雪”）而举孝廉，历任太仆、司空、司徒等职，“在职十年，京师肃然，名重朝廷”。《袁安碑》全名“汉司徒袁安碑”，原石立于何处不详，明代万历二十六年（1598 年）被移置偃师辛村东牛王庙中作供案，因碑面朝下而文字不显，长期无人问津，直至 1961 年方被发现。

碑穿位于第五、六行七、八字位置，近于碑的中间，为汉碑所仅见。碑文载袁安的生平，与《后汉书·袁安传》基本相同。碑文简约，无赞颂铭辞。在隶书流行的东汉，此碑以篆书铭刻且字口锋颖，为汉碑中的“标异”之作。

碑文记载袁安逝于永元四年（92 年），碑文中又有“孝和皇帝加元服，诏公为宾”之语，因孝和皇帝是东汉和帝刘肇（生卒年 79—106 年，在位年 89—105 年）的谥号，一般皇帝在位时称年号，死后方用谥号，由此可断定此碑文撰立时间当在和帝崩逝之后，即东汉永元十七年（105 年）以后。碑侧有明万历二十六年题字，应为该碑移置时留下的题刻。

释文

司徒公汝南女陽袁安召公，授《易》孟氏[學]。永平三年二月庚午，以孝廉除郎中。四[年]十一月庚午，除給事謁者。五年四月乙口，遷東海陰平長。十年二月辛巳，遷東平[任]城令。十三年十二月丙辰，拜楚郡[太]守。十七年八月庚申，徵拜河南尹。[建]初八年六月丙申，拜太僕。元和三年五[月]丙子，拜司空。四年六月己卯，拜司徒。孝和皇帝，加元服，詔公爲賓。永元四年[三]月癸丑薨。閏月庚午葬。

司徒公汝南女陽袁安召公授易孟氏

永平三年二月庚午以孝廉除郎中四

十一月庚午除給事謁者五年四月乙

遷東海陰平長十年二月辛巳遷東平

任城令十三年十二月丙辰拜楚郡

守十七年八月庚申徵拜河南尹

建初八年六月丙申拜太僕元和三年五

丙子拜司空四年六月己卯拜司徒

孝和皇帝加元服詔公為賓永元四年

月癸丑薨閏月庚午葬

文字学的创立

东汉和帝时，许慎完成了中国历史上第一部文字学著作《说文解字》，标志着汉字文字学的正式创立。《说文解字》不仅深刻影响了字书学的发展，而且也是现代学者释读古文字、解读古代文献的重要依据。后世对该书的研究经久不衰，并发展出了专门学科——《说文》学。

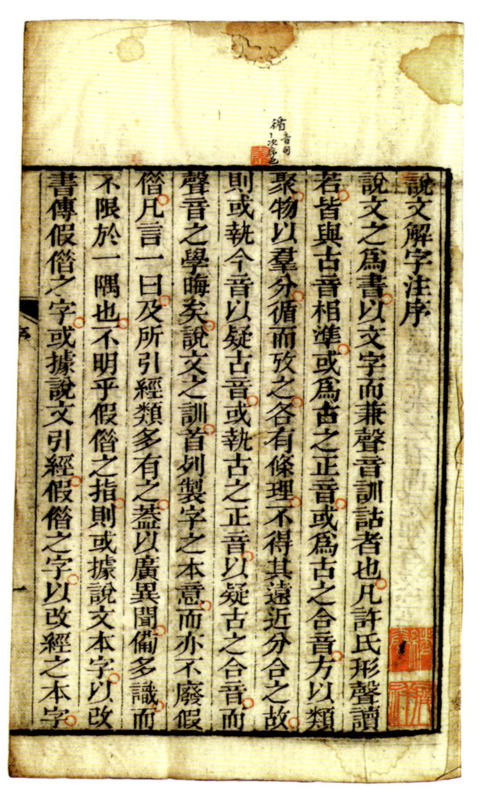
說文解字注序

說文之爲書以文字而兼聲音訓詁者也凡許氏形聲讀若皆與古音相準或爲古之正音或爲古之合音方以類聚物以羣分循而攷之各有條理不得其遠近分合之故則或執今音以疑古音或執古之正音以疑古之合音而聲音之學晦矣說文之訓首列製字之本意而亦不廢假借凡言一曰及所引經類多有之蓋以廣異聞備多識而不限於一隅也不明乎假借之指則或據說文本字以改書傳假借之字或據說文引經假借之字以改經之本字

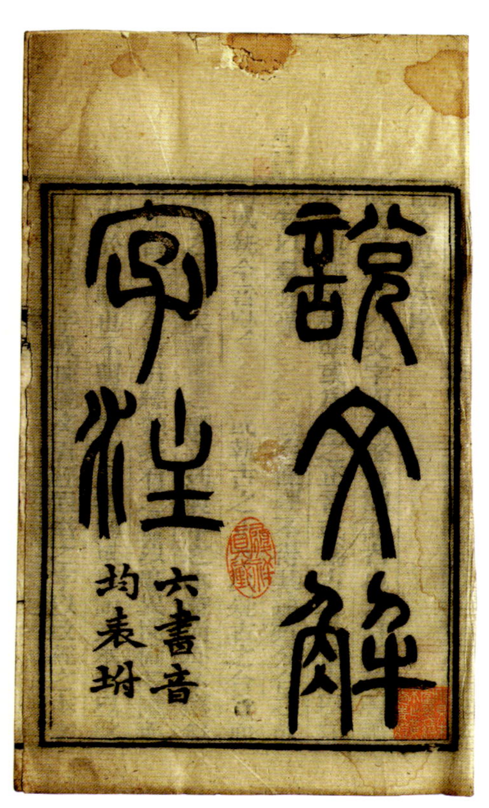
說文解字注

六書音均表坿

段玉裁《说文解字注》

清光绪三年（1877 年）
长 22 厘米，宽 18 厘米
尊经书院刻本
成都博物馆藏

Commentary on the Shuowen Jiezi by *Duan Yucai*

3rd Year of Guangxu Era, Qing Dynasty（1877）
Length: 22cm, Width: 18cm
Carving Copy by Zunjing Academy
Chengdu Museum

此书是清代文字训诂学家、经学家段玉裁注释解析《说文解字》之作，内容全面阐述了汉字的结构原则，对音韵也有独到见解。

《说文解字》作者许慎，字叔重，东汉汝南召陵人（今河南省漯河市召陵区），是东汉时期著名的经学家、文字学家。该书初步编撰完成于东汉和帝永元十二年（100 年），共收入 9353 个字，以篆文为标准对照字体，根据需要收列部分古文和籀文；全书按部首编排，共分 540 个部首，开创了汉字部首检字的先河。

《五经小学述》

清光绪十六年（1890 年）
长 28 厘米，宽 15 厘米
尊经书院刊本
成都图书馆藏

Exposition of the Minor Readings of the Five Classics

16th Year of Guangxu Era, Qing Dynasty（1890）
Length: 28cm, Width: 15cm
Carving Copy by Zunjing Academy
Chengdu Library

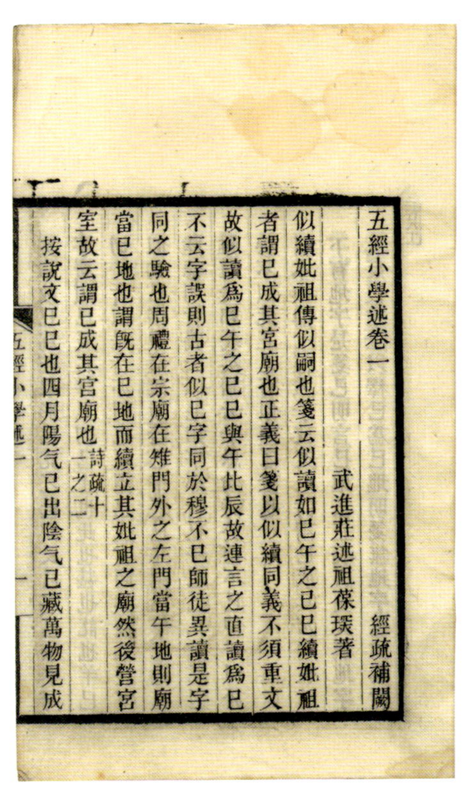
五經小學述卷一　　經疏補闕
武進莊述祖葆琛著
似續妣祖傳似嗣也箋云似讀如巳午之巳巳續妣祖
者謂巳成其宮廟也正義曰箋以似續同義不須重文
故似讀爲巳午之巳巳與午比辰故連言之直讀爲巳
不云字誤則古者似巳字同於穆不巳師徒異讀是字
同之驗也周禮在宗廟在雉門外之左門當午地則廟
當巳地也謂旣在巳地而續立其妣祖之廟然後營宮
室故云謂巳成其宮廟也詩疏十一之二
按說文巳巳也四月陽气巳出陰气巳藏萬物見成

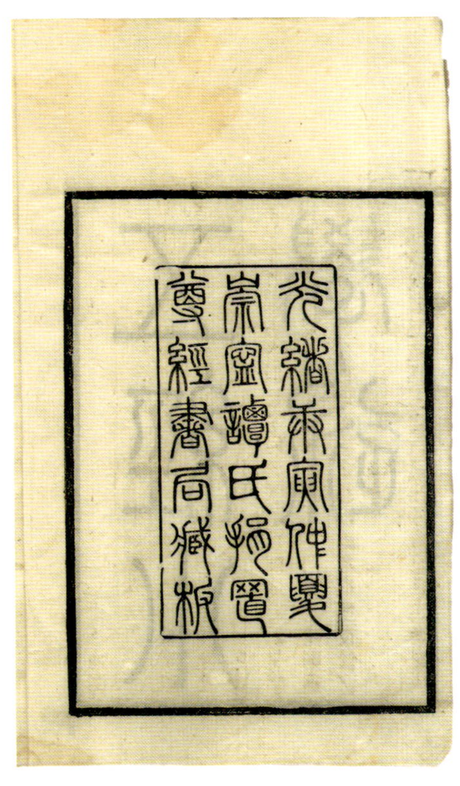

《五经小学述》作者庄述祖（1750—1816 年），字葆琛，号珍艺，晚号檗斋，人称珍艺先生，江苏武进人。庄述祖治学的特点是今古文兼治，以《说文解字》为基学，对“五经”皆有研究，是常州学派的代表人物。

清乾隆、嘉庆年间，今文经学复兴，常州学派便是当时今文经学派之一，以庄存与、庄述祖、庄绶甲、刘逢禄为代表。

多元共进

魏晋南北朝时期，在域内各民族一次次水乳交融的进程里，中华民族的范畴不断发展与丰富。而民族文化的融入，也为汉字的发展注入新的活力。中国南北因汉字而文脉相连，一方面，楷、行、草诸体新风渐成；另一方面，北魏的碑刻体、南朝的楷体，并行发展又相互影响，为后来唐楷的形成奠定了基础。

变隶为楷

魏晋时，钟繇就东汉以来在隶书基础上吸收民间简省写法形成的新书体，参以篆书、草书的圆转笔画，创制出较为规范的楷书用笔方法。王羲之改革了钟繇的笔法，含篆、隶而不露痕迹，影响了南朝时期楷体的发展进程。

苏仙桥晋简

西晋（265—317 年）
长 23.8 厘米，宽 2.3—3.39 厘米，厚 0.5 厘米
湖南省郴州市苏仙桥出土
湖南省文物考古研究院藏

Slips from *Suxian* Bridge

Western Jin Dynasty（265 - 317）
Length: 23.8cm, Width: 2.3 - 3.39cm, Thickness: 0.5cm
Unearthed from the Suxian Bridge, Chenzhou City, Hunan Province
Hunan Cultural Relics and Archaeology Research Institute

湖南郴州苏仙桥遗址 10 号井发现 900 余枚木简（含残简），简上纪年有“元康”“永康”“永宁”“太安”等，均为西晋惠帝年号，可见这批简牍为西晋简牍。根据其内容推断为西晋桂阳郡郡府的文书档案，涉及政治、经济、文化、祭祀和生活等方面，是首次发现的西晋时期的官府文献。简牍书写字体多数为楷书，但仍有隶书风格，反映出当时隶书向楷书过渡的时代特征。

释文

① 便令談隆
治便城週帀一里十五步高一丈五尺在郡北去郡
一百廿里北去江州一千四百八十里去京城
三千五百一十
里領員吏一百六十一人卒十三人
② 左户曹掾鄧布史區楞白塞暘賭羊輒攝僋□

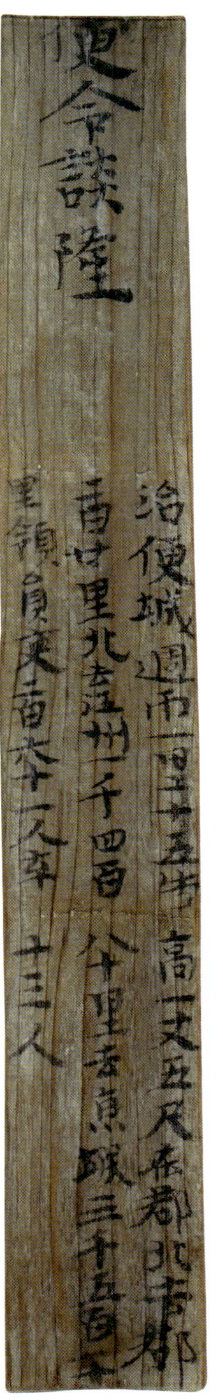

①

②

“关中侯”金印

晋（265—420 年）
长 2.4 厘米，宽 2.4 厘米，高 2.1 厘米
湖南省长沙市陈家大山出土
湖南博物院藏

Golden Seal of “关中侯”（a Knighthood in Ancient China）

Jin Dynasty（265 - 420）
Length: 2.4cm, Width: 2.4cm, Height: 2.1cm
Unearthed from the Chenjia Dashan, Changsha City, Hunan Province
Hunan Museum

印座方形，龟钮，龟首上扬，背上有龟甲，腹下掏空。印面白文篆书四字“关中侯印”。关中侯为官爵名，《三国志》裴松之注引《魏书》曰：“置名号侯爵十八级，关中侯十七级，皆金印紫绶；又置关内侯爵十六级，铜印龟纽墨绶……皆不食租，与旧列侯关内侯凡六等。”

“零陵太守章”石印

东晋（317—420 年）
长 3.7 厘米，宽 3.7 厘米，高 3.2 厘米
江苏省南京市老虎山颜约墓出土
南京市博物馆藏

Stone Seal of “零陵太守”（an Ancient Official Name）

Eastern Jin Dynasty（317 - 420）
Length: 3.7cm, Width: 3.7cm, Height: 3.2cm
Unearthed from the Yan Yue's Tomb in Laohu Mountain, Nanjing City, Jiangsu Province
Nanjing Municipal Museum

印方形座，上有龟钮，印面隶书五字“零陵太守章”，打破了从先秦至两汉，篆字是印章使用的唯一字体的限制。老虎山颜氏墓群为晋右光禄大夫颜含后裔的家族墓葬群。颜含原籍琅琊颜氏，为颜真卿十三世祖，官至右光禄大夫，封西平靖侯，随晋元帝司马睿渡江，颜约为其第三子。

王兴之夫妇墓志

东晋（317—420 年）
长 37 厘米，宽 28 厘米
江苏省南京市象山东晋王氏家族墓葬出土
南京市博物馆藏

Epitaph of *Wang Xingzhi* Couple

Eastern Jin Dynasty（317 - 420）
Length: 37cm, Width: 28cm
Unearthed from the Wang Family Tombs in Xiangshan, Nanjing City, Jiangsu Province
Nanjing Municipal Museum

王兴之，字稚陋，祖籍琅琊，东晋都亭肃侯王彬之子，“书圣”王羲之的堂兄弟，官至征西大将军行参军。王兴之夫妇墓志为同一块墓石两面分刻的夫妇两志，字迹相同。墓志磨光平整，划有界格，结体紧密，字形方整，笔画挺直如刀削状，有稚拙厚重之书风。王兴之夫妇墓志书体呈现出由隶书向楷书过渡融合的状态，是东晋上流社会刊刻碑志所普遍采用的书体，可视为东晋铭刻书迹的一种主流形态。

君諱興之字稚陋琅耶臨
沂都鄉南仁里征西大將
軍行參軍贛令春秋卅一
咸康六年十月十八日卒
以七年七月廿六日葬于
丹楊建康之白石於先考
散騎常侍尚書左僕射特
進衛將軍都亭肅侯墓之
左故刻石為識藏之於墓
長子閩之　女字稚容
次子嗣之　出養第二伯
次子咸之
次子預之

命婦西河界休都鄉吉遷
里宋氏名和之字秦嬴春
秋卅五永和四年十月三
日卒以其月廿二日合葬
於君柩之右
父哲字世儁使持節散騎
常侍都督秦梁二州諸軍
事冠軍將軍梁州刺史野
王公
弟延之字興祖襲封野王
公

魏碑体

北魏立国之初，以字体勘定助力实施王政教化。太武帝诏令要求“今制定文字……永为楷式”，北魏孝文帝太和年间迁都洛阳后，实行汉化改革，汉字成为北魏的官方字体。北魏吸收了南朝传入的新妍楷风，形成了独特的碑刻楷体，后世称之为“魏碑体”。“魏碑书法，上可窥汉秦旧范，下能察隋唐习风”，伴随着民族融合与社会变革，也在演进变化中推动着楷体的发展，为隋唐楷书成为新的书写典范奠定了基础。现存魏碑体代表作是龙门石窟中二十方的北魏造像题记，被称为“龙门二十品”。

张孃墓志

北魏（386—534 年）
边长 50 厘米，厚 8 厘米
调拨
洛阳博物馆藏

Epitaph of *Zhang Niang*

Northern Wei Dynasty（386 - 534）
Length: 50cm, Thickness: 8cm
Transferred
Luoyang Museum

此墓志发现于河南洛阳，根据碑文知，墓志主人张孃为南阳人，卒于正光三年（522 年），墓志所用书体应属魏碑体。

《北海王元详造像记》拓片

清（1644—1911 年）
纵 85 厘米，横 45 厘米
拨交
成都博物馆藏

Rubbing of Stela of
Yuan Xiang Making Buddha Statue

Qing Dynasty（1644 - 1911）
Length: 85cm, Width: 45cm
Transferred
Chengdu Museum

元详，字季豫，北魏献文帝拓跋弘第七子，孝文帝元宏异母兄弟，初封北海王，历任侍中、司空、大将军，官至太傅。造像题记全称《北海王元详为母子平安造弥勒像记》，“龙门二十品”之一。原题记刊刻于古阳洞北壁，9 行 159 字，笔法劲正遒秀，不仅记叙了造像祈福事由，更以简笔实录了元详随北魏孝文帝南伐迁都至洛阳的历史。

維太和之十八年十二月十一日皇帝親御
六旌南伐蕭逆軍國二容別於洛汭行留兩音
分於闕外太妃以聖善之規戒途戎掾弟
以資孝之心弌言奉淚其日太妃還家伊川立
願母子平安造弥勒像一區以冒於此至廿二
年九月廿三日法容剋就因即造齋鐫石表
奉申前志永願母子長履化年眷命終始
榮期一切群生咸同其福
維大魏太和廿二年九月廿三日侍中護軍將軍北海王元詳造

《孙秋生造像记》拓片

清（1644—1911 年）
纵 130 厘米，横 55 厘米
拨交
成都博物馆藏

Rubbing of Stela of
Sun Qiusheng Making Buddha Statue

Qing Dynasty（1644 - 1911）
Length: 130cm, Width: 55cm
Transferred
Chengdu Museum

造像题记全称《新城县功曹孙秋生二百人等造像记》，“龙门四品”和“龙门二十品”之一。原题记刊刻于古阳洞南壁，碑额中间的“邑子像”文字表明，该造像龛为邑社出资开凿。题记上为造像记，下为题名，记叙孙秋生、刘起祖在孝文帝迁都洛阳时，组织职事官在内的200余人造像作愿，祈“国祚永隆，三宝弥显”，以示忠诚。这一品较为突出的特点是题记最后有萧显庆书，为书家署名，这在当时并不多见。康有为《广艺舟双楫》：“太和以后诸家角出，庄茂则有《孙秋生》。”

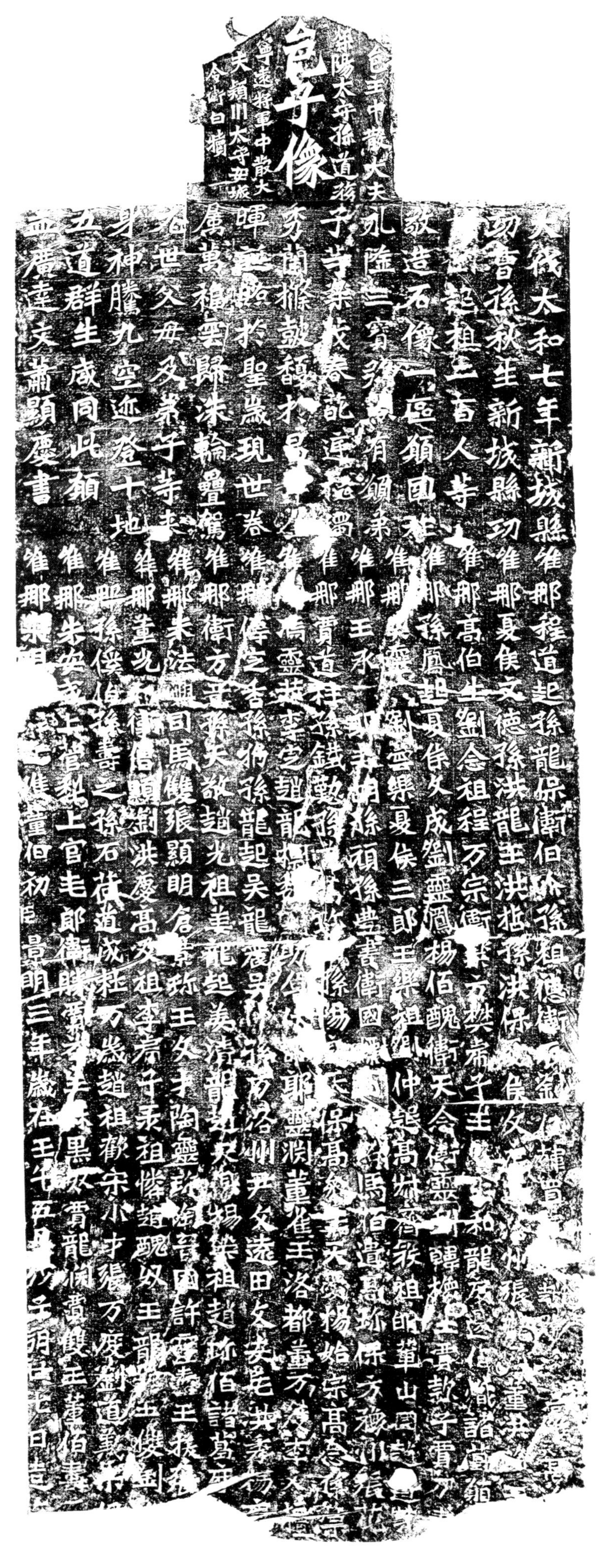

《瞻近帖》拓片

民国（1912—1949 年）
纵 29 厘米，横 95.5 厘米
拨交
成都博物馆藏

Rubbing of Stela of *Zhanjin*

Republic of China（1912 - 1949）
Length: 95.5cm, Width: 29cm
Transferred
Chengdu Museum

《瞻近帖》原为《十七帖》丛帖第八通尺牍，后收录于清《御刻三希堂石渠宝笈法帖》，并有欧阳玄墨迹。此帖为王羲之写给妻舅郗愔的一封信，信中表达了听闻郗愔前来会稽居住消息后的高兴和期盼，并希望他能告知来期。

《十七帖》集王羲之尺牍二十八通，因起首一通有“十七日”三字，故名之，是王羲之草书的代表作。此帖结字多有变化，错位、挪位的手法运用自然，用笔俊逸灵动，清劲挺拔。

释文　瞻近無緣省苦，但有悲歎。足下小大悉平安也。云卿當來居此，喜遲不可言，想必果言，苦有期耳。亦度卿當不居京，此既避，又節氣佳，是以欣卿來也。此信旨還具示問。

《玉篇》

清（1644—1911 年）
长 28 厘米，宽 18 厘米
日本东京使署影刊本
成都图书馆藏

Book of *Yupian*

Qing Dynasty（1644 - 1911）
Length: 28cm, Width: 18cm
Photocopy from Japan
Chengdu Library

南朝历代统治者对书风的发展极为看重。成书于南朝梁大同九年（543 年）的《玉篇》，作者为顾野王，是我国现存第一部按照部首编排的楷书字典，体现了楷书日益重要的地位。《玉篇》也是继《说文》之后的又一部重要的字书，集文字、训诂于一体，在中国语言学史上具有重要的地位。原书已亡佚，残卷在清末被发现于日本。

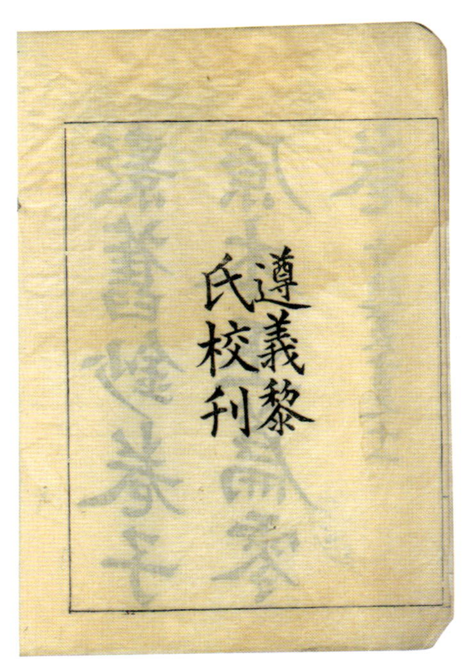
遵義黎氏校刊

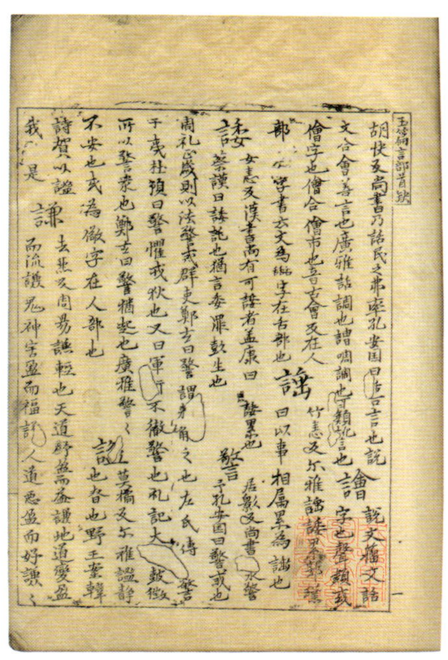

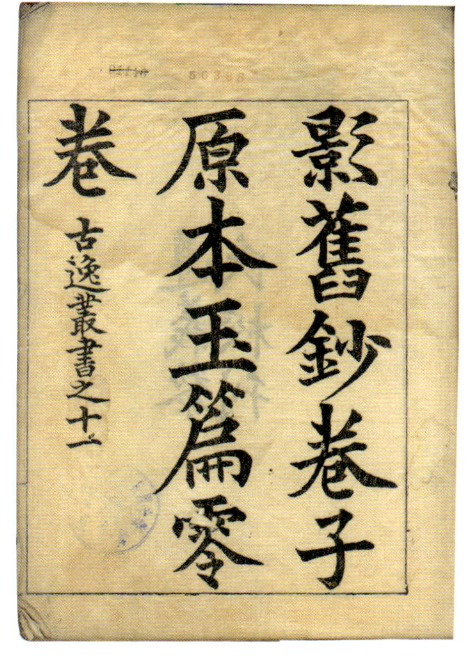
影舊鈔卷子原本玉篇零卷

古逸叢書之十二

天下楷模

唐代国力空前强盛，万邦来朝，社会经济文化发展进入前所未有的黄金时代。雄强博大、茂密浑厚的书风，既是盛唐兼收并蓄思想的集中体现，又在楷体的完善过程中将楷书技法推向了精整化、楷模化，展现出当时世界最强大王朝的“尚法精神”。

虞世南楷书《大运帖》页

宋（960—1279 年）
纵 34 厘米，横 49.6 厘米
上海博物馆藏

Regular Script Writing
by *Yu Shinan*

Song Dynasty（960 - 1279）
Length: 49.6cm, Width: 34cm
Shanghai Museum

虞世南（558—638年），初唐“十八学士”之一，出身南朝梁、陈世家大族，师从书法家智永（王羲之第七世孙），与欧阳询、褚遂良、薛稷合称“初唐四大家”，后世评价虞世南的书法“妙得其体”而虚和圆润，刚柔内含，沉厚安详，行笔如闲庭信步，不疾不徐，与其身为帝王资政的老臣身份一脉相承。

此帖为宋拓本《淳化阁帖》之一，内容为虞世南建议唐太宗遵循道德义理，不因功高而自满，不因承平日久而骄傲松懈，风俗相承，始终如一，如此帝王基业方能永固。因书起于“大运不测”，间有“帝基能厚”等语，因而后世冠名为《大运帖》或《帝基帖》。推测是贞观八年至九年（634—635年）之间，唐太宗向虞世南垂询“天变”时期的回复书作。

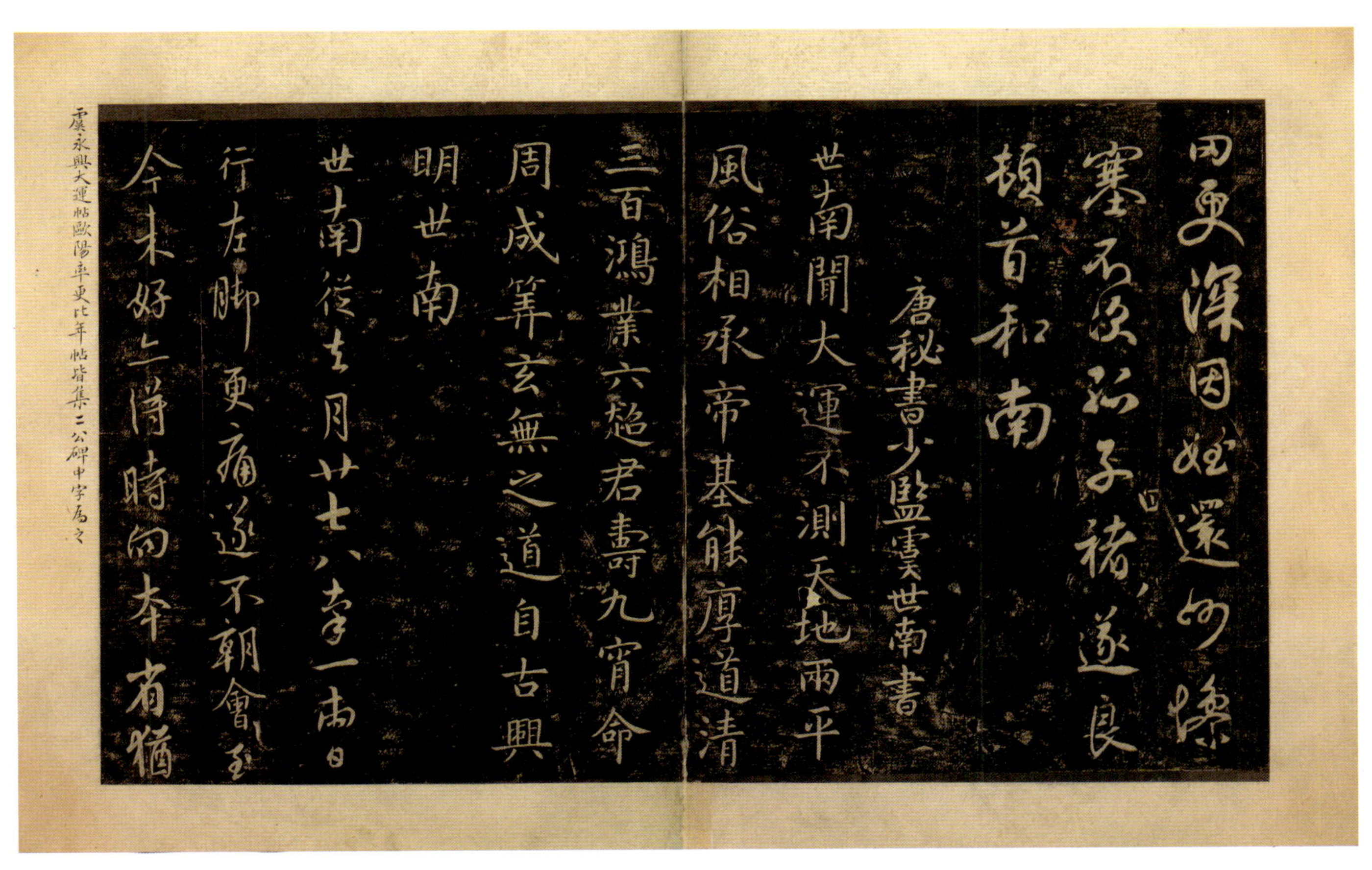

三百鴻業六超君壽九霄命
周成算玄無之道自古興
明世南
世南從去月廿七八來一兩日
行左腳更痛遂不朝會了

塞不侵江子褚遂良

頓首和南

唐秘書少監虞世南書

世南聞大運不測天地兩平

風俗相承帝基能厚道清

褚遂良《同州三藏圣教序碑》拓片

近现代
纵 222 厘米，横 113 厘米
西安碑林博物馆藏

Rubbing of *the Preface of Holy Religion* on Stela By *Chu Suiliang*

Modern Times
Length: 222cm, Width: 113cm
Xi'an Beilin Museum

褚遂良（596—659 年），唐代政治家、书法家，博学多才，精通文史，其书法汲取欧、虞之所长，开创了刚柔相济的楷书新风，与欧阳询、虞世南、薛稷并称“初唐四大家”。

同州三藏圣教序碑，原碑于唐龙朔三年（663 年）立于同州龙兴寺（今陕西省渭南市大荔县），后移入西安碑林。内容为贞观二十二年（648 年）唐太宗为玄奘新译佛家经典御制的《大唐三藏圣教之序》和时任太子李治所作的《大唐皇帝述三藏圣教序记》，碑文为楷体，褚遂良书。碑额两行八字隶书“大唐三藏圣教之序”。

《颜勤礼碑》拓片

近现代
碑阳：纵 179 厘米，横 91 厘米
碑阴：纵 180 厘米，横 92 厘米
西安碑林博物馆藏

Rubbing of Stela Written by *Yan Zhenqing*

Modern Times
the Front Side of Stela: Length: 179cm, Width: 91cm
the Back Side of Stela: Length: 180cm, Width: 92cm
Xi'an Beilin Museum

全称《唐故秘书省著作郎夔州都督府长史护军颜君神道碑》，原碑立于唐大历十四年（779 年），民国时在西安被发现，后放入西安碑林。此碑为颜真卿为其曾祖父颜勤礼撰书刻立之神道碑，碑文追述颜氏祖辈功德，叙述后世子孙在唐王朝的业绩。碑文为楷书，书体雄沉刚健，元气浑然，展现了颜体端庄雄伟的特点，是颜真卿人书老成阶段的巅峰之作。

（碑阴拓片）

大唐三藏

（碑侧拓片）

（碑阳拓片）

柳公权《玄秘塔碑》拓片

近现代
纵 250 厘米，横 123 厘米
西安碑林博物馆藏

Rubbing of Stela by *Liu Gongquan* Writing for *Xuanmi* Tower

Modern Times
Length: 250cm, Width: 123cm
Xi'an Beilin Museum

唐开成元年（836 年），安国寺长老大达法师圆寂，朝廷为安葬其灵骨建造了玄秘塔。此碑记载大达法师生平事迹，全称《唐故左街僧录内供奉三教谈论引驾大德安国寺上座赐紫大达法师玄秘塔碑铭并序》，原碑立于唐会昌元年（841 年），裴休撰文，柳公权书。

柳公权（778—865 年），字诚悬，唐代政治家、书法家。柳公权初学王羲之，遍阅初唐欧、虞、褚诸家，体势劲媚，自成一家，范仲淹将其书法与颜真卿并称为“颜筋柳骨”。《玄秘塔碑》用笔如刀斧，干净爽利、清劲峻拔、铁骨铮铮，是其“柳体”代表作。

唐故左街僧錄大達法師碑銘

唐故左街僧錄內供奉三教談論引駕大德安國寺上座賜紫大達法師玄秘塔碑銘并序

江南西道都團練觀察處置等使朝散大夫兼御史中丞上柱國賜紫金魚袋裴休撰

正議大夫守右散騎常侍充集賢殿學士兼判院事上柱國賜紫金魚袋柳公權書并篆額

玄秘塔者，大法師端甫靈骨之所歸也。於戲！為丈夫者，在家則張仁義禮樂，輔天子以扶世導俗；出家則運慈悲定慧，佐如來以闡教利生。舍此無以為丈夫也，背此無以為達道也。和尚其出家之雄乎！天水趙氏，世為秦人。初，母張夫人夢梵僧謂曰：當生貴子。即出囊中舍利，使吞之。及誕，所夢僧白晝入其室，摩其頂曰：必當大弘法教。言訖而滅。既成人，高顙深目，大頤方口，長六尺五寸，其音如鐘。夫將欲荷如來之菩提，鑿生靈之耳目，固必有殊祥奇表歟！始十歲，依崇福寺道悟禪師為沙彌。十七，正度為比丘，隸安國寺。具威儀於西明寺照律師，稟持犯於崇福寺昇律師，傳唯識大義於安國寺素法師，通涅槃大旨於福林寺崟法師。復夢梵僧以舍利滿琉璃器，使吞之，且曰：三藏大教，盡貯汝腹矣。自是經律論無敵於天下，囊括川注，逢源會委，滔滔然莫能濟其畔岸矣。夫將欲伐株杌於情田，雨甘露於法種者，固必有勇智宏辯歟！無何，謁文殊於清涼，眾聖皆現；演大經於太原，傾都畢會。德宗皇帝聞其名，徵之，一見大悅。常出入禁中，與儒道議論，賜紫方袍。歲時錫施，異於他等。復詔侍皇太子於東朝。順宗皇帝深仰其風，親之若昆弟，相與臥起，恩禮特隆。憲宗皇帝數幸其寺，待之若賓友，常承顧問，注納偏厚。而和尚符彩超邁，詞理響捷，迎合上旨，皆契真乘。雖造次應對，未嘗不以闡揚為務。繇是天子益知佛為大聖人，其教有大不思議事。當是時，朝廷方削平區夏，縛吳斡蜀，瀦蔡蕩鄆，而天子端拱無事。詔和尚率緇屬迎真骨於靈山，開法場於秘殿，為人請福，親奉香燈。既而刑不殘，兵不黷，赤子無愁聲，蒼海無驚浪，蓋參用真宗以毗大政之明效也。夫將欲顯大不思議之道，輔大有為之君，固必有冥符玄契歟！掌內殿法儀，錄左街僧事，以標表淨眾者凡一十年。講涅槃、唯識經論，處當仁，傳授宗主以開誘道俗者凡一百六十座。運三密於瑜伽，契無生於悉地，日持諸部十餘萬遍。指淨土為息肩之地，嚴金經為報法之恩。前後供施數十百萬，悉以崇飾殿宇，窮極雕繪。而方丈匡床，靜慮自得。貴臣盛族，皆所依慕；豪俠工賈，莫不瞻嚮。薦金寶以致誠，仰端嚴而禮足，日有千數，不可殫書。而和尚即眾生以觀佛，離四相以修善，心下如地，坦無丘陵。王公輿臺，皆以誠接。議者以為成就常不輕行者，唯和尚而已。夫將欲駕橫海之大航，拯迷途於彼岸者，固必有奇功妙道歟！以開成元年六月一日，西向右脅而滅。當暑而尊容若生，竟夕而異香猶鬱。其年七月六日，遷於長樂之南原。遺命荼毗，得舍利三百餘粒。方熾而神光月皎，既燼而靈骨珠圓。賜謚曰大達，塔曰玄秘。俗壽六十七，僧臘卌八。門弟子比丘、比丘尼約千餘輩，或講論玄言，或紀綱大寺，修禪秉律，分作人師，五十其徒，皆為達者。於戲！和尚果出家之雄乎！不然，何至德殊祥如此其盛也。承襲弟子義均、自政、正言等，克荷先業，虔守遺風，大懼徽猷有時堙沒。而今閤門使劉公，法緣最深，道契彌固，亦以為請，願播清塵。休嘗遊其藩，備其事，隨喜讚歎，蓋無愧辭。銘曰：

賢劫千佛，第四能仁。哀我生靈，出經破塵。教網高張，孰辯孰分。有大法師，如從親聞。經律論藏，戒定慧學。深淺同源，先後相覺。異宗偏義，孰正孰駁。有大法師，為作霜雹。趣真則滯，涉俗則流。象狂猿輕，鉤檻莫收。柅制刀斷，尚生瘡疣。有大法師，絕念而遊。巨唐啟運，大雄垂教。千載冥符，三乘迭耀。寵重恩顧，顯闡讚導。有大法師，逢時感召。空門正闢，法宇方開。崢嶸棟梁，一旦而摧。水月鏡像，無心去來。徒令後學，瞻仰徘徊。

會昌元年十二月廿八日建

刻玉冊官邵建和并弟建初鐫

《唐通议大夫守左散骑常侍严公贶墓志》拓片

现代

纵 107 厘米，横 110 厘米

陕西考古博物馆藏

Rubbing of *Yan Gongkuang's* Epitaph

Modern Times

Length: 107cm, Width: 110cm

Shaanxi Archaeological Museum

墓志出土于陕西省西安市长安区郭杜街道凤林北路唐墓中，共 1769 字，内容为唐通议大夫守左散骑常侍严公贶的生平及其家族世系的详细记述。根据墓志可知，严公贶妻为河东柳氏，是柳公权的堂妹，严公贶于唐宣宗大中三年（849 年）病逝后，其长子请“柳公权撰并书”。《唐通议大夫守左散骑常侍严公贶墓志》是现存唯一经考古发掘，有明确出土地点的柳公权晚年撰书的墓志，不仅补充了缺失记载的严公贶生平经历，也涉及严氏家族谱系及其与河东柳氏的关系等信息，是研究柳公权书法艺术的重要实物资料。

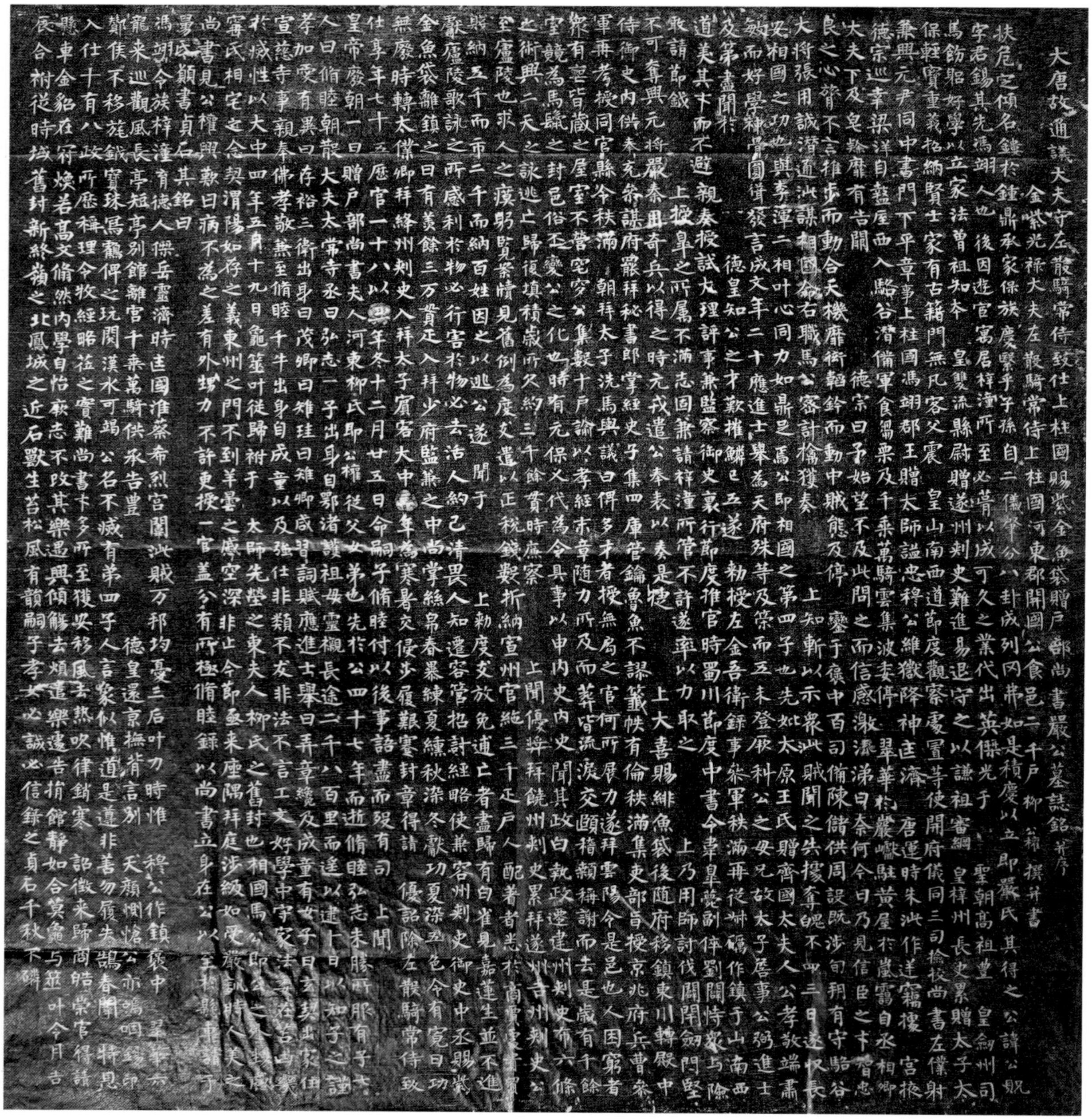

祿大夫左散騎常侍上柱國
家保族慶繄乎子孫自二儀肇分八卦成列罔弗如是積慶以立即嚴氏
因遊宦寓居梓潼所至必著以成可久之業代出英傑光于 聖朝高
祖知本 皇雙流縣尉贈遂州刺史難進易退守之以謙 祖審綱 皇梓州
有古籍門無凡客父震 皇山南西道節度觀察處置等使開府儀同三
章事上柱國馮翊郡王贈太師謚忠穆公維嶽降神生濟 唐運時朱泚
入駱谷潛備軍食蜀粟及千乘萬騎雲集波委停翠華於巖巘駐黃屋
德宗曰予始望不及此問之而信感激泣涕曰奈何今日乃
合天機靡銜韜鈐而動中職能及停鑾于褒中百司備陳儲供周設既
國命右職馬公密計擒獲奏 上知斬以示衆賊聞之失據奪魄
相叶心同力如鼎足焉公即相國之第四子也先妣太原王氏贈齊國太
成文年二十應進士舉為天府殊等及第而五未登庸科公之母兄故大
德皇知公之才歎推鱗已五遂 勅授左金吾衛錄事參軍秩滿再從
試大理評事兼監察御史裏行節度推官時蜀川節度中書令韋皐劍
之所屬不滿志固兼請梓潼所管不許遂率以力取之 上乃用師
兵以得之時元戎遣公奏表以奏是捷 上大喜賜緋魚袋後隨府
罷拜秘書郎掌經史子集四庫管鑰魯魚不謬籤帙有倫秩滿集吏部與
朝拜太子洗馬與議曰俾多才者授無屑之官何所展力遂拜雲陽令
窀穸公集數十戶諭以孝經示章隨力所及而葬皆流涕交頌稽顙稱謝
變公之化也時有元保乂代為令具事以申內史內史聞其政白執政遷
復填積歲所欠約三千餘貫時廉察 上聞優獎拜饒州刺史累拜

《开成石经》拓本

清（1644—1911 年）
辽宁省博物馆藏

Rubbing of *Stone Classics of the Kaicheng Reign*

Qing Dynasty（1644 - 1911）
Liaoning Provincial Museum

此为清代拓本。开成石经，又称“唐石经”，于唐文宗大和七年（833 年）始刻，至开成二年（837 年）完成，其上刊刻《周易》《尚书》《毛诗》《周礼》《仪礼》《礼记》《春秋左氏传》《公羊传》《穀梁传》《孝经》《论语》《尔雅》共十二经，每一经篇题为隶书，经文为楷书。同时附刻《五经文字》《九经字样》，以规范文士科举时的文字书写。原碑立于唐长安城务本坊国子监内，为当时学子必读之书，亦是抄录校对经典的标准，宋时移至府学北墉（今西安碑林博物馆范围内）。

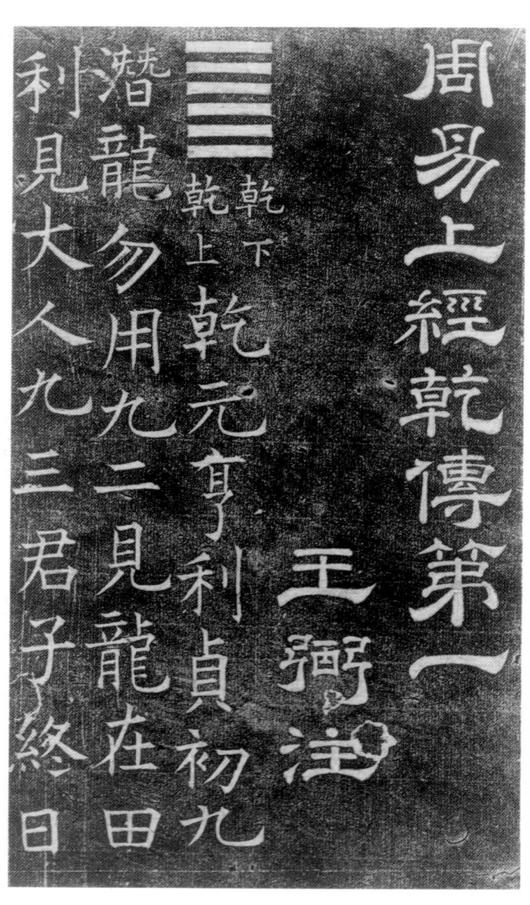

尚書卷第八

康誥第十一　孔氏傳　周書

成王既伐管叔蔡叔以殷

餘民封康叔作康誥酒誥

梓材　康誥

惟三月哉生魄周公初基

作新大邑于東國洛四方

民大和會侯甸男邦采衛

爾雅卷下

釋草第十三　釋木第十四

釋蟲第十五　釋魚第十六

釋鳥第十七　釋獸第十八

釋畜第十九

釋草第十三　郭璞注

萑山韭　茖山蔥　葝山䪥　蒚

山蒜　薜山蘄　椴木槿　櫬

木槿　朮山薊　楊枹薊　葥王

蔧菉王芻　拜蔏藋　蘩皤蒿

蒿菣　蔚牡菣　齧彫蓬　薦黍

蓬　蔨鼠莞　葝鼠尾　菥蓂大

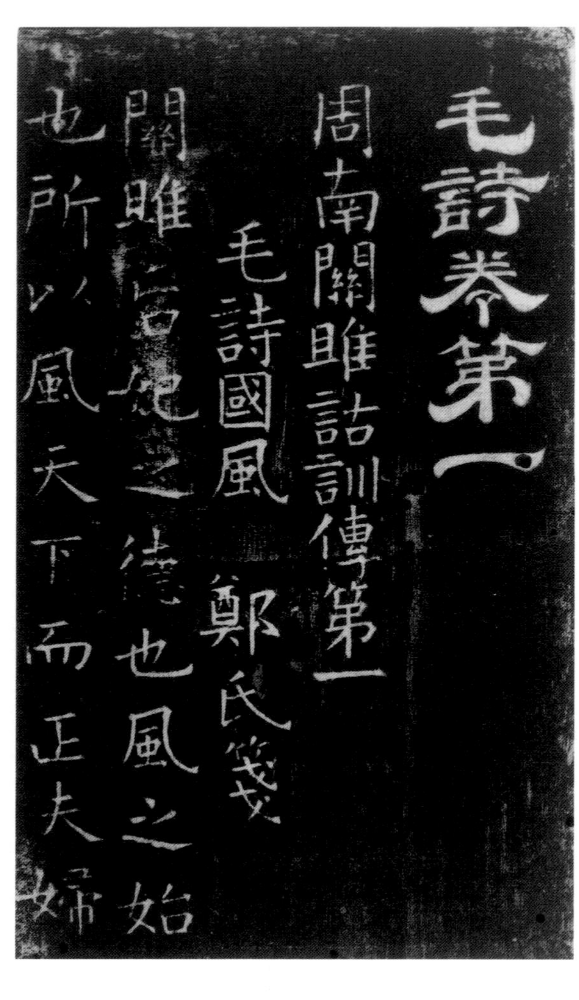

毛詩卷第一

周南關雎詁訓傳第一

毛詩國風　鄭氏箋

關雎后妃之德也風之始

也所以風天下而正夫婦

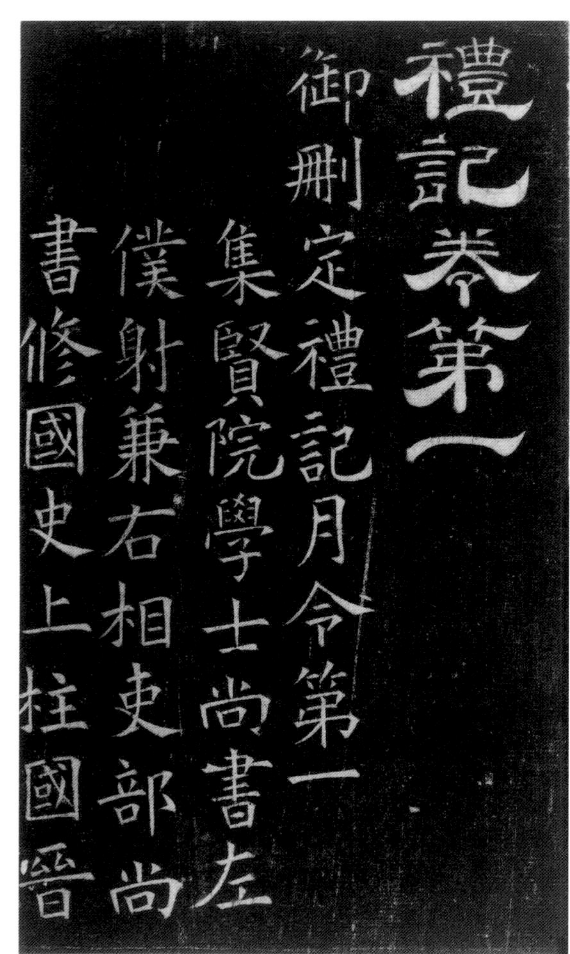

禮記卷第一

御刪定禮記月令第一

集賢院學士尚書左

僕射兼右相吏部尚

書修國史上柱國晉

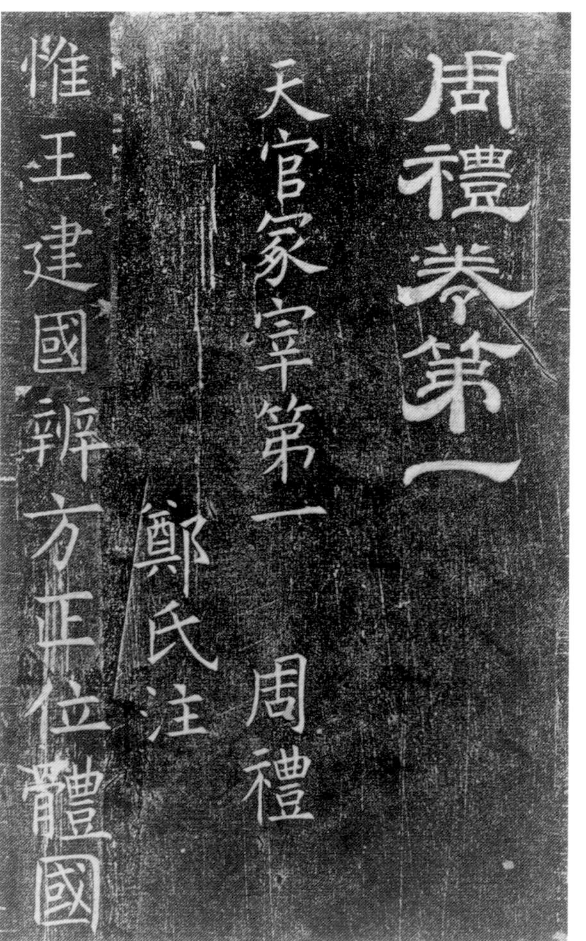

周禮卷第一

天官冢宰第一　周禮

鄭氏注

惟王建國辨方正位體國

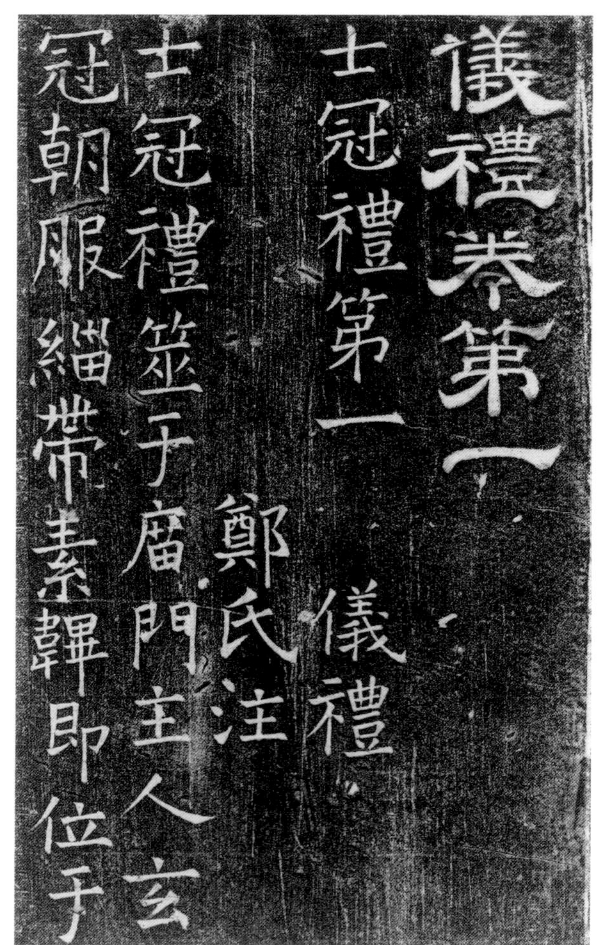

儀禮卷第一

士冠禮第一　儀禮

鄭氏注

士冠禮筮于廟門主人玄

冠朝服緇帶素韠即位于

論語序

敘曰漢中壘校尉劉向言
魯論語廿篇皆孔子弟子
記諸善言也大子大傅夏
侯勝前將軍蕭望之丞相

春秋穀梁傳序

昔周道衰陵乾綱絶紐禮
壞樂崩彝倫攸斁弒逆篡
盜者國有滛縱破義者比
肩是以妖災因釁而作民

春秋公羊經傳解詁宣公第七　卷六

何休學

元年春王正月公即位繼
弒君不言即位此其言即
位何其意也公子遂如齊

春秋左氏傳序

春秋者魯史記之名也記
事者以事繫日以日繫月
以月繫時以時繫年所以
紀遠近別同異也故史之

后蜀残石经

五代十国后蜀（934—966 年）
残长 40 厘米，残宽 21.5 厘米，高 7 厘米
四川博物院藏

Imperfect Stone Classics of Later *Shu*

Five Dynasties and Ten Kingdoms · Later Shu Dynasty（934 - 966）
Imperfect Length: 40cm, Imperfect Width: 21.5cm, Height: 7cm
Sichuan Museum

（背面）

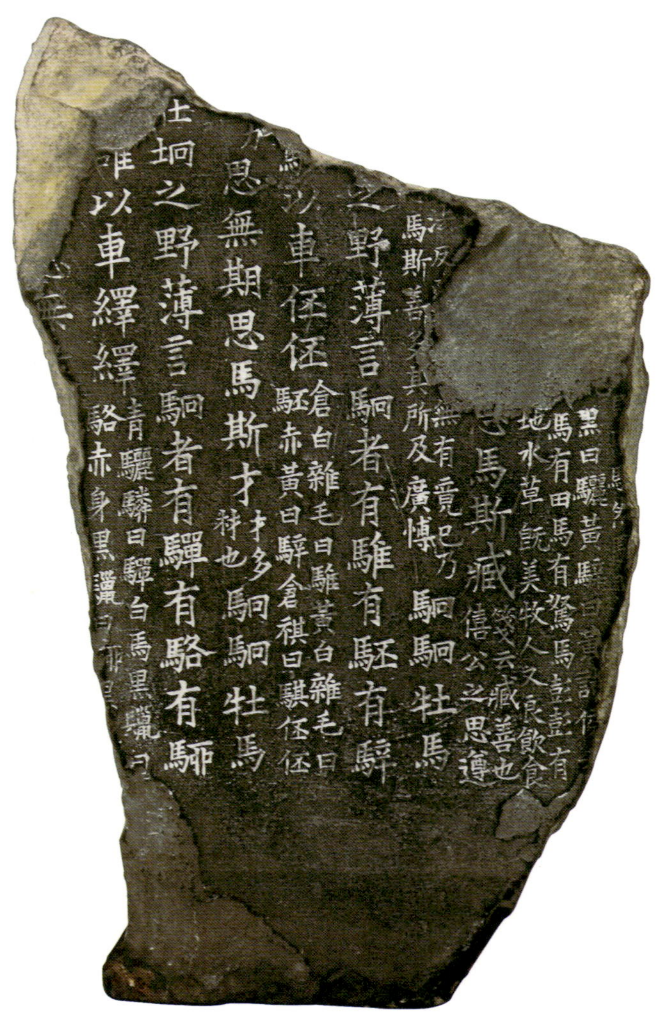

（正面）

蜀石经始刻于五代十国时期蜀后主孟昶广政元年（938 年），故又称“广政石经”或“后蜀石经”。由宰相毋昭裔主持刊刻，将唐玄度注《孝经》、何晏集解《论语》、郭璞注《尔雅》、王弼等注《周易》、孔安国传《尚书》、郑玄注《周礼》《礼记》《仪礼》、郑玄笺《毛诗》、杜预集解《左传》等十经，经文连同注文，一并刊刻。后宋人田况补刻《公羊传》《穀梁传》并续刻《左传》，席贡补刻《孟子》，晁公武补刻《古文尚书》《诸经考异》，最后于宋徽宗宣和六年（1124 年）完成。“后蜀石经”首次将儒家十三经全部集刻，是我国古代唯一经文和注文同刻的石经。

蜀石经有碑石上千块，原立于成都府学文翁石室，现仅存残石七块。此件石经残石为后蜀刊刻，正面为《诗经·鲁颂·駉》，背面为《诗经·周颂·桓》《诗经·周颂·赉》。

《经典释文》印本

民国二年（1913 年）
长 28 厘米，宽 19 厘米
四川成都存古书局补刻校印本
成都图书馆藏

Book of *Explaination of Confucian Classics*

2nd Year of Republic of China（1913）
Length: 28cm, Width: 19cm
Proofread and Block Printing by
Antique Book Office in Chengdu City, Sichuan Province
Chengdu Library

《经典释文》作者陆德明，是隋末唐初著名的音韵学和训诂学家。该书是唐代重要的音训学字书，以注音为主，兼及解释儒学经典文字，其音义记载使之成为考证唐宋以后音韵变化、古代词义转变、一字多音多义的重要依据，录有《周易》一卷、《古文尚书》二卷、《毛诗》三卷、《周礼》二卷、《仪礼》一卷、《礼记》四卷、《春秋左氏传》六卷、《春秋公羊传》一卷、《春秋穀梁传》一卷、《孝经》一卷、《论语》一卷、《老子》一卷、《庄子》三卷、《尔雅》二卷。

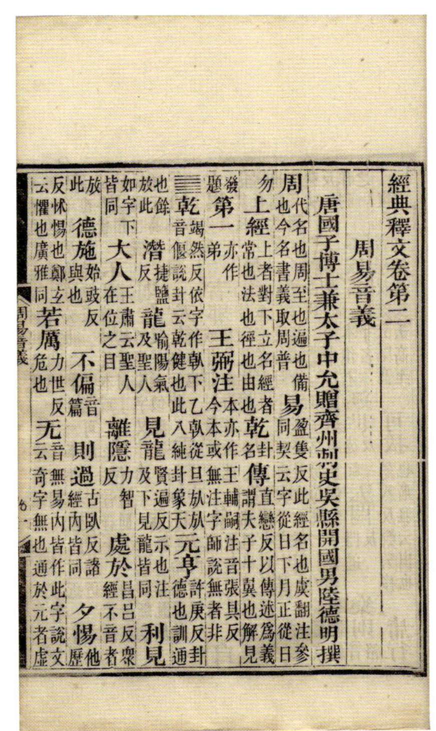
經典釋文卷第二

周易音義

唐國子博士兼太子中允贈齊州刺史吳縣開國男陸德明撰

周代名也周至也遍也備也今名書義取周普 易盈隻反此經名也虞翻注參同契云字從日下月正從日

勿 上經常也法也徑也由也上者對下立名經者 乾卦名 傳直戀反以傳述為義謂夫子十翼也解見

發題 第一亦作弟 王弼注本亦作王輔嗣注音張具反今本或無注字師說無者非

☰乾竭然反依字作乹下乙乹從旦㫃㫃音偃說卦云乾健也此八純卦象天 元亨許庚反卦德也訓通

也餘放此 潛捷鹽反 龍喻陽氣及聖人 見龍賢遍反示也注及下見龍皆同 利見

如字皆同 下 大人王肅云聖人在位之目 離隱力智反 處於昌呂反衆經不音者

放此 德施始豉反與也 不偏音篇 則過古臥反諸經內皆同 夕惕他歷

反怵惕也鄭玄云懼也廣雅同 若厲力世反危也 无音無易內皆作此字說文云奇字無也通於元者虛

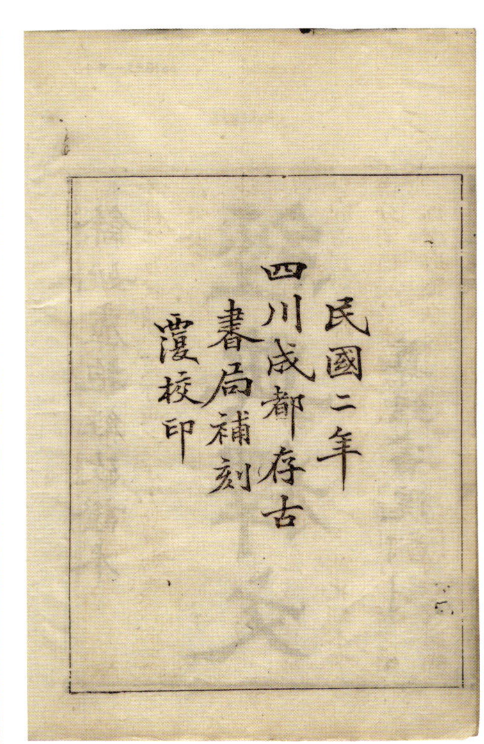
民國二年

四川成都存古

書局補刻

覆校印

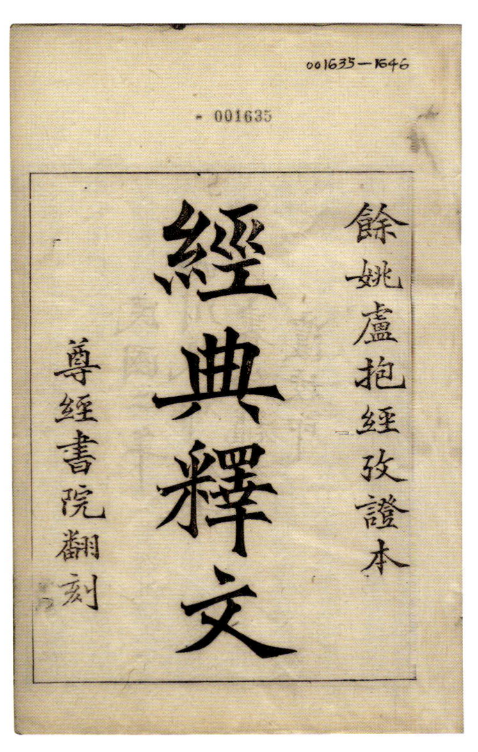

餘姚盧抱經攷證本

經典釋文

尊經書院翻刻

流

《说文解字》：「流，水行也。」

Hanzi's Development and Spread

The current Chinese civilization, embodied in Chinese characters, has benefited the world and enriched myriad cultures.

The development of Chinese characters has driven the innovation of writing media. Through the refinement of skills, the summary of principles, and the concern for people's livelihood, the Chinese nation has demonstrated an extraordinary spirit of innovation and creativity. During the Han and Tang Dynasties, papermaking and printing, two of the Four Great Inventions, reached maturity. The organic integration of paper, ink, and printing enabled people to reproduce information in large quantities and at high speed, bringing about a leap forward in the spread of human civilization. Under the concept of "governing through literature" in the Song Dynasty, the classics of literature and education were widely disseminated in printed form, strengthening cultural identity among different social classes and enabling Chinese culture to "reach its culmination during the reigns of Song". Meanwhile, thanks to papermaking and printing, Chinese characters were able to extend freely to a wider world, accelerating the spread of Chinese civilization beyond its borders and profoundly influencing the progress of world civilization.

润泽万物　滈汗万方

中华文明之流，载于汉字，惠泽天下，滈汗万方。

汉字的发展推动了书写载体的革新，在对技艺的推敲、对规律的总结、对民生的眷念中，中华民族展现出非凡的创新精神与创造伟力。汉唐之际，四大发明居其二的造纸术和印刷术发展成熟，纸、墨、印有机地结合在一起，首次实现了文化信息的大批量、高速度复制，带来了人类文明传播的飞跃式发展。在两宋“文治天下”的理念下，文教经典以印刷品的形式在社会中广泛传播，加深了各阶层之间的文化认同，使得中华文化“造极于赵宋之世”。同时，凭借造纸术和印刷术，汉字得以在更广阔的天地间自由延伸，增进了中华文明的对外交流，也深刻影响了世界文明进程。

汉字自发明以来，其书写载体多有变迁。东汉蔡伦改良造纸工艺，纸张代替简帛成为最主要的书写材料。至唐代，造纸术发展成熟，推动了印刷术的发明和发展。造纸术和印刷术凝聚着华夏民族尽精微以求新知、致广大以惠亿民的中国智慧，不仅是中华文明的灿烂瑰宝，也经由丝绸之路和海上交通传播至亚洲各地乃至欧洲，促进了世界范围内的文化传播和教育普及，为人类文明进步做出了不可磨灭的贡献。

简帛时代

墨子曰:“无非与之并世同时，亲闻其声，见其色也，以其所书于竹帛，镂于金石，琢于盘盂，传遗后世子孙者知之。”纸张发明之前，陶石、龟甲、青铜、简牍等都曾作为书刻的载体，但在金石骨甲上书写或刻写较为困难，且不易于携带，而丝帛虽轻薄、剪裁方便、便于携带，但却过于昂贵，难以成为通用的书写材料。因此，在汉字成熟后的很长时间内，文字的文化传播与传承是相对有限的。在这个过程中，简牍成为汉字书籍的最早形态，是造纸术发明及纸张普及以前主要的书写载体。

无字竹简

战国（前 475—前 221 年）
长 13 厘米，宽 0.5 厘米
湖南省长沙市杨家山楚墓出土
湖南博物院藏

Bamboo Slips Without Characters

Warring States Period（475 - 221 B.C.）
Length: 13cm, Width: 0.5cm
Unearthed from the Chu Tombs in Yangjia Mountain, Changsha City, Hunan Province
Hunan Museum

简牍是战国至魏晋时期最主要的书写材料。简多为竹制，形态狭长，而牍则多是木制，较为宽厚。用竹或用木，与地域密切相关，通常南方多用竹简，北方则以木简为主。

“白马作”毛笔

汉（前 202—220 年）
通长 23.5 厘米，杆径 0.6 厘米，笔头长 1.6 厘米
甘肃省武威市磨嘴子汉墓出土
甘肃省博物馆藏

Writing Brush by *Bai Ma*
Han Dynasty（202 B.C. - 220 A.D.）
Total Length: 23.5cm, Diameter: 0.6cm
the Length of Head of Brush: 1.6cm
Unearthed from the Han Tombs in Mozuizi,
Wuwei City, Gansu Province
Gansu Provincal Museum

笔杆竹制，中空，精细匀正。笔杆中下部阴刻篆体“白马作”三字，“白马”是制笔工匠的名字。笔头外覆黄褐色软毛，笔芯及锋用紫黑色硬毛，富有弹性，适于在简牍上书写。笔杆后端尖头削细，以便于插入发髻。长度约合汉尺一尺，与《论衡》所谓“一尺之笔”相吻合。

早在新石器时代，先民们便用类似于毛笔的工具绘制彩陶上的纹饰。目前考古资料发现最早的毛笔实物，出土于湖南长沙左家公山楚墓，属战国时期，笔尖为兔毫。

《黄帝四经》帛书

西汉（前 202—8 年）
长 27.5 厘米，宽 13.5 厘米
湖南省长沙市马王堆汉墓出土
湖南博物院藏

Silk Book of *Huangdi's Four Classics*

Western Han Dynasty（202 B.C. - 8 A.D.）
Length: 27.5cm, Width: 13.5cm
Unearthed from the Mawangdui Han Tombs,
Changsha City, Hunan Province
Hunan Museum

帛是一种白色的丝织品。迄今所知最早的帛书出土于湖南长沙子弹库楚墓，属战国时期。根据文献记载和目前的考古发现，帛作为书写材料，盛行于春秋至汉代。

《黄帝四经》是抄录在《老子》乙本前面的四篇古佚书，分《经法》《十六经》《称》《道原》四篇，隶书书写。其内容为刑名之学，强调刑德兼施、依法治国，是与《老子》同源异流的道家重要著述。《黄帝四经》以帛为载体写成并随葬，反映了西汉时期黄老思想的重要地位。

造纸术的发明与普及

西汉时期中国已经有了麻质纤维纸，东汉时蔡伦改进了造纸术，极大降低了纸张制作成本。两晋时，纸已经逐步取代了帛、简而成为最主要的书写材料。至唐代，麻纸、皮纸、竹纸等不同原料造纸技术的成熟，表明我国古代的造纸工艺与产业已经达到相当高的发展程度，纸张的普及与推广也自此开启了新的篇章。

天安二年令狐归儿课

北魏天安二年（467 年）
纵 29.4 厘米，横 27.7 厘米
甘肃省酒泉市敦煌市莫高窟出土
敦煌研究院藏

Dunhuang Scriptures of *Linghu Guier*

2nd Year of Tian'an Era, Northern Wei Dynasty（467）
Length: 29.4cm, Width: 27.7cm
Unearthed from the Mogao Grottoes in Dunhuang, Jiuquan City, Gansu Province
Dunhuang Academy

此卷用白麻纸书写，上有题记"天安二年八月廿三日，令狐归儿课，王三典、张演虎等三人共作课也"。所书内容为"维摩诘所说经一名不可思义解脱佛国品第一"，应为三人写经的练习之作。此卷体现了经生写经的规范：先写经题，次写经文，品题首行的天头用墨点提示，经文抄完后有尾题、写经人、用纸多少。此件的"题记"不是真正意义上的题记，而是令狐归儿随手写下的他们三人一起做功课的事。"天安"为北魏献文帝年号，此卷书体为典型的北魏经生体，书法稚拙。

尒時長者子寶積說此偈已白佛言世尊是五
百長者子皆已發阿耨多羅三藐三菩提
心願聞得佛國土清淨唯願世尊說諸菩薩淨
之土行佛言善哉寶積乃能為諸菩薩問
於如來淨之之

維摩詰所說經一名不可思議解脫佛國品第一

維摩詰所說經一名不可思議解脫佛品第一

如是我聞一時佛在毗耶離菴羅樹園
與大比丘眾八千人俱菩薩三万二千衆
受人八千人一一三三万二千天平二年十月廿三日令祢部見課
至三興張演樂善天共作課也人无〻无无无无量无
息无數无无人及諸陀羅尼門三昧石大大乃至
大方等大集經卷第九十一益直設所爲伎其張用帝紫

《国语卷三·周语下》

北魏（386—534 年）
纵 24.5 厘米，横 70.1 厘米
甘肃省酒泉市敦煌市莫高窟出土
敦煌研究院藏

Dunhuang Scriptures of *Zhouyu*

Northern Wei Dynasty（386 - 534）
Length: 24.5cm, Width: 70.1cm
Unearthed from the Mogao Grottoes in Dunhuang, Jiuquan City, Gansu Province
Dunhuang Academy

《国语》，又名《春秋外传》或《左氏外传》。相传为春秋末鲁国的左丘明所撰，是中国最早的一部国别体史书。此敦煌本用白麻纸书写，正文中有双行小注，文中有雌黄改字，背面继续有 3 行《周语》内容。另外题有太平真君十二年（451 年）历，太平真君十一年（450 年）、十二年历日，是现知敦煌历日中最早的历日，是目前发现的唯一一份北朝时期的历书实物。其中太平真君十二年二月十六日和八月十六日各注“月食”二字，是迄今为止出土的汉简历谱、敦煌吐鲁番历日所仅见。紫金山天文台的研究数据证实，这些记载完全准确。

此卷为青山庆示先生捐赠品。日本书法家青山杉雨生前留下遗言，让其子青山庆示将他珍藏的敦煌遗书捐献给敦煌研究院，开创了敦煌文物回归故里的先河。此举引起国内外巨大反响。

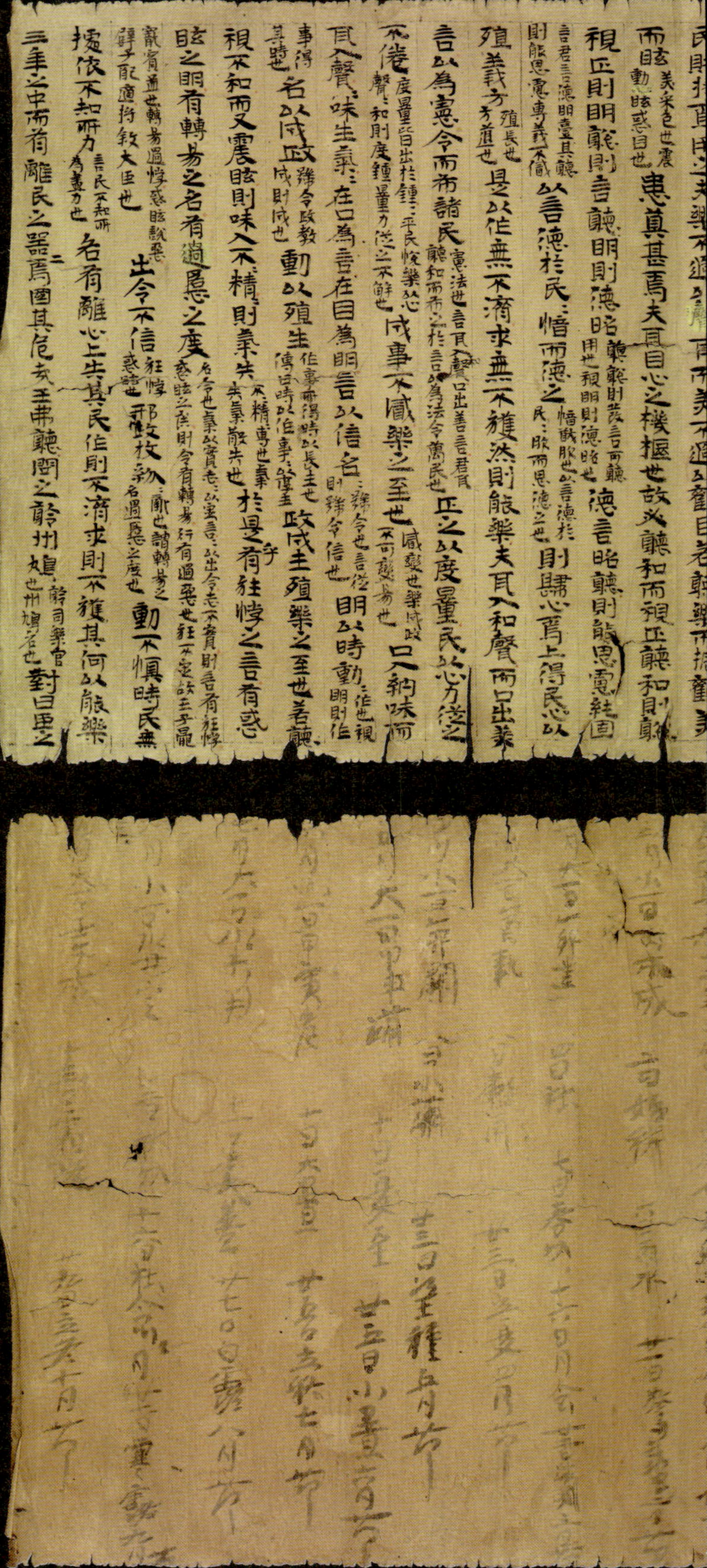

若民資竭匱王之用將有所乏 且有之々將厚取於民也 民不給將有遠志是離民也且

之有至而後救之是不相入也 豫設之有乃救之是不相入也 言凡為之已患救之法未有所患 可先而不備謂之

後而先之謂之召災 召災者害民為召災也 周固羸國也天未厭禍焉又離民以佐災 佐災散

病也言周衰病之國也天好降殃禍於周家未厭止而憂民財以離散之是助災也

無乃不可乎將民之與處而離之將災

是備御而召之則何以經國 經常也何法政為常於國也 國無經何以出令々之不從上之患也

故聖王樹德於民以除之 樹立除々之患也 夏書有之曰關石和均王府則有 夏書逸書也關衡也

積石……和平輕重也均者不阿豪彊侵弱羸也而此府藏常有也或曰關門之征也石斤石也 詩亦有之曰瞻彼

旱麓榛楛濟々 詩大雅旱麓之首章也旱山名也麓山足也榛楛皆木也濟々茂盛也言王德及於山陵草木茂盛也 豈弟君子干祿豈

弟 豈樂也弟易也君子之德謂人君也干得非但及人民以給有也至山川草木則君子以得其祿而樂易也 夫旱麓之榛楛殖故君子得以

樂易干祿焉若夫山林匱竭林麓散亡藪澤肆既 肆極也既盡也言不循山林衡麓之政其林散亡極盡也

民力凋盡田疇荒蕪財用乏匱君子將險哀之不暇而何樂易之有焉 險難也言

患難吉政不備賦斂無常民府空虛君子將憂哀不暇何得樂易之有也 且絕民用以實王府 用財也多賦於民為大錢以充實王府也 猶塞

川原而為潢汙也 大曰潢小曰汙也猶塞小潢絕其原絕其本根而以為汙池也 其竭也無日矣若民離財匱災至

而備亡 備亡無救備之備也 王其若之何吾周官之於災備也其所怠棄者也吾

矣 周官謂當時王官之法令也 又而奪之資以益其災 奪民之財以自益也 是去其藏而翳其人也

藏府實也翳蔽障也人民也言重幣之離民而以去其府藏自蔽障其民人也 王其圖之王弗聽卒鑄大錢

廿三年王將鑄無射而為之大林 廿三年周景王廿三年魯昭廿一年也無射鍾名律以貫之也其中無射也大林無射之覆也作無射而為大林律中林鐘也

單穆公曰不可作重幣以絕民資又鑄大鍾以鮮其繼 重幣大錢也繼續也言王已大錢又鑄大鍾以費其餘

錢民財以竭也 若積聚既喪又鮮其繼生何以能殖 生財也殖繁多也 且夫鍾不過動聲

鍾之為言鍾也聚八音也聲五聲也合樂以奏故鍾小大不過足以動五聲成八音也 若無射有林耳弗及也 若作無射覆之林鍾音聲之巨者故不可聽

無射四寸萬九千六百八十三分之萬九千五百七十二林鍾六寸 細相踰故耳不能聽及無射陽聲之細也林鍾也 夫鍾聲以為耳也耳所不及非鍾

聲也猶目所不見之不可以為目也 言耳所不能聽及者乃非以鍾為樂如目所不能見不可視目也 夫目之察度也

不過步武尺寸之間 察審長短也半步為武言目審長短也度之數遠不過步武近不過尺寸也 其察色也不過墨丈

尋常之間 色五色也五尺為墨八尺為尋倍尋曰常言目察五色之章為墨倍之是遠不過常丈近不過墨也 耳之察和也在清濁之

間 清濁之鐘為宮則濁大呂為宮則清言耳之審清濁之宴黃和聲不過在律呂清濁之間也 其察清濁也不過一人之所勝 勝舉也

是故先王之制鍾也大不出均重不過石 均所以均音之法也以木長七尺有弦繫之其輕之以為均法四均為石言鍾聲細大不出均重不過一石也 律度量衡於是乎生小大器用於是乎出

律五聲音陽之法也衡一斤兩量升石也出多少合大小之所由興設法度量衡鐘記於均法也小謂臣大謂君也度丈尺也厚薄之振動輕重之所由君臣之器用皆取法於鍾也 故聖人慎之今王作鍾聽之

纸本真言

唐（618—907 年）
长 28 厘米，宽 13.5 厘米
四川省成都市群众路唐墓出土
成都文物考古研究院藏

Mantra on Paper

Tang Dynasty（618 - 907）
Length: 28cm, Width: 13.5cm
Unearthed from the Tang Tomb in Qunzhong Road, Chengdu City, Sichuan Province
Chengdu Cultural Relics and Archaeology Research Institute

唐代益州麻纸以其“滑如春冰密如茧”而誉满天下，成为皇家贡品，被指定为朝廷公务专用纸。唐代宫廷专门规定用益州麻纸来书写各种公文，并用来抄写东、西两京宫廷收藏的四部书籍。

该纸本真言出土时，卷叠于一枚铜臂钏内。经检测，所用纸张包含有大麻纤维、苎麻纤维以及竹纤维三种造纸纤维，采用施胶工艺制成，显示出唐时益州麻纸高超的制作技艺。纸本上印有图像，因埋藏时间甚久而漫漶不清，推测应为法器、手印、花蕾、绶带等图案。经咒以楷体汉文书写真言名称，以悉昙体梵文书写真言内容。目前纸本上可辨认的真言至少包括了《十字佛顶真言》《一字顶轮王真言》《佛眼真言》等 17 本。

敦煌写经残卷

唐（618—907 年）
纵 23.3 厘米，横 135.8 厘米
安徽博物院藏

Dunhuang Scriptures

Tang Dynasty（618 - 907）
Length: 135.8cm, Width: 23.3cm
Anhui Museum

此经卷所写内容为《佛说佛名经卷十四》，落款贞观四年冬月吉日。唐代佛教盛行，佛经需求量增大，催生了专门书写经书的人群——“经生”。“经生”所书字体称为写经体，是楷书的一种。唐代敦煌城内甚至有官办的经坊，写手都是经过严格的书法基本功训练并通过考试选拔出来的。社会对佛经的大量需求促进了印刷术的普及。

次礼十二部尊經大藏法輪
南无陰持入經　南无佛說義淨經
南无方便心論　南无諫心經
南无摩訶刹頭經　南无中陰經
南无所欲致患經　南无流離王經
南无孫陁耶致經　南无逝經
南无僧大經　南无大婦經
南无佛般泥洹後灌臘經　南无天皇梵摩經
南无遺日定行經　南无十二死經
南无和難經　南无施陁梨呪經
南无犯戒罪報輕重經　南无菩薩大業經
南无菩薩所生地經　南无分然洹國羅越經

次礼十方諸大菩薩
南无金色世界文殊師利菩薩
南无樂色世界覺首菩薩
南无華色世界財首菩薩
南无贍蔔華色世界寶首菩薩
南无青蓮華色世界首菩薩
南无金色世界目首菩薩
南无寶色世界進首菩薩
南无金剛色世界法首菩薩
南无頗梨色世界智首菩薩
南无如實色世界賢首菩薩
南无无量慧世界切德林菩薩
南无幢慧世界慧林菩薩
南无地慧世界勝林菩薩
南无勝慧世界无畏林菩薩
南无燈慧世界慚愧林菩薩
南无金剛慧世界精進林菩薩
南无安樂慧世界力成就林菩薩
南无日慧世界堅固林菩薩
南无清淨慧世界如來林菩薩
南无林慧世界智林菩薩
南无因陁羅世界法慧菩薩
南无蓮華世界一切慧菩薩
南无衆寶世界勝慧菩薩
南无優鉢羅世界功德慧菩薩
從此以上一万九百佛十二部經一切賢聖

次礼聲聞緣覺一切賢聖
南无轉輪覺辟支佛　南无去垢辟支佛
南无高去辟支佛　南无阿恚多辟支佛
南无无漏辟支佛　南无憍慢辟支佛
南无盡憍慢辟支佛　南无觀辟支佛
南无得脫辟支佛　南无无垢辟支佛
南无獨辟支佛　南无離畫辟支佛
南无能住憍慢辟支佛　南无退辟支佛
南无不退去辟支佛　南无尊辟支佛
南无善吉辟支佛　南无不可心辟支佛
南无善住辟支佛　南无无比辟支佛

礼三寶已復懺悔
夫欲礼懺必須先敬三寶所以然者三寶即是一切衆生良友福田若能歸向者則滅无量罪長无量福能令行者離生死苦得解脫樂是故弟子某甲等歸依十方盡虛空界一切諸佛歸依十方盡虛空界一切尊法歸依十方盡虛空界一切聖僧弟子今日所以懺悔者正言无始以來在凡夫地不問貴賤罪自无量或因三業而生罪或從六根而起過或以內心自耶思惟或藉外境起於染著如是乃至十惡增長八万四千諸塵勞門然其罪相雖復无量大而爲語不出有三何等爲三一者煩惱二者是業三者是果報此三

南无意德佛　南无莊嚴聲佛
南无妙意佛　南无賢光佛
南无堅固華佛　南无功德成佛
南无意成佛　南无解脫乘佛
南无降伏怨佛　南无過香佛
南无過諸煩惱佛　南无无量光佛
南无无垢心佛　南无和合聲佛
南无不可量眼佛　南无勢力佛
南无妙光明佛　南无集功德佛
南无可聞聲佛　南无大思惟佛
南无信天佛　南无思惟甘露佛
南无了意佛　南无勝燈佛
南无堅意佛　南无力勢佛
南无華眼佛　南无菩提光明佛
南无家勝聲佛　南无六通聲佛
南无威德力佛　南无人稱佛
南无勝華集佛　南无大髻佛
南无不隨他佛　南无不畏行佛
南无離一切憂闇佛　南无月光明佛
南无心勇猛佛　南无解勝慧佛
南无離惡道佛　南无閻浮燈佛
南无勝供養佛　南无善思惟佛
南无勝威德色佛　南无信衆生佛
南无仗恭敬佛　南无波頭摩清淨佛
南无人波頭摩佛　南无善香佛
南无勝供養佛　南无種種色華佛
南无勝功德佛　南无虛空劫佛
南无月賢佛　南无堅固佛
南无妙力佛　南无勝因陁羅智佛
南无勝親佛　南无愛思惟佛
南无勝香佛　南无无諍行佛
南无功德舍佛　南无大精進思惟佛
南无大光明佛　南无攝受施佛
南无脩行深思惟佛　南无香希佛
南无香鳥佛　南无種種智佛
南无思惟妙智佛　南无功德莊嚴佛
南无增上行佛　南无智行佛
南无功德山佛　南无聲滿十方佛
南无攝受擇佛　南无信妙佛
南无月見佛　南无功德衆佛
南无法力佛　南无過一切疑佛
南无稱王佛　南无護諸根佛
南无勝意佛　南无甘露光佛
南无思惟甘露佛　南无一切衆上首佛
從此以上二万一千一百佛十二部經一切賢聖
南无愛髻佛　南无不可降伏色佛
南无普信佛　南无莊嚴王佛
南无金剛步佛　南无賢住佛
南无功德報光明佛　南无精進力起佛
南无善清淨明佛　南无得脫一切縛佛
南无无垢波頭摩藏勝佛
南无得无畏解脫佛　南无十方稱聲无畏佛
南无破一切闇起佛
南无光明王佛　南无大炎精佛
南无无邊行功德寶光明佛
南无法光明佛　南无歡喜王佛
南无能住一切衆生光明破闇勝佛
南无起香光明脩行无邊頭稱王佛
南无普滿是不怯弱佛
南无一切見光明佛
南无无垢光莊嚴王佛

從此以上一万一千四百佛十二部經一切賢聖
南无東南方破一切闇佛
南无西南方大哀觀衆生佛
南无西北方香氣放光明佛
南无東北方无量功德海佛
南无下方斷一切疑佛　南无上方離一切憂佛
如是十方盡虛空界一切三寶至心歸命常住三寶
弟子等從无始以來至於今日積聚无明障蔽心目隨煩惱性造三世罪或耽染愛著起於貪欲煩惱或瞋恚忿怒懷害煩惱或惛懵蔓著不了煩惱或我慢自高輕傲煩惱或疑惑正道猶豫煩惱或謗无因果邪見煩惱或不識緣假著我煩惱或迷於三世執斷常煩惱或朋狎惡法起見取煩惱或僻稟邪師造戒取煩惱乃至一切四執橫計煩惱今日至誠皆悉懺悔
又復无始以來至於今日守惜堅著起慳恡煩惱不攝六情奢誕煩惱心行弊惡不忍煩惱怠慢緩縱不懃煩惱情慮躁動覺觀煩惱觸境迷惑无知解煩惱隨世八風生彼我煩惱諂曲面譽不直心煩惱橫强難觸不調和煩惱易忿難悅多含恨煩惱嫉妬擊刺很戾煩惱凶險暴害諭毒煩惱乖背二諦執相煩惱於苦集滅道生顛倒煩惱隨從生死十二因緣流轉煩惱乃至无始无明住地恒沙煩惱起四住地構於三界苦果煩惱如是諸煩惱无量无邊惱亂賢聖六道四生今日發露向十方佛尊法聖衆皆悉懺悔至心歸命常住三寶
願弟子等承是懺悔貪瞋癡等一切煩惱生生世世折憍慢幢竭愛欲水滅瞋恚火破愚癡暗拔斷疑根裂諸見網深識三界猶如牢獄四大毒蛇五陰怨賊六入空聚愛詐親善脩八聖道斷无明源正向涅槃不休不息卅七品心心相應十波羅蜜常現在前至心歸命常住三寶

佛說罪業報應教化地獄經
復有衆生身體頑痹眉鬚墮落舉身洪爛鳥栖鹿宿人跡斷絕沾汙親族人不喜見名之癩病何罪所致佛言以前世時坐不信三尊不孝父母破壞塔寺剝脫道人斫射賢聖傷害師長常无返復背恩忘義常行苟大婬逸所尊不避親踈无有慚愧故獲斯罪
復有衆生身體長大聾騃无足腕轉腹行唯食泥土以自活命爲諸小虫之所唼食常受此苦不可堪處何罪所致佛言以前世時爲人自用不信好言善語不孝父母返戾師君若爲帝主大臣四鎮方伯州郡令長里吏恃其威勢侵奪民物无有道理使民窮苦故獲斯罪
復有衆生兩目盲瞎覩无所見或觸樹木或隨墮坑坎於時死已更復受身亦復如是何罪所致佛言以前世時坐不信罪福障佛光明縫鷹眼合籠繫衆生皮囊盛頭不得所見故獲斯罪

佛名經卷第十四

貞觀四年冬月吉日敬

下愚或之甚即令現有十方諸佛諸大地菩
薩諸天神仙何曾不以清淨天眼見於我等
所作罪惡又復幽顯靈祇注記罪福纖豪无
差夫論作罪之人命終之後牛頭獄卒錄其
精神在閻羅王所辯覈是非當尒之時一切
怨對皆來證據各言汝先屠戮我身炮煮蒸
炙或言汝先剝奪於我一切財寶離我眷屬
我於今者始得汝便于時現前證據何得敢
諱唯應甘心分受宿殃如經所明地獄之中
不枉治人若其平素所作衆罪心自忘失者
是其生時造惡之處一切諸相皆現在前各

長夜曉悟无期若能慚愧發露懺悔者豈惟
正是滅罪而已亦復增長无量功德樹立如
來涅槃妙果若欲行此法者先當外肅形儀
瞻奉尊像內起敬意懺切至到生二種心何
等為二一者自念我此形命難可常保一朝
散壞不知此身何時可復若復不值諸佛賢
聖忽遭逢惡友造衆罪業復應墮落深坑嶮
趣二者自念我此生中雖得值遇如來正法
為佛弟子弟子之法紹繼聖種淨身口意善
法自居而今我等公自作惡而復覆藏言他
不知謂彼不見隱匿在心傲然无愧此實天

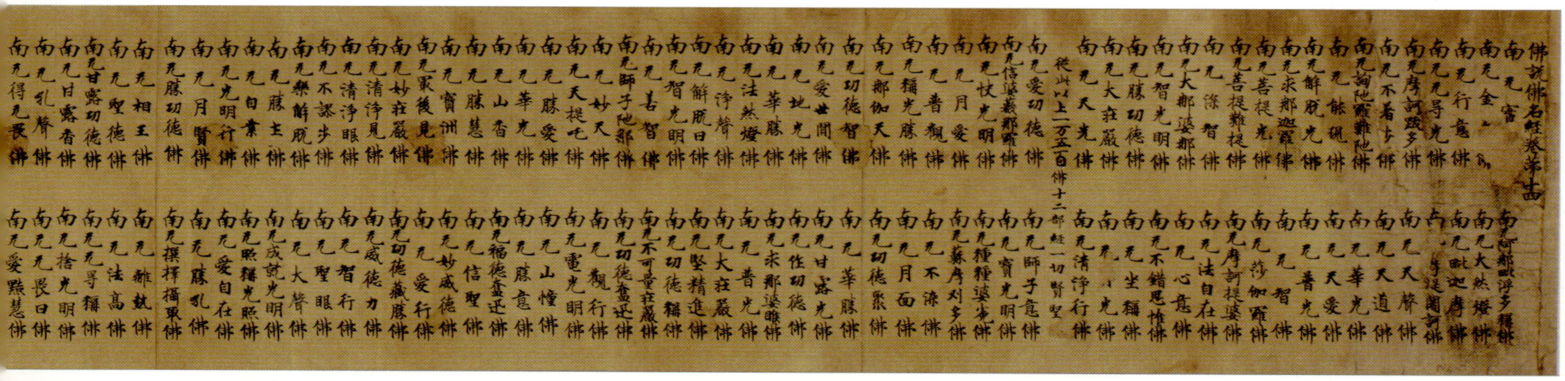

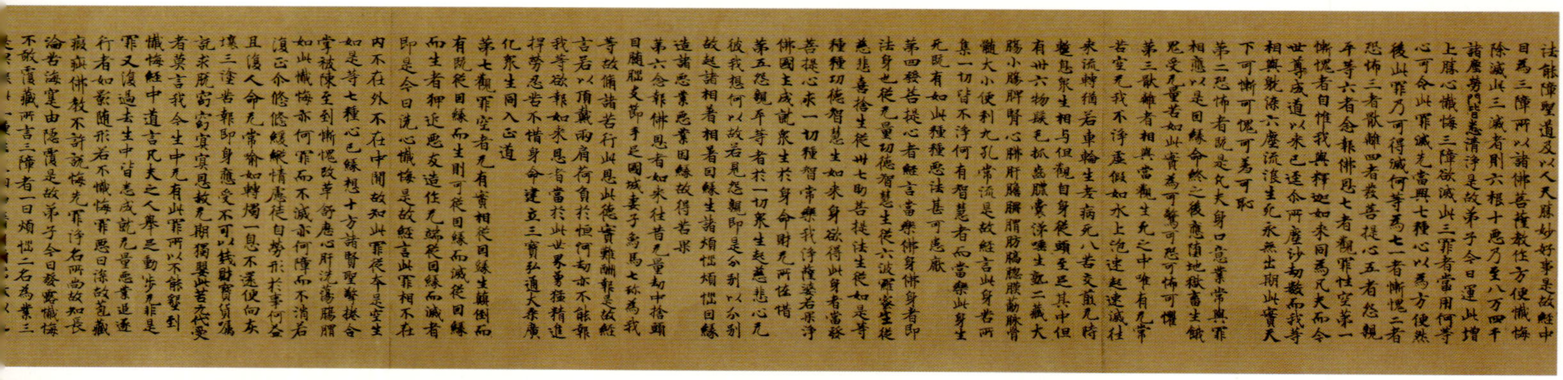

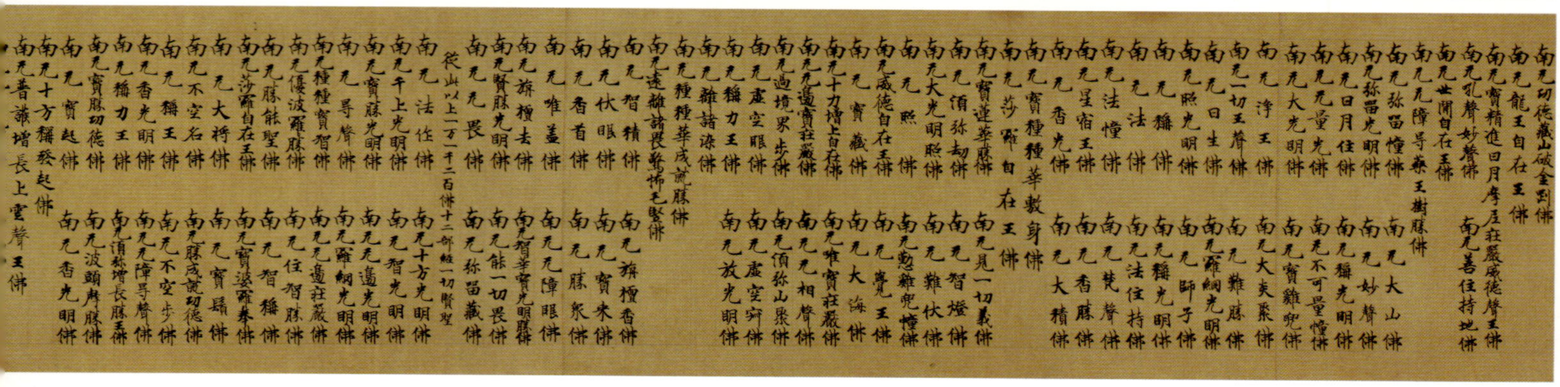

南无天蓋佛　南无龍光佛
南无妙步佛　南无法威德佛
南无斷諸有佛　南无莊嚴面佛
南无妙色佛　南无普眼佛
南无功德光佛　南无勝月佛
南无平等德佛　南无云何難兜佛
南无衆生自在劫佛　南无與无畏觀佛
從此以上一万六百佛十二部經一切賢聖
南无攝取衆生意佛　南无降伏諸怨佛
南无攝取光明佛　南无勝山佛
南无一勝光明佛　南无那羅延步佛
南无師子步佛　南无愛戒佛
南无清淨佛　南无信名稱佛
南无畢竟智佛　南无无難癡佛
南无功德聚佛　南无能思惟忍佛
南无法蓋佛　南无不動因佛
南无天華佛　南无天波頭摩佛
南无普威德佛　南无月光佛
南无大衆上首佛　南无思惟義佛
南无相王佛　南无華面佛
南无思惟名稱佛　南无樹幢佛
南无師子奮迅佛　南无信大衆佛
南无善香佛　南无智慧讚歎佛
南无功德聚佛　南无智光明佛
南无智海佛　南无威德力佛
南无勝威德佛　南无佛歡喜佛
南无勝清淨佛　南无愛一切佛
南无遠離諸疑佛　南无善思惟勝義佛
南无大山佛　南无降伏聖佛
南无降伏黠慧佛　南无趣菩提佛
南无妙聲佛　南无大勢力佛
南无樂師子佛　南无普寶滿足佛
南无一切世間愛佛　南无金剛輪佛
南无過大佛　南无大將佛
南无衆生月佛　南无大莊嚴佛
南无日光明佛　南无勝嚴佛
南无斷諸有意香佛　南无寂靜行佛
南无攝愛稱佛　南无梵天供養佛
南无大孔佛　南无无量无邊稱佛
南无世間光明佛　南无可見忍佛
南无大華佛　南无脩行身佛
南无諸根清淨佛　南无婆藪達多佛
南无不怯弱聲佛　南无普見佛
南无月賢佛　南无決定色佛
南无方便脩佛　南无信勝功德佛
南无勝報佛　南无賢莊嚴佛
南无慚愧賢佛　南无勸受器聲佛
南无勝愛佛　南无普行佛
南无普智佛　南无大威力佛
南无月難兜佛　南无堅固行佛
南无天供養佛　南无敬普佛
南无勝妙稱佛　南无成就一切功德佛
南无堅固莎梨羅佛　南无甘露光佛
南无大貴佛　南无勝聲佛
南无大力佛　南无大步佛
南无信甘露佛　南无道步佛
南无勝聲心佛　南无勝意佛
南无婆樓那步佛　南无大脩行佛
從此以上一万七百佛十二部經一切賢聖
南无威德光佛　南无无淨智佛
南无師子聲佛　南无善德佛
南无善住佛　南无日光佛
南无菩提上首佛　南无降伏怨佛
南无无垢滿義佛　南无勝去佛
南无妙光明佛　南无普光明佛
南无大莊嚴佛　南无功德山佛

薩入理聖人種種呵責亦説此煩惱以為怨
家何以故能斷衆生慧命根故亦名此煩惱
以之為賊能劫衆生諸善法故説此煩惱以
為瀑河能漂衆生入於生死大苦海故亦自
此煩惱以為羈鏁能繫衆生於生死獄不能
得出故所以六道牽連四生不絶惡業无窮
苦果不息當知皆是煩惱過患是故弟子今
日運此增上善心歸依佛
南无東方善德佛
南无南方寶相佛　南无西方普光佛
南无北方相德佛　南无東南方鋼明佛
南无西南方上智佛　南无西北方華德佛
南无東北方明智佛　南无下方明德佛
南无上方香積佛　如是十方盡虛空佛
一切三寶至心歸命常住三寶
弟子從无始以來至於今日或在人天六道
受報有此心識常懷愚惑繁滿胸襟或因三
毒根造一切罪或因三漏造一切罪或因三
覺造一切罪或因三受造一切罪或因三苦
造一切罪或緣三假造一切罪或因三有造
一切罪如是等罪无量无邊惱亂一切六道
四生今日慚愧皆悉懺悔至心歸命常住
三寶
又復弟子无始以來至於今日或因四識住
造一切罪或因四流造一切罪或因四取造
一切罪或因四執造一切罪或因四緣造一
切罪或因四大造一切罪或因四縛造一切
罪或因四食造一切罪或因四生造一切罪
如是等罪无量无邊惱亂六道一切衆生今
日慚愧皆悉懺悔至心歸命常住三寶
又復弟子无始以來至于今日或因五住煩
惱地造一切罪或因五受根造一切罪或因
五蓋造一切罪或因五慳造一切罪或因五
見造一切罪或因五心造一切罪如是等煩
惱无量无邊惱亂六道一切四生今日發露
皆悉懺悔至心歸命常住三寶
又復弟子无始以來至於今日或因六情根
造一切罪或因六識造一切罪或因六想造
一切罪或因六受造一切罪或因六行造一切
罪或因六愛造一切罪或因六疑造一切罪如
是等煩惱无量无邊惱亂六道一切四生今日
慚愧發露皆悉懺悔至心歸命常住三寶
又復弟子无始以來至於今日或因七漏造
一切罪或因七使造一切罪或因八到造一
切罪或因八垢造一切罪或因八苦造一切
罪惱亂六道一切四生今日發露皆悉懺悔
至心歸命常住三寶
又復无始以來至於今日或因九惱造一切
罪或因九結造一切罪或因九上緣造一切
罪或因十煩惱造一切罪或因十纏造一切
罪或因十一遍使造一切罪或因十二入造
一切罪或因十六智見造一切罪或因十八
界造一切罪或因廿五我造一切罪或因六
十二見造一切罪或因見諦思惟九十八使
百八煩惱晝夜熾然開諸漏門造一切罪惱
亂賢聖及以四生遍滿三界弥亘六道无處
可藏无處可避今日至到向十方佛尊法聖
衆慚愧發露皆悉懺悔至心歸命常住三寶
願弟子承是懺悔三毒一切煩惱生生世世
三慧明三達朗三苦滅三願滿
願弟子承是懺悔四識等一切煩惱所生功
德生生世世廣四等心立四信業四惡趣滅
得四无畏願弟子承是懺悔五蓋等諸煩惱
度五道樹五根淨五眼成五分懺悔六愛等
諸煩惱所生功德願生生世世具足六神通

南无空名稱佛　南无寶勝佛
南无發起无邊精進功德佛
南无蓋行佛　南无香山佛
南无發心莊嚴一切衆生佛
南无光明精威德王佛　南无功德王光明佛
南无一切功德封彼折佛　南无燃燈住佛
南无能作光明佛　南无得功德佛
南无波頭摩上勝佛　南无寶住佛
南无无邊願佛　南无无邊功德王住佛
南无寶聚佛　南无婆羅自在王佛
南无寶光明佛　南无寶積佛
南无宗上佛　南无脩行无邊功德佛
南无觀聲佛　南无須弥山光明佛
南无无邊境界佛　南无妙去佛
南无寶華成就勝佛　南无无邊奮迅佛
南无發起一切衆生信佛　南无寶蓋起佛
南无勝功德佛　南无不可華佛
南无寶境界光明佛　南无寶勝功德佛
南无發心即轉法輪佛　南无十方稱名佛
南无迦陵迦王佛　南无日輪然燈佛
南无寶上佛　南无智成就勝佛
南无功德王住佛　南无无障导眼佛
南无畏佛　南无智積佛
南无發起无辟喻相佛
南无積光明輪威德佛
南无回意佛　南无那羅延佛
南无无垢難兜佛　南无月積佛
南无清淨意佛　南无安隱佛
南无發起善思惟佛　南无能破諸怨佛
南无優波羅功德佛　南无積力王佛
南无无邊光明雲香弥留佛
南无種種色華佛　南无无邊光佛
南无能轉能住佛　南无勝香佛
從此以上一万一千三百佛十二部經一切賢聖
南无信一切衆生心智見佛
南无无相聲佛　南无智功德積佛
南无无障聲佛　南无一蓋藏佛
南无不動勢佛　南无迦葉佛
南无觀見一切境界佛　南无上首佛
南无成義佛　南无成勝佛
南无難佛　南无離一切疑佛
南无智德佛　南无功德乘佛
南无星宿王佛　南无不可量難兜佛
南无旃檀佛　南无羅綱光佛
南无梵聲佛　南无不可量寶難勝佛
南无一切法无觀佛
南无發一切衆生不斷絶脩行佛
南无无邊奮迅佛　南无見一切法佛
南无見一切法平等佛　南无成就无量功德佛
南无智高光明佛　南无波頭摩上佛
南无十方上佛　南无華成功德佛
南无堅固衆生佛　南无智光明佛
次礼十二部尊經大藏法輪
南无菩薩五十德行經　南无差摩竭經
南无諸了本生死本經　南无阿差末菩薩經
南无了本生死經　南无師比丘經
南无呪盡道呪經　南无善馬有三相經
南无長者法志妻經　南无呪毒蛇神呪經
南无移山經　南无須真天子經
南无聖法印經　南无諸佛要集經
南无七夢經　南无四食想經
南无九傷經　南无諸福德田經
南无神呪辟除賊害經　南无屋吐國王經
南无比丘分衛經　南无鑊炭經

李翰自注《蒙求》

宋（960—1279 年）
长 22.7 厘米，宽 15.8 厘米
甘肃省酒泉市敦煌市莫高窟出土
敦煌研究院藏

Dunhuang Scriptures of *Mengqiu* by *Li Han*

Song Dynasty（960 - 1279）
Length: 22.7cm, Width: 15.8cm
Unearthed from the Mogao Grottoes in Dunhuang,
Jiuquan City, Gansu Province
Dunhuang Academy

唐代李翰的《蒙求》是一部“列古人言行美恶，参之声律，以授幼童”的童蒙教育书籍。唐代以降，《蒙求》极为盛行且影响深远，又以其名取自《易经·蒙卦》“匪我求童蒙，童蒙求我”之义，故后世童蒙读物多以“蒙求”命名。

《蒙求》原著早已失传，后世所见殆为后人补注，无法窥其原貌。敦煌本《蒙求》为存世最早的《蒙求》抄本之一。本残卷开头 17 行为李良荐《蒙求》表，接下来的 4 行为李华《〈蒙求〉序》的部分内容，后为《蒙求》正文并注释，注用双行小字。正文起于“王戎简要，裴楷清通”，讫于“鸣鹤日下，士龙云间”。本卷的发现不但极大程度复原了唐代《蒙求》一书的原貌，同时也反映了中原文化典籍在丝绸之路上的传播盛况。

士業　寄可稱美自宗周逮茲炎漢覽徵茂
異才　重儒述寵竊見臣境內寄住客前信州
司倉叅軍李翰與學藝淹通理識精究撰
古人狀跡編成音韻屬對類事無非典實
名曰蒙求約三千言注下轉相敷演向萬餘事
翰家兒童三數歲者皆善諷讀談古策事經
減鴻儒素不諳知謂疑神遇司封員外李華
當代　宗名望夙著與作序云不出卷而知天

者令騎射之莫能中見撢如此史記忘冊成為漢中庶居嚴酷語曰
寧見乳虎無值寧成之怒成工
操下成如束濕薪言急也 **周嵩狼抗梁冀跋扈** 世說周嵩字仲智伯仁
之弟母冬至日舉酒日本為渡江謂足無所今爾等並羅列吾復何憂嵩
起日伯仁志大才短名重識闇好乘人之弊非自全道嵩性狼抗亦不容
於世 後漢梁冀字伯卓質帝善射之為跋扈將軍四方貢獻先輸於
冀乃乘輿一家三皇后六貴人及冀被誅賓客黜者三百餘人朝廷為
空張綱奏收冀財充王府庫藏天下租賦之半也 **郗超髯參王珣短簿** 世說曰王珣字元琳郗超字景興並有
奇才為大司馬桓溫所眷珣為主簿形狀短小超為記室參軍為人多髯
荊州為之語曰髯參軍短主簿
能令公喜能令公怒也 **伏波標柱博望尋河** 後漢馬援為伏波

將軍征南壹逐鑄銅柱以標漢南之界薏以興讒者援為人患風暑好食薏
苡迴載薏以歸人以為珠此興之謗漢書張騫漢中人曾奉使西域因窮河
源武帝封為博望侯得織女枝機石安石總
等歲君平識此石也剸生入玉關也 **陵李初詩田橫感歌**
漢書李陵字少卿為建章監後為將軍失利降匈奴與蘇武詩云携手上河梁
遊子暮何之五言詩自此始漢書田橫秦末自立為齊王後居海島高帝得奏
召橫之至尸鄉自殺從者不敢哭而不敢哭故為感
歌以寄哀者音為今之挽歌是自田橫之始 **武仲不休士衡**
患多 後漢傳毅字武仲魏文帝典論曰文人相輕自古而然傅毅之與班固伯仲
之間耳而固小之與弟超書曰武仲以能屬文為蘭臺令史下筆
不能自休晉書陸機字士衡身長七尺其聲如鍾少有異才文章
冠世張華為之曰人患才少子患才多弟雲文不及機談論過之也 **桓譚**

非讖王商止訛 後漢書桓譚字君山沛國人少好學治五經光武即位拜朝議郎詔會靈臺位詔曰以讖決之何
如譚曰臣生不讀讖頗有是非由是失旨出為六安郡丞之官不樂中道病卒漢
書王商字子威有威重身長八尺身體鴻大單于來朝望見遂却退曰真漢
相矣京師相驚以水至天子及大臣將營
舟艤商曰必訛言衆心稍息水亦不至 **執呂命駕程孔傾蓋**
世說嵇康與呂安為友甚善每一相思千里命駕家語孔子之郯遇程子於途傾
蓋而語終日甚相悅顧謂子路曰取束帛以贈先生傾蓋駐車白頭新傾蓋若舊
劇孟一敵周處三害 漢書劇孟以任俠顯大將得孟若一敵國晉書
周處年十八縱情肆欲州曲患之謂鄉人曰
今歲豐熟何以不樂衆人歎曰三害未除何樂之有南山有白額虎長橋下有蛟并子
為三害處於是殺刹虎乃蛟吉忠信行著為郡刺日暮州郡礼命也
胡廣補闕袁安倚賴 後漢胡廣字伯始為太尉在朝無蹇
直之風而有補闕之益故語曰万事不理
問伯始天下中庸有胡公後漢袁安字邵公汝南人為司徒每言及國朝政事未
嘗不嗚咽流涕天子及大臣皆倚來賴公力也

先天四年

大清宣統癸丑

中華民國二年

不礼應門守乃倒屣出迎符時人曰徒見二千石不如一縫掖書
之目
篇鳴鶴日下士龍雲間 世說荀鳴鶴陸士龍二人未相識會
張茂先坐張公以並有大才令日之會
勿作常語鶴後至

下其蒙求哉漢朝王子淵製洞簫賦漢帝美其文令宮人誦習近代周興嗣撰千字文亦頒行天下豈若蒙求哉錯綜經史隨便訓釋童子則固多弘益老成亦頗覺起予臣屬忝宗枝職備藩翰每遠覩廣聽採異訪奇未曾遺一才敢片善有可甄録不敢具狀奏聞陛下察臣丹誠廣遠聽之義念翰赤學開將來善之門伏願依資量授一職微示勸誡臣誠惶誠恐頓首頓首謹言

周易曰有童蒙求我之義李子以其文碎不敢輕傳達識所務訓蒙而已故以蒙求名題其每行注兩句人名外傳中别事可紀記者亦此附之雖不配上文所資廣博從切韻東字起每韻四字

安平李翰撰并注

王戎簡要裴楷清通　晉書王戎字濬沖裴楷字叔則為吏部郎闕晉文王問其人於鍾會會曰裴楷清通王戎簡要其選也於是用楷

孔明臥龍呂望飛熊　蜀志曰諸葛亮字孔明諸豐之後漢末從叔父玄向襄州徐庶見之謂先主曰諸葛孔明臥龍也將軍豈欲見之乎後為蜀丞相先主曰孤之有孔明猶魚之有水也六韜曰周文王卜田史扁為卜田渭之陽曰將得大非熊非羆天遺汝師文王齋三日田于渭陽果見呂望坐茅磻石以漁遂共載而歸立為師也

楊震關西丁寬易東　東觀漢記楊震字伯起博覽明經時人為之語曰關西孔子漢書丁寬字子襄善易常東歸門人曰易東歸矣

謝安高潔王導公忠　晉書謝安居家於會稽上虞縣優遊山林六七年間徵召不至雖彈奏相屬繼以禁錮晏然不屑晉書王導字茂弘覽之孫也與中宗契同布衣每拜山陵哀慟左右百官拜山陵自導始中宗嘗詔導升御床共同坐導辭曰若太陽下同萬物蒼生何由仰照玄黃者也

匡衡鑿壁孫敬閉戶　西京雜記匡衡字稚圭東海承人好讀書家貧無油燭穿鄰壁映孔讀書後位至丞相楚國先賢傳孫敬字文寶恒閉戶讀書睡則以繩繫頭懸於梁上嘗入市市人見之皆曰閉戶先生來帝時徵不就也

郅都蒼鷹甯成乳虎　史記郅都河東人敢直諫面折大臣於朝

黃霸政殊梁習治最　漢書黃霸字次公為潁川太守行風大行治殊政為天下於府鳳凰集其境帝美之賜金黃魏志梁習字子虞為并州刺史政治為天下最

墨子悲絲楊朱泣岐　淮南子曰墨子見練絲而泣之為其可以黃可以黑楊朱見岐路而泣之為其可以南可以北高誘曰憫其別也

朱博烏集蕭芝雉隨　漢書朱博字子元為御史大夫府中列柏樹常有野烏數千栖其上朝去暮來因名烏臺蕭廣濟孝傳蕭芝之字英旋至除尚書郎有雉數十頭飲啄宿止當有送至岐路及下直飛鳴車前

杜后生齒靈王出髭　晉書成帝杜后諱陵陽預之曾孫父乂早見外戚后少有姿色然長猶無齒有來求婚者輒中止及納采之日一夜齒盡生出在位六年年二十一崩先是三吳女子相與簪白花望之如素柰傳言天公織女死為之著服至是而后崩皇覽曰周靈王諱泄心生而有髭聖明聰睿也

賈誼忌鵩莊周畏犧　史記賈誼洛陽人年十八能誦詩屬文帝甚悅之超遷中散大夫絳灌馮敬之等害之天子後亦疏之不用其議乃以誼為長沙太守三年有鵩飛入誼舍止于坐隅誼以鵩不祥鳥也作賦以自廣莊子莊周楚人為大賢楚王聘以為相謂使者曰子不見犧牲乎衣以繡綵飼以芻菽當其牽入太廟之時欲作孤犢安可得哉遂不授

燕昭築臺鄭莊置驛　後語燕昭王即位為齊閔王所殺得賢士與之同謀以報先君之恥郭隗曰宜先尊隗況賢於隗者豈遠千里哉昭王於是築其臺臣以師事隗樂毅聞之自魏而往鄒衍聞之自齊而往劇辛聞之自趙而往賢士競至昭王以樂毅為將合趙秦晉楚之兵以伐齊大敗殺閔王史記鄭莊字當時孝景時為太子舍人每五日洗沐常置驛馬長安諸郊存請謝賓客夜以繼日所交皆天下有名之士莊誡門下客至無貴賤無留門以其貴下人山東諸公以此翕然稱莊之也

瓘靖二妙岳湛連璧　晉書衛瓘字伯玉索靖字幼安俱能書為尚書郎時人號一臺二妙世謂瓘得伯英之筋靖得伯英之肉瓘放手騰靖興筆有法遠不及靖晉書潘岳字安仁夏侯湛字孝若並美姿容每行止同輿接茵京都謂之連璧岳少時挾彈出洛陽婦人遇之者皆投菓車手縈繞之投以菓遂滿車而歸

郤詵一枝戴憑重席　晉書郤詵字廣基舉賢良射策為天下第一武帝問卿自以為何如詵曰猶桂林之一枝崑山之片玉合詞楊析桂自此始也東觀漢記戴憑字次仲拜侍中正旦朝賀帝令群臣諸王能說經史者更相難詰義有不通輒奪其席以益通者憑遂重坐五十餘席故京師語曰解經不窮戴侍中

鄒陽長裾王符縫掖　漢書鄒陽齊人上吳王書曰今臣盡智畢議易精極慮則無國不可干飾固陋之心則何王之門不可曳長裾乎後漢王符字節信安

印刷术的发明和普及

印刷术源自中国古代的印章技术和碑石拓印技术。唐代雕版印刷术发明后，起初主要流行于民间，多用于印刷佛经、医书、历书和诗集。五代后唐时期，政府开始组织印刷儒家经典。两宋政府与“士大夫共治天下”，印刷业发展进入黄金时期，千秋经义，文华尽汇，社会科技文化达到新的发展高度。宋代活字印刷的出现，大大提高了印版勘校效率，为近代印刷术的发展奠定了基础。

雕版印刷佛经卷

五代后唐（923—936 年）
纵 29.5 厘米，横 38 厘米
河南省洛阳市史家湾砖厂出土
洛阳博物馆藏

Buddhist Scriptures by Block Printing

Five Dynasties · Later Tang Dynasty（923 - 936）
Length: 38cm, Width: 29.5cm
Unearthed from the Brickyard in Shijiawan, Luoyang City, Henan Province
Luoyang Museum

经卷正中有一菩萨坐在莲花上，头戴花冠，身披瓔珞，左右八臂各持法器，经文为梵文，左下角有墨书“天成二年”（927 年）字样。“天成”为后唐明宗时期年号。五代十国时期，官方设立的国子监开始大规模组织编印儒家经典。由于政府的提倡，官僚贤达、文人雅士等私人刻印书籍之风逐渐流行，形成了官刻、家刻、坊刻三大刻书体系，刻书地点遍及大江南北，不过，由于纸本书籍不易保存，五代十国时期的印本流传至今的已经非常稀少。此件五代雕版印刷佛经，是我国现存较早的印刷雕版，是研究早期雕版印刷技术和佛教文化极为珍贵的实物例证。

《草堂先生杜工部诗集》刻本

南宋（1127—1279 年）
纵 27.1 厘米，横 19.2 厘米，厚 1.1—1.4 厘米
成都杜甫草堂博物馆藏

Collection of Poems by *Du Fu*

Southern Song Dynasty（1127 - 1279）
Length: 27.1cm, Width: 19.2cm, Thickness: 1.1 - 1.4cm
Chengdu Du Fu Thatched Cottage Museum

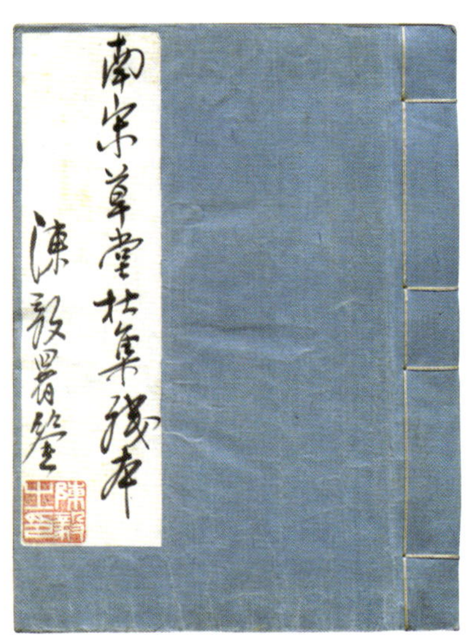

原 20 卷，现仅残存 6 卷共 87 页，半页 10 行，行 20 字。书加印黑线，书中“匡”字缺笔，“慎”字缺笔，约可断定为南宋淳熙刊本，依纸质字体约可断为建阳刊本。卷首有朱德、何香凝、陈毅、陈叔通、郭沫若、齐燕铭、阿英、李初梨、徐平羽等题词，卷末有李一氓跋。分别钤有“郋园秘籍”（叶德辉）、“罗继祖”（罗振玉之孙）、“孙氏家藏”印。

两宋为中国雕版印刷发展的黄金时期，形成了完备的社会印书体系，同时宋版书校订严密、误谬极少、笔画不苟、纸质精良、用墨纯秀、印刷鲜明，在书艺刀法、选纸用墨、版式行款等方面形成了自己的艺术风格。又因其流传稀少，坊间曾传“一页宋版，一两黄金”，故有“寸纸寸金”之说。

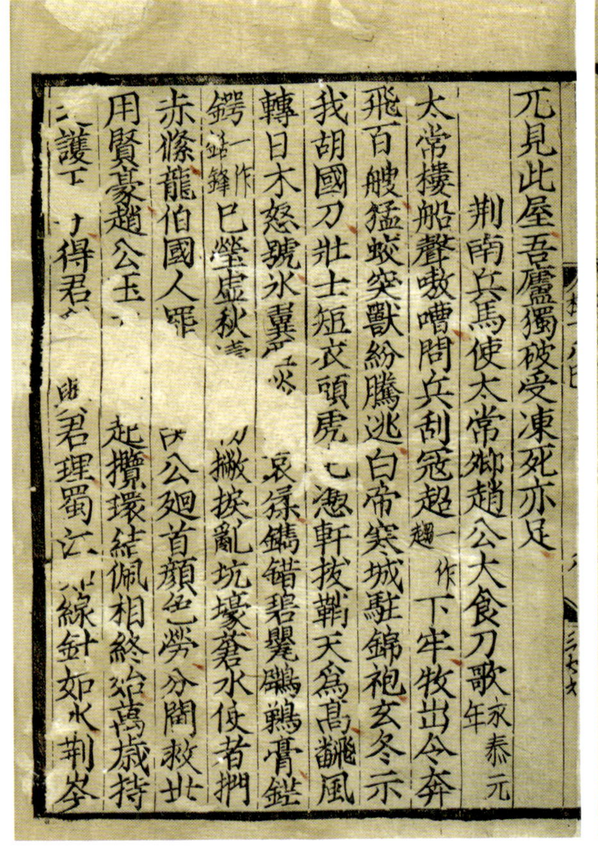

兀見此屋吾廬獨破受凍死亦足
荆南兵馬使太常卿趙公大食刀歌 永泰元年
太常樓船聲嗷嘈問兵刮寇超 趨一作 下牢牧出令奔
飛百艘猛蛟突獸紛騰逃白帝寞城駐錦袍玄冬示
我胡國刀壯士短衣頭虎毛憑軒拔鞘天爲高翻風
轉日木怒號冰翼[illegible]哀猱鐫錯碧甖鸊鵜膏鋩
鍔 一作鋩鋒 已瑩虛秋濤[illegible]撇捩亂坑壕蒼水使者捫
赤絛龍伯國人罷[illegible]芮公廻首顔色勞分閫救世
用賢豪趙公玉[illegible]起攬環結佩相終始萬歲持
之護天子得君[illegible]君理蜀江[illegible]線針如水荆岑

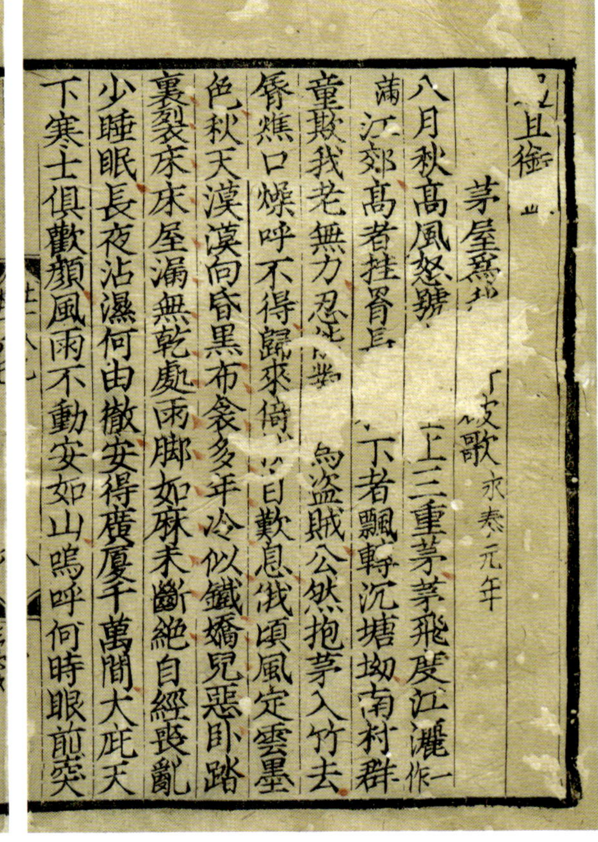

茅屋爲秋[illegible]破歌 永泰元年
八月秋高風怒號[illegible]上三重茅茅飛度江灑 一作
滿江郊高者掛罥長[illegible]下者飄轉沉塘坳南村群
童欺我老無力忍能[illegible]爲盜賊公然抱茅入竹去
脣焦口燥呼不得歸來倚[illegible]自歎息俄頃風定雲墨
色秋天漠漠向昏黑布衾多年冷似鐵嬌兒惡臥踏
裏裂牀牀屋漏無乾處雨脚如麻未斷絶自經喪亂
少睡眠長夜沾濕何由徹安得廣廈千萬間大庇天
下寒士俱歡顔風雨不動安如山嗚呼何時眼前突

見此屋吾廬獨破受凍死亦足

荆南兵馬使太常卿趙公大食刀歌永泰年

常樓船聲嗷嘈問兵刮寇超一作趨下牢牧出令

百艘猛蛟突獸紛騰逃白帝寒城駐錦袍玄冬

胡國刀壯士短衣頭虎[illegible]憑軒拔鞘天爲高[illegible]

日本怒號冰囊[illegible]哀綠鏽錯碧鸊鵜膏

一作鋒已瑩虛秋濤[illegible]撇捩亂坑壕蒼水使者

絛龍伯國人罷[illegible]公迴首顏色勞分闊救

賢豪趙公玉[illegible]起攬環結佩相終始萬歲

護下[illegible]得君[illegible]君理蜀[illegible]討布水[illegible]

且徑 止

茅屋爲[illegible]歌 永泰元年

八月秋高風怒號[illegible]上三重茅茅飛度江

灑江郊高者挂罥長[illegible]下者飄轉沉塘坳南

童欺我老無力忍[illegible]爲盜賊公然抱茅入

脣焦口燥呼不得歸來倚[illegible]自歎息俄頃風定

色秋天漠漠向昏黑布衾多年冷似鐵嬌兒惡

裏裂床床屋漏無乾處雨脚如麻未斷絶自經

少睡眠長夜沾濕何由徹安得廣廈千萬間大

下寒士俱歡顏風雨不動安如山嗚呼何時眼

西夏文木雕印版

西夏（1038—1227 年）
残长 24 厘米，残宽 10 厘米
宁夏回族自治区银川市贺兰县宏佛塔出土
宁夏回族自治区博物馆藏

Wood Carving in Tangut

Xi Xia（1038 - 1227）
Imperfect Length: 24cm, Imperfect Width: 10cm
Unearthed from the Hongfo Tower, Helan County, Yinchuan City, Ningxia Hui Autonomous Region
Ningxia Museum

雕版单面雕字，字体方正，表面整齐平整，刻工娴熟有力。用此雕版所印书籍，质量上乘，应是皇室或财力充裕的官府、寺庙所刻。目前所见西夏文木雕版主要出土于黑水城遗址（今内蒙古自治区额济纳旗辖区内）和宁夏贺兰县宏佛塔，其中宏佛塔出土数量最多。

宋以后，印刷术迅速在西北民族地区传播，西夏还设置有专门负责雕版印刷的官府机构“刻字司”，所雕刻的西夏木雕版非常精细。因西夏尊崇佛教，其木雕版刊刻内容多为佛经、佛画。

《维摩诘所说经卷》（下卷）

西夏（1038—1227 年）
单页纵 28.5 厘米，单页横 11.6 厘米
甘肃省武威市新华镇缠山村亥母洞出土
武威市博物馆藏

The Second Volume of Vimalakirti Sutra

Xi Xia（1038 - 1227）
Length of Single Page: 28.5cm, Width of Single Page: 11.5cm
Unearthed from the Grottoes of Vajravārāhī Cave, Chanshan Village, Xinhua Town, Wuwei City, Gansu Province
Wuwei City Museum

佛经共 54 页，6400 多个西夏文字，是现存最早的泥活字印本。印刷术传入西夏后被大力推广，雕版印刷的兴盛，也为西夏使用和发展活字印刷提供了基础。除泥活字以外，木活字同样被用于印刷佛经。

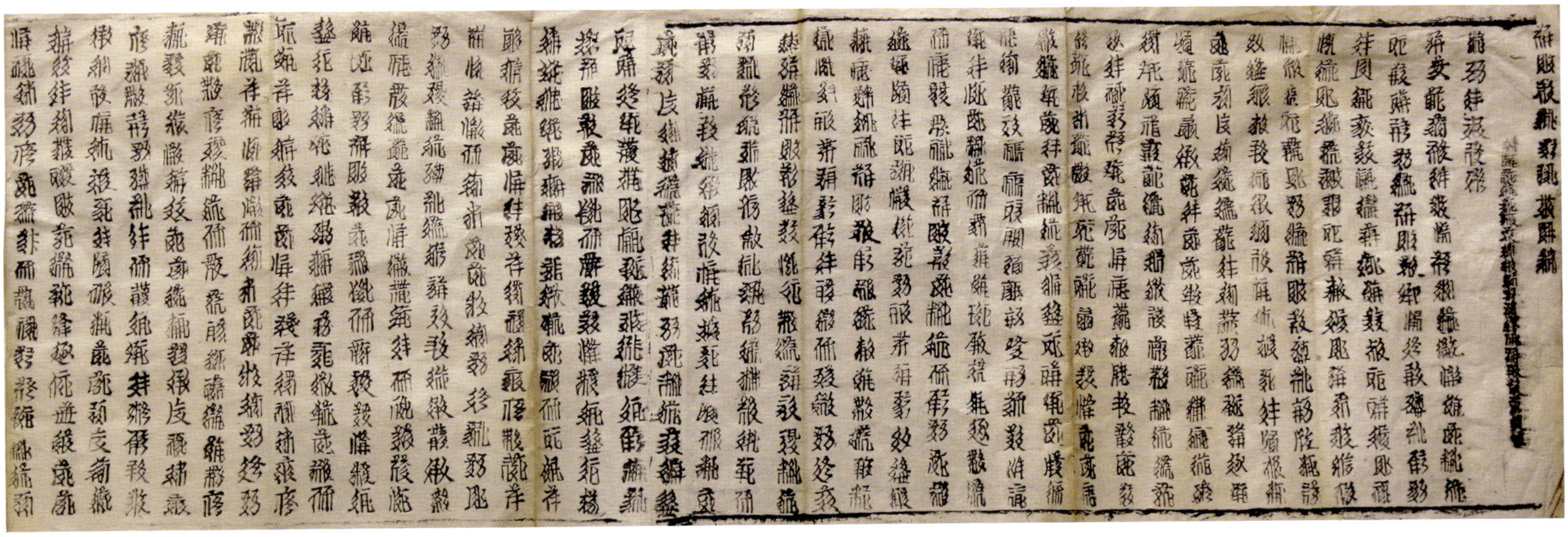

《乐府诗集》刻本

元（1271—1368 年）
长 27 厘米，宽 17 厘米
成都杜甫草堂博物馆藏

Collection of Poems
Yuan Dynasty（1271 - 1368）
Length: 27cm, Width: 17cm
Chengdu Du Fu Thatched Cottage Museum

残本八册，存二十四卷。分别钤有清末马佳宝康、延古堂李氏、近代李一氓先生藏书印，包括“孝劼收藏宋元旧椠”“孝劼所藏书画金石”“堇斋图书”“延古堂李氏珍藏”“成都李氏收藏故籍”“无是楼藏书”等，并有马佳宝康跋文一篇。

《乐府诗集》为宋人郭茂倩编，将汉唐乐府诗以及先秦歌谣分类，每类有总序，每曲有题解，对多种曲调歌辞的起源、发展均有改订，是乐府歌辞最完备的一部总集。宋元时出现多种刻本，但尚存至今者寥寥。

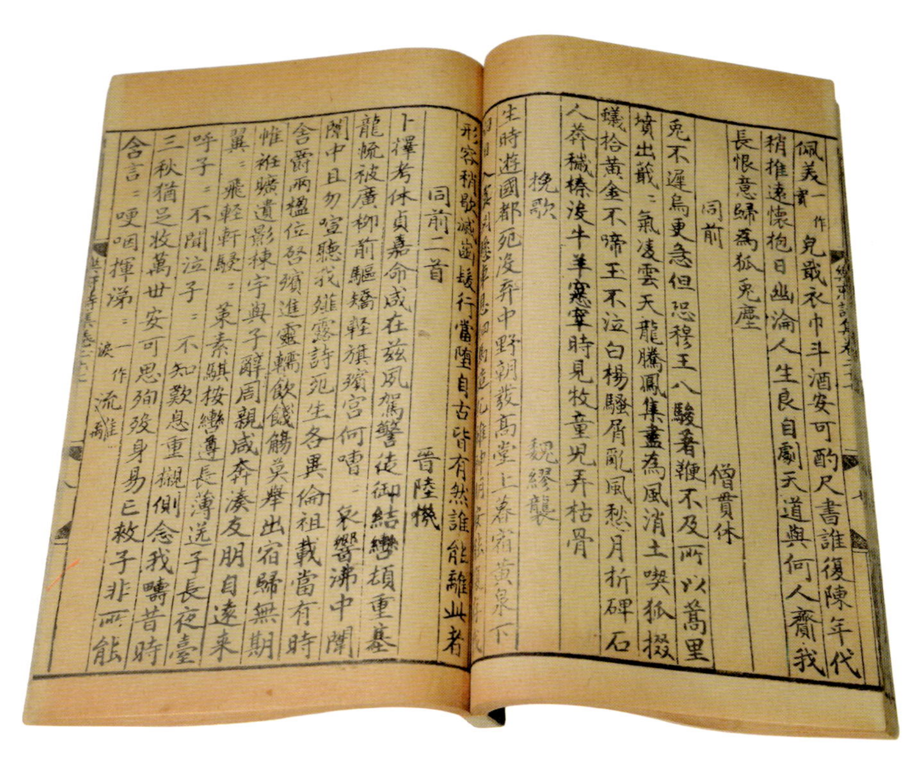

《唐贤三昧集三卷》刻本

清（1644—1911 年）
长 25.7 厘米，宽 16.5 厘米，厚 1 厘米
山东博物馆藏

Collection of Samadihi by the Sages of *Tang* Dynasty
Qing Dynasty（1644 - 1911）
Length: 25.7cm, Width: 16.5cm, Thickness: 1cm
Shandong Museum

《唐贤三昧集》是一部唐诗总集，作者王士禛，编选了王维等 42 人的诗作，共 448 首，其中王维诗最多，共 111 首，其次为孟浩然、岑参、李颀及王昌龄等。诗歌编选以“神韵”为最高审美原则。该诗集在清代影响颇大，有康熙二十七年（1688 年）刻本、三十七年（1698 年）盛符升刻本。

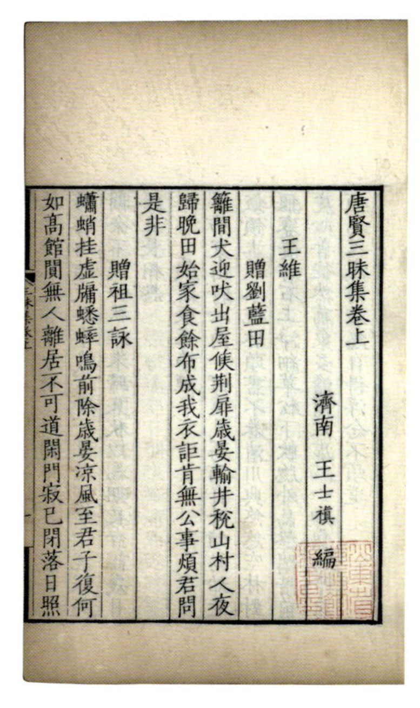

《书经》雕版片

清（1644—1911 年）
长 28.2 厘米，宽 17.8 厘米，厚 1.5 厘米
拨交
扬州博物馆（扬州中国雕版印刷博物馆）藏

Engraving Printing of *Shujing*

Qing Dynasty（1644 - 1911）
Length: 28.2cm, Width: 17.8cm, Thickness: 1.5cm
Transferred
Yangzhou Museum
（China Block Printing Museum in Yangzhou）

《诗经》雕版片

清（1644—1911 年）
长 27.9 厘米，宽 17.9 厘米，厚 1.9 厘米
拨交
扬州博物馆（扬州中国雕版印刷博物馆）藏

Engraving Printing of *Shijing*

Qing Dynasty（1644 - 1911）
Length: 27.9cm, Width: 17.9cm, Thickness: 1.9cm
Transferred
Yangzhou Museum
（China Block Printing Museum in Yangzhou）

汉字既是中华文明对外交流的载体，也深刻影响着几乎整个东亚地区的文字发展。它见证了域内各民族之间文化上的兼收并蓄、经济上的相互依存、情感上的相互亲近，也记录了中华文明同外部文明之间展开的广阔对话。

契丹文字

契丹原属鲜卑宇文部的一支。唐朝末年，契丹首领耶律阿保机逐渐统一契丹各部，建契丹国，后改国号为辽，大力推崇汉文化，并仿照汉字创制了“契丹大字”和“契丹小字”：利用汉字笔画形成的契丹大字3000余个，于神册五年（920年）正月颁行；参照汉字笔画形体创制的，用表音文字所造的契丹小字共有300多个原字，于天赞三年（924年）颁行。

茶叶末釉牛腿瓶

辽（907—1125年）
口径10厘米，腹径22厘米
底径13厘米，高67.5厘米
内蒙古自治区赤峰市
巴林左旗碧流台乡山湾村出土
内蒙古博物院藏

Tea-Dust Glazed Bottle

Liao Dynasty (907 - 1125)
Mouth Diameter: 10cm, Belly Diameter: 22cm
Bottom Diameter: 13cm, Height: 67.5cm
Unearthed from the Shanwan Village in Biliutai County, Chifeng City, Inner Mongolia Autonomous Region
Inner Mongolia Museum

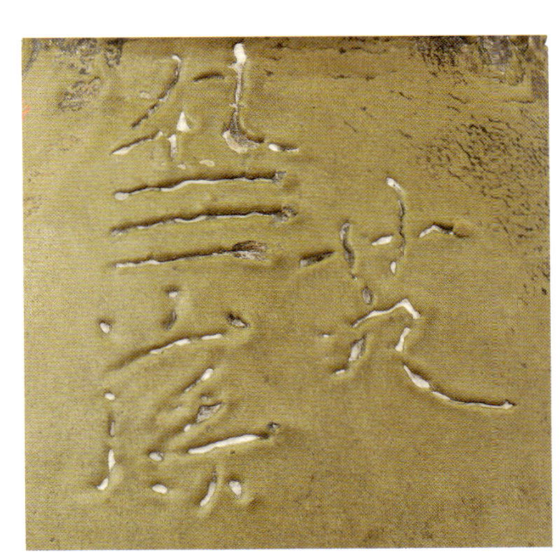

小口，溜肩，长腹，平底。形体修长，红胎，外施茶叶末绿釉，肩部刻划有契丹字，未释读。牛腿瓶是契丹族专用的储酒容器，在辽墓壁画中可见其使用场景。

契丹文柄钮铜官印

辽（907—1125 年）
长 6 厘米，宽 6 厘米，高 4.2 厘米
拨交
天津博物馆藏

Bronze Seal of Khitan

Liao Dynasty（907 - 1125）
Length: 6cm, Width: 6cm, Height: 4.2cm
Transferred
Tianjin Museum

印为梯形钮，正方形印面，印文为朱文契丹大字，篆书两行，钮顶凿汉文楷书“上”字，以示正倒。

西夏文字

西夏是党项人建立的政权。党项人早先有自己的语言，但并没有文字，日常书写使用汉字。直至西夏景宗李元昊正式称帝前的公元1036年，方命大臣野利仁荣模仿汉字创制了西夏文。西夏文又称“河西文”“蕃文”，在西夏王朝所统辖的地区（今宁夏、甘肃、陕西北部、内蒙古南部等区域）盛行了约两个世纪。

西夏文“首领”铜印

西夏（1038—1227年）
长5.3厘米，宽5.3厘米，高3.1厘米
甘肃省武威市天祝县出土
甘肃省博物馆藏

Bronze Seal of Leader's Carve in Tangut

Xi Xia（1038 - 1227）
Length: 5.3cm, Width: 5.3cm, Height: 3.1cm
Unearthed from the Tianzhu County, Wuwei City, Gansu Province
Gansu Provincial Museum

印为长方形钮，正方形印面，印文为九叠篆体的两个西夏文字，汉译为“首领”。印背左右两边各刻有西夏文行书，右边一行汉译为“应天龙兔年”，是颁印的时间。左边一行汉译为“首领居地乙乙居”，是司印者的官职、姓名。印钮上端有一个西夏字，汉译为“上”字，以示正倒。

西夏文“首领”铜印

西夏（1038—1227年）
长5.9厘米，宽5.9厘米，高2.1厘米
征集
宁夏回族自治区博物馆藏

Bronze Seal of Leader's Carve in Tangut

Xi Xia（1038 - 1227）
Length: 5.9cm, Width: 5.9cm, Height: 2.1cm
Collected
Ningxia Museum

印为长方形钮，正方形印面，印文为九叠篆体的两个西夏文字，汉译为“首领”。印背两边各刻有西夏文行书，右边一行汉译为“天盛丙戌十八年”，是颁印的时间。左边一行汉译为“首领酩布小狗山”，是司印者的官职、姓名。印钮上端有一个西夏字，汉译为“上”字，以示正倒。

西夏文寿陵残碑

西夏（1038—1227 年）
长 28.5 厘米，宽 49 厘米
宁夏回族自治区银川市西夏陵区出土
宁夏回族自治区博物馆藏

Stela in *Shou* Mausoleum in Tangut

Xi Xia（1038 - 1227）
Length: 28.5cm, Width: 49cm
Unearthed from the Tombs of Xixia, Yinchuan City, Ningxia Hui Autonomous Region
Ningxia Museum

西夏陵区9座帝陵中，共发现碑亭遗址16处，出土残碑破碎严重。此残碑出土于西碑亭遗址，为白砂石质，由五块残石粘接而成，上刻西夏文，为楷书书体，字体有描金，为拼合后尚存西夏文字最多的一块。

释文 受後魏典 / 也義殘 / 文物皆備 / 世各顯也不妙也乎 / 深院惇懿略具足 / 内家未與悟故 / 行者鐘鼎家 / 而岳 / 方立起 / 上藏 / 負

西夏文木简

西夏（1038—1227 年）
长 15.8 厘米，宽 2.5 厘米，厚 0.4 厘米
宁夏回族自治区银川市贺兰县宏佛塔出土
宁夏回族自治区博物馆藏

Slips in Tangut

Xi Xia（1038 - 1227）
Length: 15.8cm, Width: 2.5cm, Thickness: 0.4cm
Unearthed from the Hongfo Tower, Helan County, Yinchuan City, Ningxia Hui Autonomous Region
Ningxia Museum

此木简两面都有墨书西夏文字，首头三个大西夏字，译为“十五子”，即十五弟子。其余为西夏文行书小字，字体清秀，记有 15 个人名。

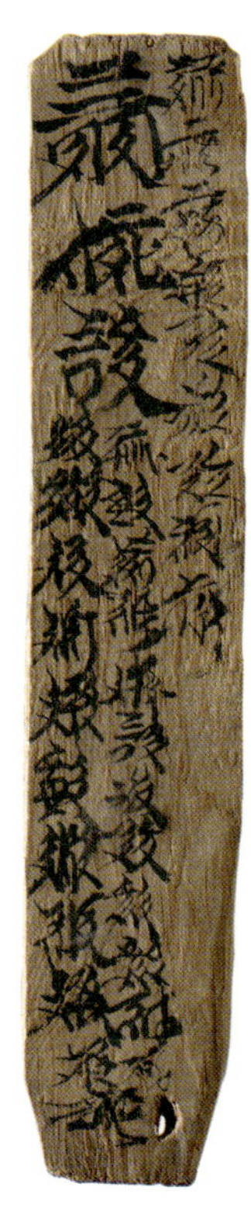

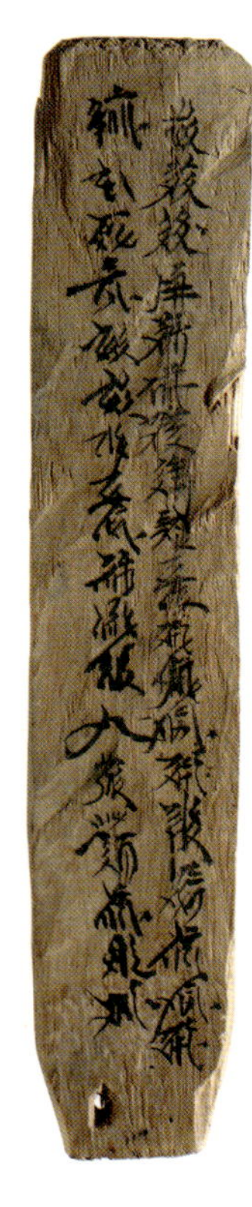

西夏文印本《三才杂字》残片

西夏（1038—1227 年）
框高 18.4 厘米，宽 13.5 厘米
甘肃省武威市张义乡小西沟岘出土
甘肃省博物馆藏

Printed Copy of“三才杂字”
（a Name of Book）in Tangut

Xi Xia（1038 - 1227）
Height: 18.4cm, Width: 13.5cm
Unearthed from the Xiaoxi Gouxian in Zhangyi Village, Wuwei City, Gansu Province
Gansu Provincial Museum

残片为楷书字体，每行有 12 个字，每 2 字为一词组，每个词组之间有一定的空白间距，但两个词组连续成一短句，故又称为《四言杂字》。该书通过讲述一个富贵人家子弟从小到老的一生，来宣扬西夏社会的道德规范和儒家思想，富有史料价值，对研究党项人的婚姻习俗具有重要意义。

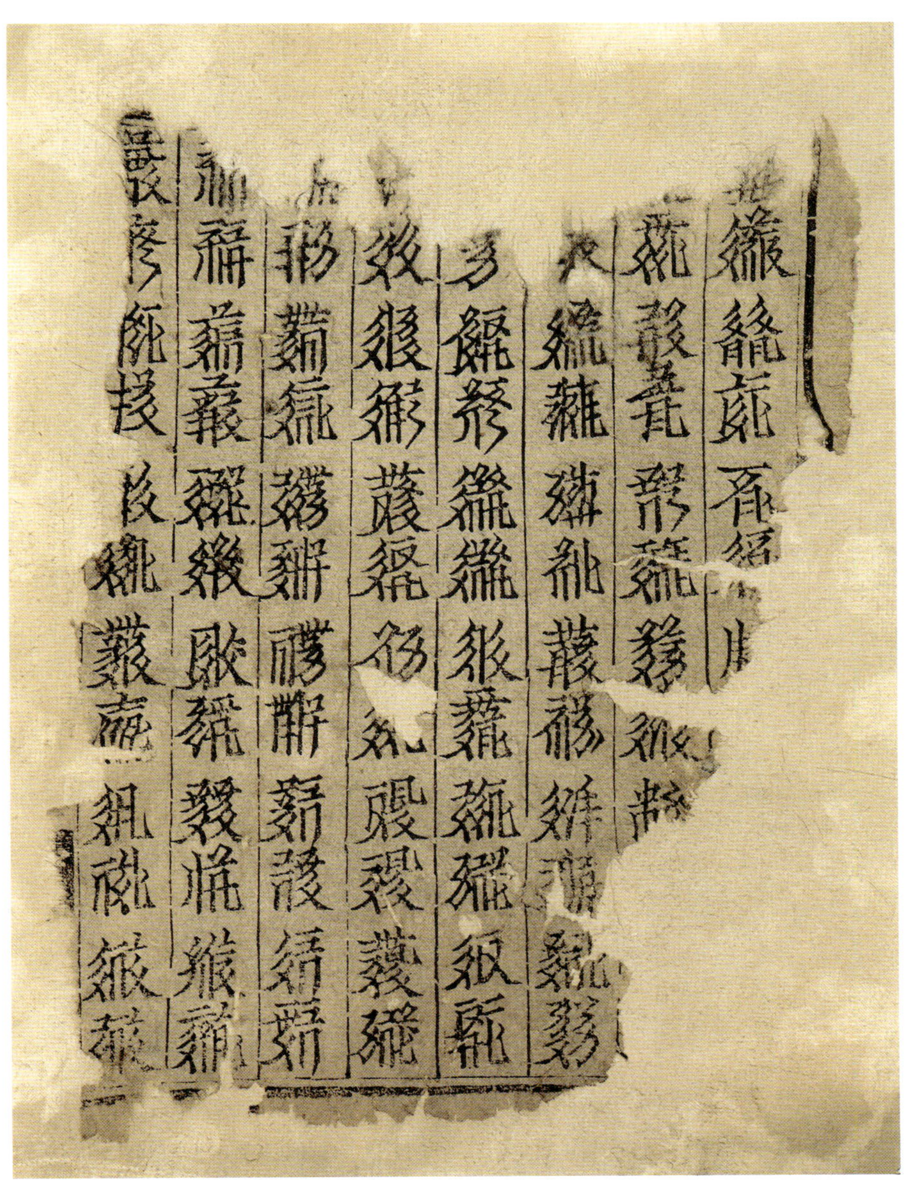

《番汉合时掌中珠》蓝靛印本

现代复刻本

纵 24.5 厘米，横 16.4 厘米

宁夏回族自治区博物馆藏

Pearl in the Palm

Modern Replica

Length: 24.5cm, Width: 16.4cm

Ningxia Museum

《番汉合时掌中珠》全本于 1909 年由俄国人科兹洛夫在内蒙古额济纳旗黑水城遗址发现，现藏俄罗斯圣彼得堡俄罗斯科学院东方学研究所圣彼得堡分所。国内仅在敦煌莫高窟发现有一残页（现存敦煌研究院）。《番汉合时掌中珠》由西夏人骨勒茂才编印，成书于 1190 年，书中每一词语皆有西夏文、汉文的字体和注音对照，为当时西夏境内流传较广的一部常用辞书。

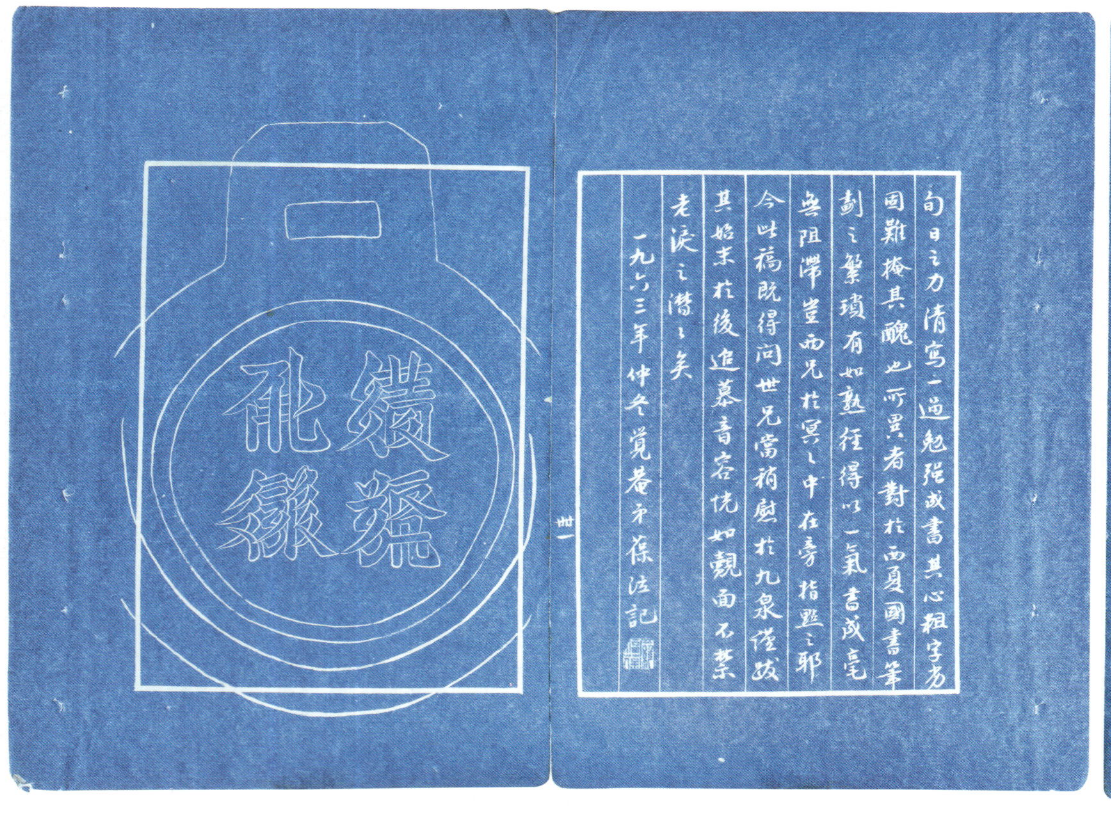

旬日之力清寫一過勉强成書其心粗字劣
固難掩其醜也所異者對於西夏國書筆
劃之繁瑣有如熟徑得以一氣書成毫
無阻滯豈西兄於冥冥之中在旁指點之耶
今此稿既得問世兄當稍慰於九泉謹跋
其始末於後追慕音容恍如覿面不禁
老淚之潸潸矣
一九六三年仲冬覺菴弟葆泫記

卅一

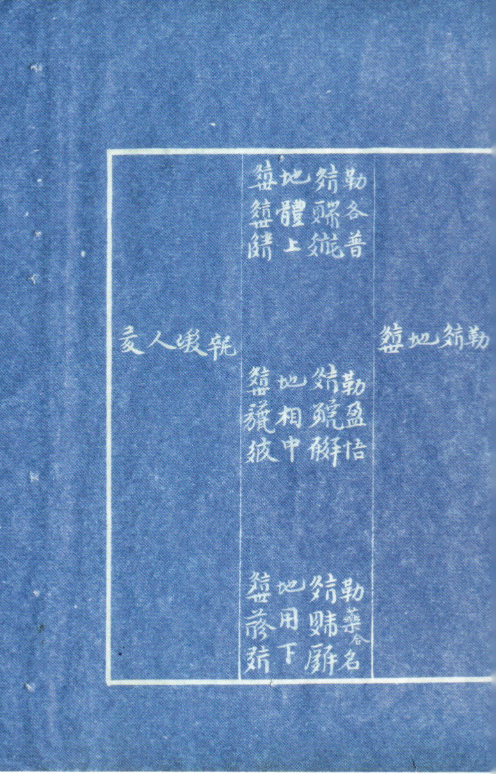

西夏國書掌中珠曾於一九二四年孟秋
由先伯兄君羡先生手寫在天津付諸
石印當時尚有缺頁未能補足也迨一
九五七年春其缺頁得由聶斯克昊惠
寄但仍缺第二十六前半頁先兄欣快
之餘即於八月間重加校訂增補手錄
一過謀付剞劂未能成約因以書柬商
付晒藍藉公同好翌年春原稿寄到
視之則以紙質厚加之挖改粘貼不易
四十

施晒而羅當時曾以清寫一過爲約且
蒙覆書嘉許乃以頻年覓食碌碌因
循未果迨一九六〇年一月忽得先兄棄世
之耗宿約未踐追悔何及然清寫之念固
未能已於懷也今年距兄逝世忽忽且四
年矣回憶先兄與先仲兄君楚先生當
日同治西夏國書之辛勤鑽研與兄歷
次對掌中珠之寫訂業勛豈可使之
湮沒思之思之因發奮於寒夜燈下盡

精謀已悟合
合時掌中珠

蘇聯 伊鳳閣 聶斯克影贈

没名晉 天體上
没盈悟 天相中
没勿名 天變下

《奥屯良弼践饮题名跋》拓片

清（1644—1911 年）
长 80.7 厘米，宽 81.7 厘米
中国国家图书馆藏

Rubbing of Stela Concerned with *Otun Liangbi*'s Farewell

Qing Dynasty（1644 - 1911）
Length: 80.7cm, Width: 81.7cm
National Library of China

《奥屯良弼践饮题名跋》是金泰和六年（1206 年）奥屯良弼以汉文题写的饯别石刻，亦称“泰和题名残石”，上有其友人卜修洪用女真字刻的跋，是研究女真文字和金代书法的重要文物。女真族最初使用契丹文和汉文，建国后，在汉字、契丹字的基础上始创文字。

释文

奥屯良弼自泗上還都，心友餞飲是溪。泰和六年二月十有一日也。

女真字跋译文

從□□戰勝，見舊友彰德治中奥屯舜卿所寫之字精巧，仿照移摹于石。大安二年七月廿日文林郎洛水主簿卜修洪。

汉字文化圈

东亚及东南亚部分地区，以越南、朝鲜半岛和日本三地为主，在历史上深受汉文化的影响，均曾以儒家为思想伦理基础，以汉字作为官方文字。在接收汉文化的同时，又发展出自身的民族语言和文化。

《日本书纪》

日本明治三年（1870 年）
长 25 厘米，宽 18 厘米
文海堂刻本
中国国家图书馆藏

Nihonsyoki

3rd Year of Meiji Era in Japan（1870）
Length: 25cm, Width: 18cm
Carving Copy by Wenhai Hall
National Library of China

《日本书纪》是日本迄今留传最早的正史，原名《日本纪》。全书用汉字和万叶假名写成，采用编年体，共三十卷，另有系谱一卷。

汉武帝时，在朝鲜置郡，汉文化通过朝鲜半岛传播至日本，唐时，文化交流空前繁荣，加强了汉字在当地的传播。公元 604 年，推古朝圣德太子以汉字书写颁布 17 条法规，标志着汉字正式成为日本官方书面文字。至平安时代（794—1192 年），遣唐使吉备真备根据汉字创“片假名”，弘法大师将汉字写成草体创“平假名”，日本文字开始作为书写、记述的文字体系使用。

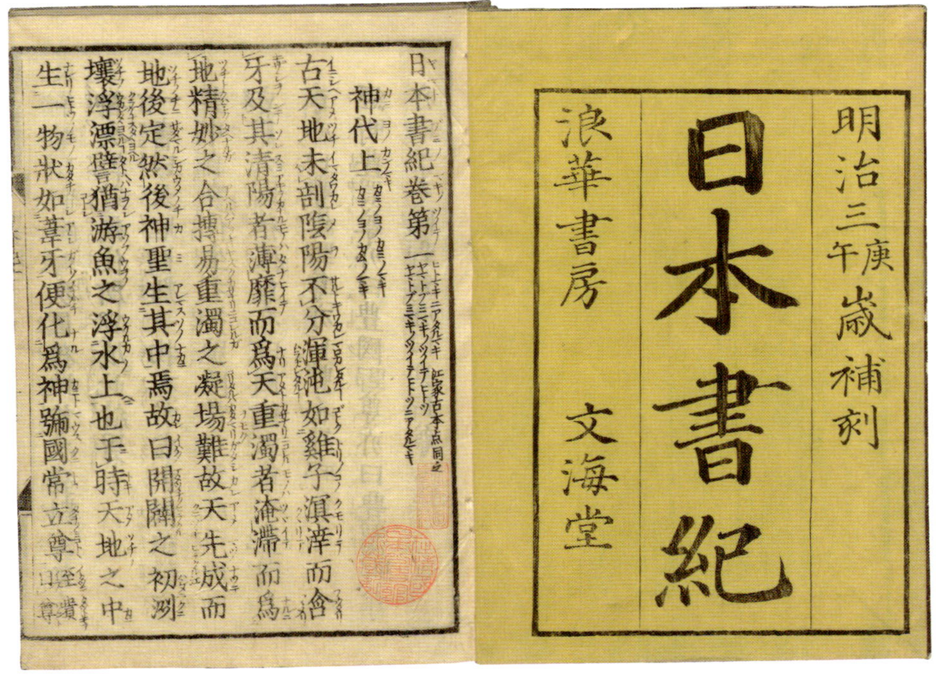
日本書紀卷第一
神代上
古天地未剖陰陽不分渾沌如雞子溟涬而含牙及其清陽者薄靡而爲天重濁者淹滯而爲地精妙之合摶易重濁之凝場難故天先成而地後定然後神聖生其中焉故曰開闢之初洲壤浮漂譬猶游魚之浮水上也于時天地之中生一物狀如葦牙便化爲神號國常立尊

明治三年庚午歲補刻
日本書紀
浪華書房
文海堂

《安南志略》

清光绪十年（1884 年）
纵 22.7 厘米，横 14.2 厘米
日本东都岸田吟香乐善堂刻本
中国国家图书馆藏

Ananshillo

10th Year of Guangxu Era, Qing Dynasty（1884）
Length: 22.7cm, Width: 14.2cm
Carving Copy by Kishida Ginkō Rakuzendō, Tokyo, Japan
National Library of China

公元前 214 年，秦统一百越，设桂林郡、南海郡、象郡，后汉武帝平定南越，分置九郡，在当地实行汉字教学，对汉文化的传播起了重要作用。唐时，汉字的使用在当地趋于正规。939 年，吴权称王，建吴朝，沿用汉字作为官方文字。公元 13 世纪左右，越南以汉字为基础创制了自己的文字——字喃（喃字），与汉文并行。

《安南志略》作者黎崱，原是越南陈朝人，后归化元朝，曾被授以官职。黎崱在晚年时写成《安南志略》，该书是现存较早的一部越南历史典籍，以汉文编撰，内容包括越南古代政治、文化、军事、外交等多个方面。

安南志畧
錢唐吳滏

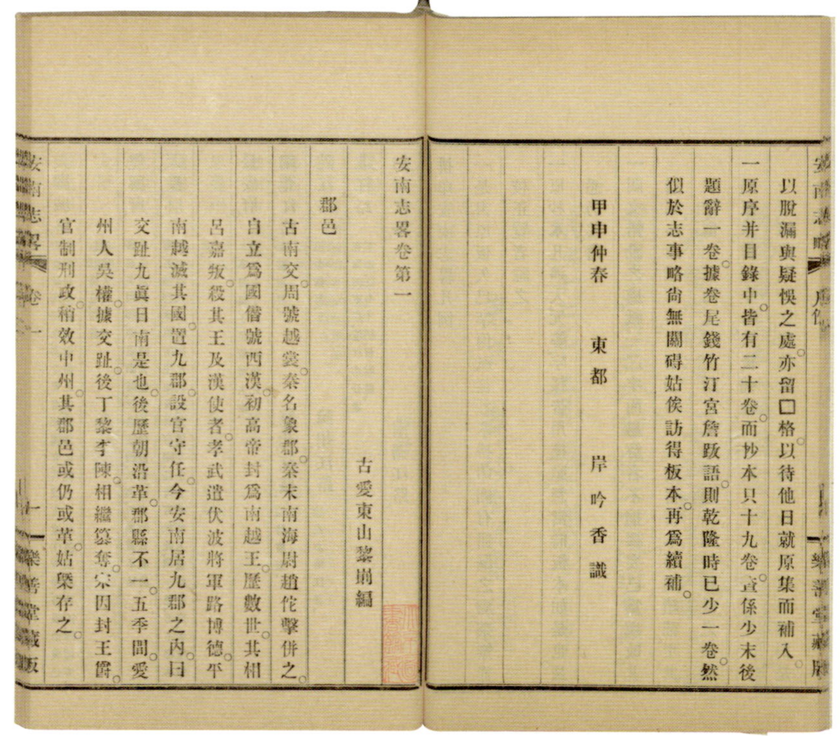

以脫漏與疑悞之處亦留口格以待他日就原集而補入
一原序并目錄中皆有二十卷而抄本只十九卷亦係少末後
題辭一卷據卷尾錢竹汀宮詹跋語則乾隆時已少一卷然
似於志事略尚無關碍姑俟訪得板本再爲續補
甲申仲春　東都　岸吟香識

安南志畧卷第一
古愛東山黎崱編
郡邑
古南交周號越裳秦名象郡秦末南海尉趙佗擊併之
自立爲國僭號西漢初高帝封爲南越王歷數世其相
呂嘉叛殺其王及漢使者孝武遣伏波將軍路博德平
南越滅其國置九郡設官守任今安南居九郡之內曰
交趾九眞日南是也後歷朝沿革郡縣不一五季間愛
州人吳權據交趾後丁黎李陳相繼篡奪宋因封王爵
官制刑政稍效中州其郡邑或仍或革姑槩存之

《大越史记全书》

日本明治十八年（1885年）
纵 26 厘米，横 15 厘米
国文社
中国国家图书馆藏

The Annals of the Great Koshi

18th Year of Meiji Era in Japan (1885)
Length: 26cm, Width: 15cm
Carving Copy by Kokubunsha
National Library of China

《大越史记全书》是越南的编年体通史，作者吴士连。书中收录了自鸿庞氏时代以来的传说及史实，后黎圣宗洪德年间（1470—1497 年）开始编撰，至 1697 年由黎僖负责增补迄至后黎嘉宗德元二年（1675 年）的史事，为全书最后的修订本。本书通篇以汉文编撰完成，是研究越南历史最重要的史书之一。

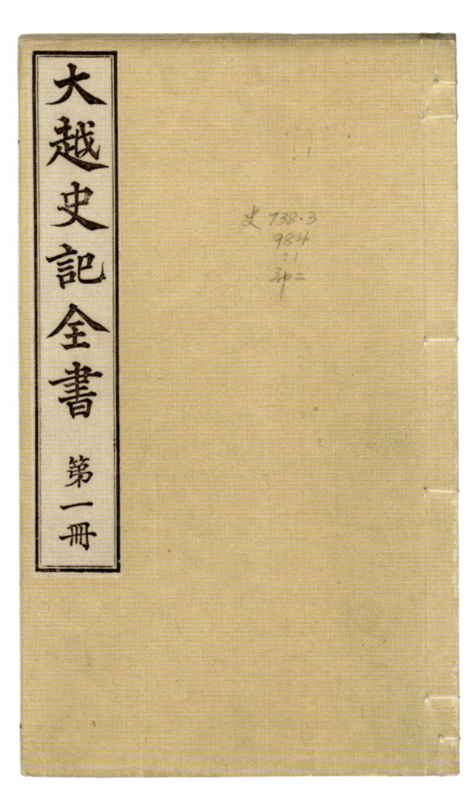

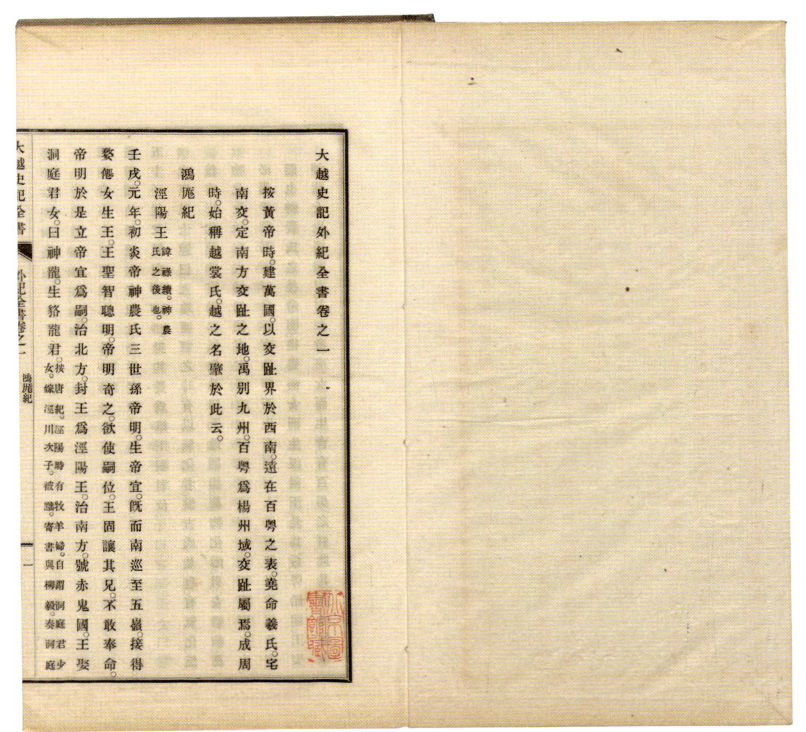

大越史記外紀全書卷之一

按黃帝時建萬國以交趾界於西南遠在百粵之表堯命羲氏宅南交定南方交趾之地禹別九州百粵爲楊州域交趾屬焉成周時始稱越裳氏越之名肇於此云

鴻厖紀

涇陽王 氏諱祿續神農之後也

壬戌元年初炎帝神農氏三世孫帝明生帝宜既而南巡至五嶺接得婺僊女生王王聖智聰明帝明奇之欲使嗣位王固讓其兄不敢奉命帝明於是立帝宜爲嗣治北方封王爲涇陽王治南方號赤鬼國王娶洞庭君女曰神龍生貉龍君 按唐紀涇陽時有牧羊婦自謂洞庭君少女涇川次子被黜寄書與柳毅奏洞庭

大越史記全書 外紀全書卷之一 鴻厖紀 一

《说文解字》：「长，久远也。」

Lighting an Everlasting Legacy

The literary tradition runs on like eternal rivers, reflecting the aspiration of the Chinese nation and revitalizing itself over time.

Throughout the ages, Chinese characters have not only depicted the history of Chinese civilization for five thousand years but also embodied its unique philosophical thoughts, aesthetic systems, talent and temperament, as well as the distinctive spirit of each era. From calligrapher Yan Zhenqing's vigorous strokes that reflect the integrity of his family, to calligrapher Wang Xizhi's lofty sentiments shared by poet Li Bai, one finds inspiration in the eternal literary tradition. The concepts of respecting benevolence, valuing rituals, revering principles, upholding righteousness, and the oneness of family and nation are deeply rooted in the Chinese nation. During the Song, Yuan, and Ming Dynasties, the spirit of the Chinese literati rose to prominence.They dedicated themselves to self-cultivation, pursued knowledge, and embraced lofty ideals. They kept cultivating their minds by writing. They "put concern for the wellbeing of other people before personal interests", and "strived to ordain conscience for Heaven and Earth and secured life and fortune for the people". For them, writing Chinese characters was not just about polishing skills but also building character and fulfilling their responsibilities of the times. These beautiful words and the human spirits they expressed are the eternal coordinates of the Chinese civilization that have stood the test of time, as well as the soul of the Chinese nation forged through the passage of time.

华夏之魂　芳华永驻

文脉绵延，如万古江河，承民族之志，历久弥新。

在漫长悠久的岁月里，汉字不仅描绘了中华五千年文明的历史长卷，更体现着中华文明独一无二的哲学思想、审美体系、才情气质，也彰显着每个时代独特的精神气象。从颜真卿笔锋雄健，刻家门风骨，到右军共太白豪情，慰翰墨长存，尊仁重礼、敬道穆义、家国一体观念，深植于中华民族血脉之中。宋元明时期，中国文人群体精神崛起，他们怀抱理想，修身致知，以笔为犁，以纸为田，耕耘不辍，“先天下之忧而忧”，“为天地立心，为生民立命”。对他们而言，汉字的书写不仅是技巧的打磨，更是人格的修炼、时代的担当。这些优美的文字及其所表达的人的精神，是经过历史洗礼的中华文明的永恒坐标，是光阴流转、岁月积淀的华夏民族之魂。

万物并育而不相害，道并行而不相悖，是谓“中和”。当隶书的成熟使线条解放，魏晋书家方能赋予诸体变幻的笔势和流畅的气韵。在晋楷、魏碑影响下，唐楷新风渐成，法度精神渐兴。当尚法登峰造极，又孕育出超乎法度、纵情尚意的两宋书风。明清书法碑帖共进，在传承中革新，但一脉相承、多元共进的内在精神从未更改，彰显出中华民族始终如一的翰墨情怀。

《晋书 · 卫恒传》清刻本

清同治十年（1871 年）
长 28 厘米，宽 19 厘米
成都图书馆藏

Jin Shu

10th Year of Tongzhi Era, Qing Dynasty（1871）
Length: 28cm, Width: 19cm
Chengdu Library

《晋书》由唐代房玄龄等 21 人奉敕编纂，成书于贞观二十二年（648 年）。《晋书 · 卫恒传》中收录了东汉书法家崔瑗的《草书势》，这是我国目前已知最早的书法论文。它肯定了草书的审美价值，标志着书法艺术理论体系的诞生，开启了以汉字书写缔造文化与审美的独特艺术领域。

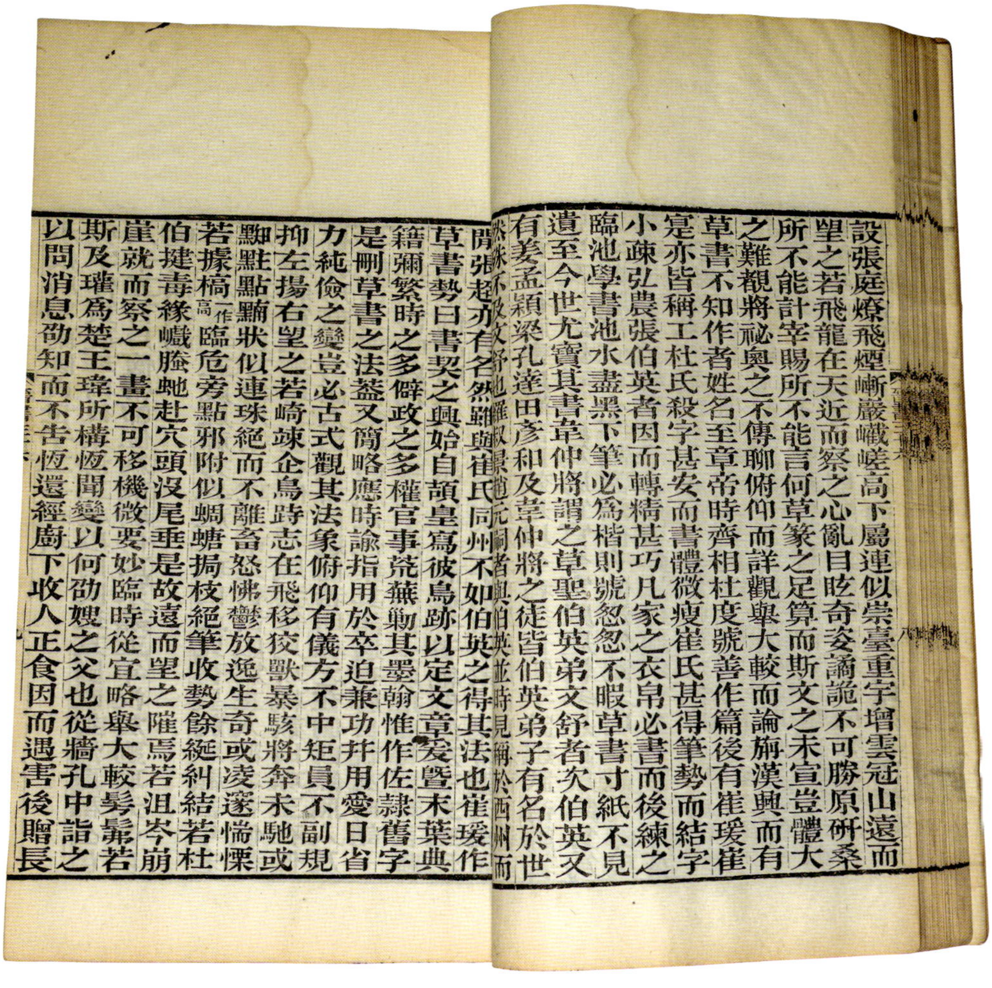
設張庭燎飛煙嶃巖巇嵯高下屬連似崇臺重宇增雲冠山遠而
望之若飛龍在天近而察之心亂目眩奇姿譎詭不可勝原研桑
所不能計宰賜所不能言何草篆之足算而斯文之未宣豈體大
之難覩將祕奧之不傳聊俯仰而詳觀舉大較而論旃漢興而有
草書不知作者姓名至章帝時齊相杜度號善作篇後有崔瑗崔
寔亦皆稱工杜氏殺字甚安而書體微瘦崔氏甚得筆勢而結字
小疏弘農張伯英者因而轉精甚巧凡家之衣帛必書而後練之
臨池學書池水盡黑下筆必爲楷則號怱怱不暇草書寸紙不見
遺至今世尤寶其書韋仲將謂之草聖伯英弟文舒者次伯英又
有姜孟穎梁孔達田彥和及韋仲將之徒皆伯英弟子有名於世
然殊不及文舒也羅叔景趙元嗣者與伯英並時見稱於西州而
閒張超亦有名然雖與崔氏同州不如伯英之得其法也崔瑗作
草書勢曰書契之興始自頡皇寫彼鳥跡以定文章爰暨末葉典
籍彌繁時之多僻政之多權官事荒蕪勦其墨翰惟作佐隸舊字
是刪草書之法蓋又簡略應時諭指用於卒迫兼功并用愛日省
力純儉之變豈必古式觀其法象俯仰有儀方不中矩員不副規
抑左揚右望之若崎竦企鳥跱志在飛移狡獸暴駭將奔未馳或
黝黕點䵹狀似連珠絕而不離畜怒怫鬱放逸生奇或凌邃惴慄
若據槁（一作高）臨危旁點邪附似蜩螗挶枝絕筆收勢餘綖糾結若杜
伯揵毒緣巇赴穴頭沒尾垂是故遠而望之漼焉若沮岑崩
崖就而察之一畫不可移機微要妙臨時從宜略舉大較髣髴若
斯及瓘爲楚王瑋所構恆聞變以何劭嫂之父也從牆孔中詣之
以問消息劭知而不告恆還經廚下收人正食因而遇害後贈長

书法集字

书法集字是将前代某一书家的字迹搜罗并集成的书法作品。南朝梁武帝时期（502—549 年），员外散骑侍郎周兴嗣奉皇命从王羲之书法中选取 1000 个字，编纂成文，是为《千字文》。《集王字千字文》是目前所知最早的集字书法作品。唐代“崇王”之风更盛，出现了后世永以为范的集字巅峰之作《怀仁集王羲之圣教序》。集字既是一种学习方式，也是一种创作方式，历代书法家正是因为遍集古字方能始成自家，如米芾善于“取诸长处，总而成之”，最终达到“人见之，不知以何为祖也”的境界。

《怀仁集圣教序》拓本

北宋（960—1127 年）
纵 30.5 厘米，横 15 厘米
四川博物院藏

Rubbing of *the Preface of Holy Religion*

Northern Song Dynasty（960 - 1127）
Length: 30.5cm, Width: 15cm
Sichuan Museum

《怀仁集王羲之圣教序》由唐长安弘福寺沙门怀仁从内府所藏王羲之遗墨中集字，自贞观二十二年（648 年）至咸亨三年（672 年），历时 25 年刻制而成。它保留了王字原貌，是众多集王羲之书法碑刻法帖中最有影响的一帖，成为历代临书的楷模。

此拓本为北宋墨拓，剪裱本，蝴蝶装，木质封皮。行书，50 页，页 4 行，行 10 字。有郑板桥、段震乾、朱丹木、谢无量等人题跋 14 页。

大唐三藏聖教序
太宗文皇帝製
弘福寺沙門懷仁集晉右
將軍王羲之書

蓋聞二儀有像顯覆載以
含生四時無形潛寒暑以
化物是以窺天鑑地庸愚
皆識其端明陰洞陽賢哲

原帖計弍拾伍頁板橋題跋前後共四頁妙品神物
恐為人抽換故誌之濟道也

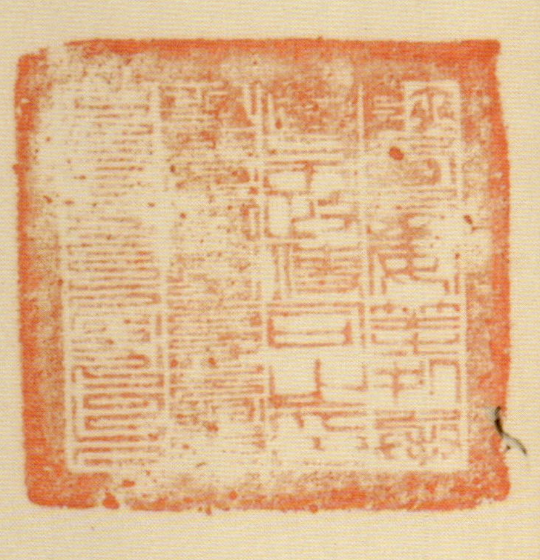

右唐懷仁集聖教序原碑宋拓真本鄭板橋舊藏後歸石屏
朱丹木布政膢梧嗣次民先生在勤官四川盡攜所儲古帖自隨光
緒甲午殁于成都无子与宋拓醴泉同為其姪孫濟南所有乙未秋
出此及醴泉求售乃以重直一同迎歸危孫齋七月二十日己亥澂江
段震乾珍藏并識

右軍風格最清真貌如何
領得神韻比俗書趁姿媚
古今皮相幾多人
味道從風十七霜顯揚真見
轉輪王撲羅墨妙寰區遍
鐵石休教混夜光
珠聯璧合似生成鄭氏收來藻
鑒精揩墨流傳諸宋代板橋
三度自題名

毅崖道兄出眎所藏北宋拓本聖教序
率題三絶　壬午春　謝无量

帖固善本前後題跋尤佳蔡
鍾遺刻精氣銷亡見此而書
法具在矣蘭亭真面目
乎頃以吾家舊物為
少廬尊兄所得余不勝感且
歎矣置樓頭廿餘日每晨盥
手展玩欲留之而不得也因
綴數語而還之
道光甲午九月上旬子彥弟奎
謹識於鎖院之西經房

按唐聖教序爲唐文皇所製沙门懷仁所集之右軍書也傳其奉勅累月方就逸少墨妙咸萃其中第世代久遠靡不寶貴摹搨既夥漸々殘缺此本爲鄭板橋道人所藏頻加題識斷爲宋元間物以通體漫漶數字尤令疑　朱少廬郡伯爲藏帖第一岳獲觀于臨汝借置按頭每展覽凡十有六日覺腴靡澤楮香韻行間而板橋所題字畫古勁皆定武蘭亭爲子昂所跋々一寶重此本爲板橋所定善鑑家當不以其言爲河漢也

道光歲次癸卯九月二日長白銘岳謹識

或問此帖與定武蘭亭孰優劣愚曰未易言也蘭亭乃一時高興所至天機鼓舞豈復自知如李廣郭汾陽用兵隨水草便益處軍人皆各得自由無法未嘗有失至聖教序字字精悍筆筆嚴緊程不識刀斗森嚴李臨淮旌旗整肅又是一家氣象

板橋鄭燮

金錢帖一錢易一字是雜湊來的豈無大小參差真草互異之病却如一氣呵成定出高人部署李北海嶽麓碑及雲麾將軍神道碑皆出于此而姿媚愈多骨力愈少回視此帖所謂撼泰山易撼岳家軍難矣　鄭燮

乾隆十七年寒食濰縣署中記

此聖教之未斷本也，非復唐搨，亦是宋元間物。嘗與搨手鹵莽，傷于水墨，如字宙千劫元愚疑惑等字皆濛漶，其兩頁十六行後剝，無不善也。自微言廣被以下，其缺錄皆舊觀。近世絳雲樓藏本為最，後入泰興季滄葦家，價六百金，何義門、王篛林兩先生皆有善本，曾見之。商邱宋氏本最明晰，今歸

德州盧雅雨先生蓄以二百六十
金收之此本不逮諸家非時代
之後兩本搨者之咎也箇爲袁
強鄭氏物今歸及求楊本鄭氏
乾隆二十四年七月十九日檢覽
畫軒主人燮記

用墨之妙當觀墨跡其濃淡燥濕如
火如花用筆之妙當觀石刻其弱者強
之肥者瘦之鐫手亦大有力新碑不如舊
碑取其退火氣然三四百年後過于剝
落亦無取焉
鄭燮又記

拓米芾《方圆庵记》碑册

宋（960—1279 年）
长 36.2 厘米，宽 31.4 厘米
上海博物馆藏

Essay in Running Script

Song Dynasty（960 - 1279）
Length: 36.2cm, Width: 31.4cm
Shanghai Museum

米芾（1051—1107 年），北宋书法家、画家、书画理论家，与蔡襄、苏轼、黄庭坚合称“宋四家”。米芾好集古字，长于临摹古人书法，兼擅篆、隶、楷、行、草。

方圆庵是北宋杭州南山寿圣院内的僧庵，方址圆顶。《方圆庵记》书于元丰六年（1083 年），是米芾早期“集古字”的佳作。此作多法《圣教序》，结构严谨，灵动自然，笔法方圆兼备，疏密有致，章法自然统一，气韵连贯。原碑已佚，此册经明代沈周鉴藏，为宋拓孤本。

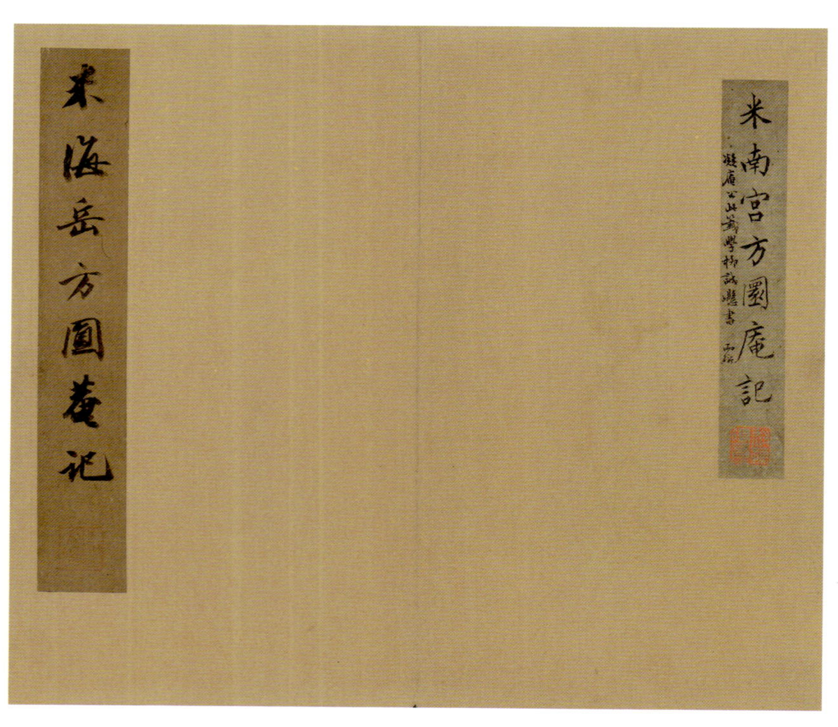

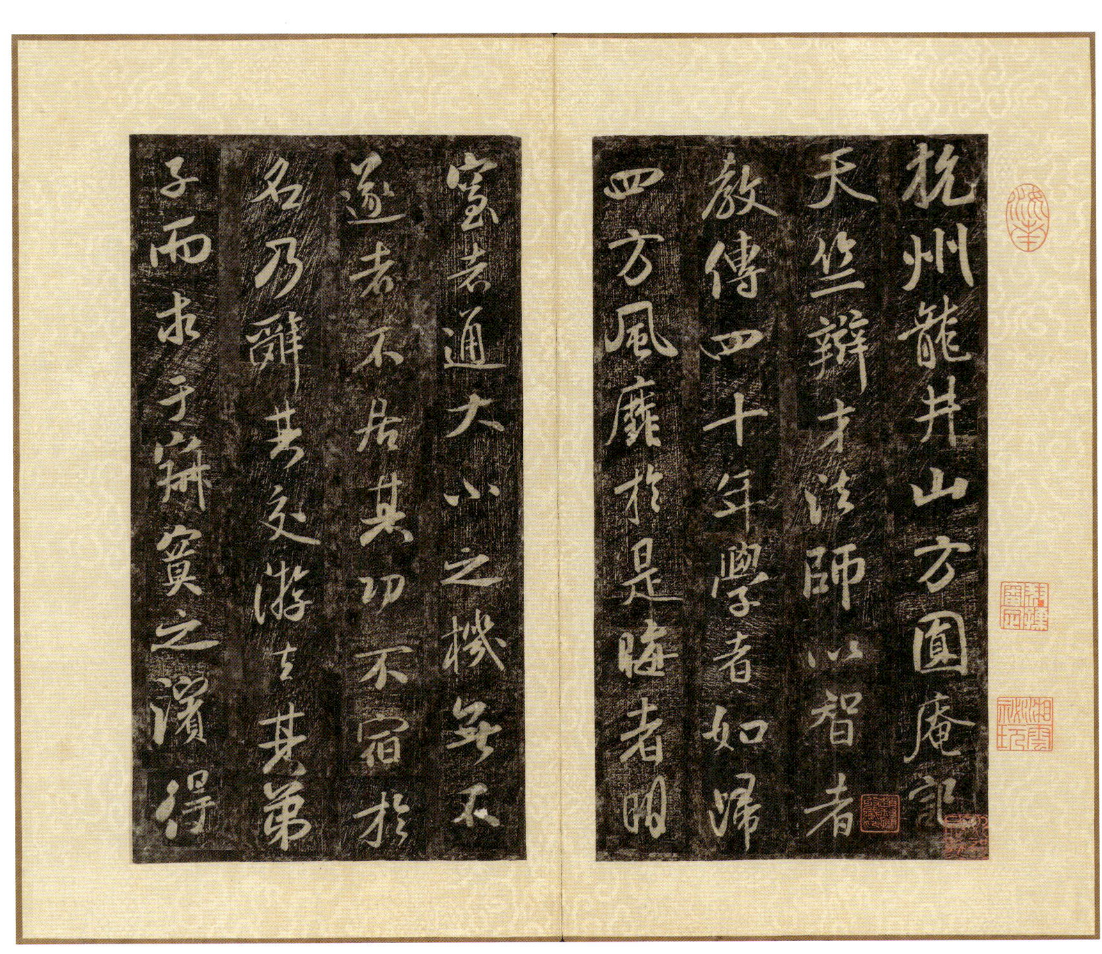
杭州龍井山方圓庵記
天竺辯才法師以智者
教傳四十年學者如歸
四方風靡於是晦者明
窒者通大小之機無不
遂者不居其功不宿於
名乃辭其交游去其弟
子而求於寂寞之濱得

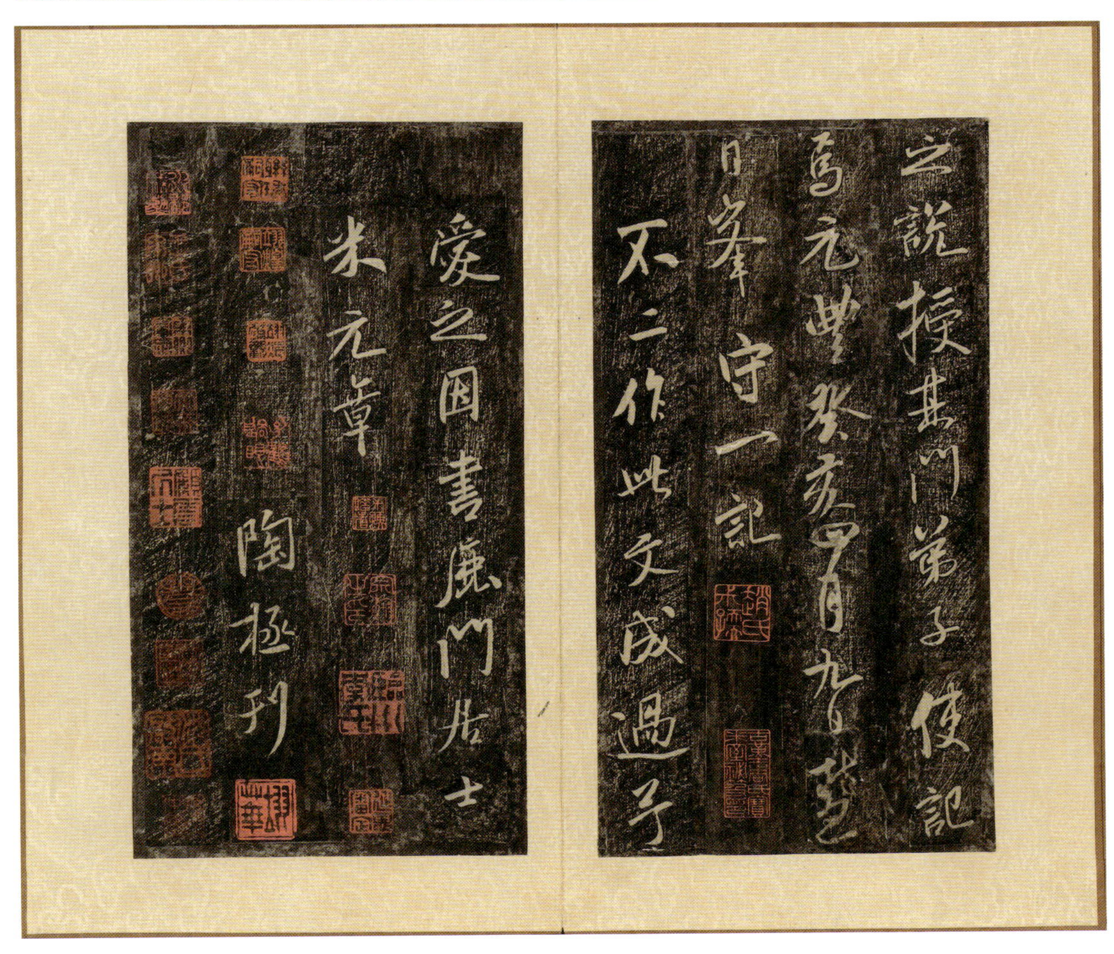
之說授其門弟子使記
焉元豐癸亥八月九
日峯守一記
不二作此文成過予
愛之因書鹿門居士
米元章 陶極刊

赵佶行书《方丘敕卷》

北宋（960—1127年）
纵 39.9 厘米，横 265.7 厘米
辽宁省博物馆藏

Imperial Order in Running Script

Northern Song Dynasty（960 - 1127）
Length: 265.7cm, Width: 39.9cm
Liaoning Provincial Museum

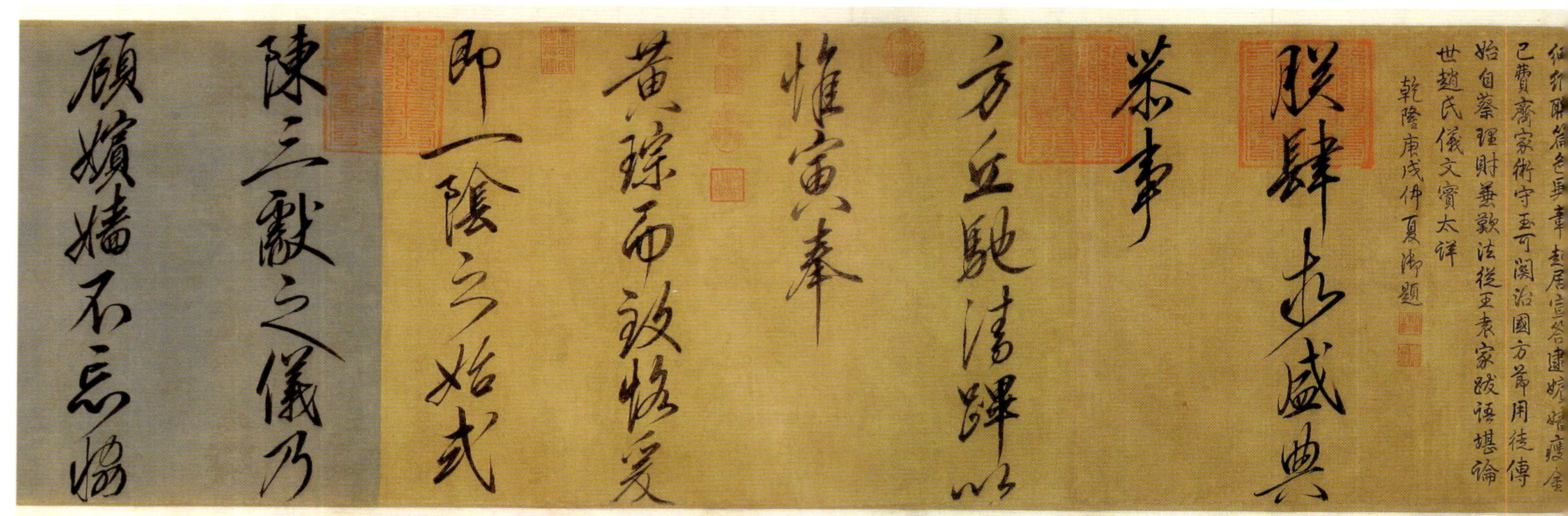

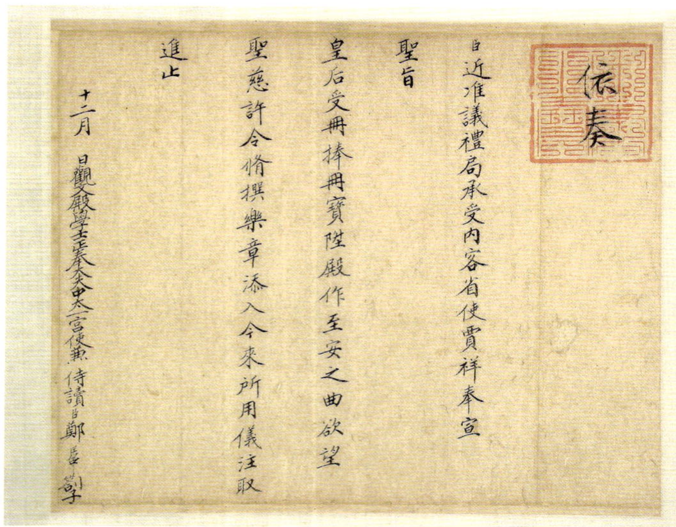

宋徽宗赵佶（1082—1135年），北宋第八位皇帝，在书画等艺术领域天赋非凡。赵佶在位期间完善了当时的官方画院——翰林图画院，并于国子监设立书画学，在进士科以画取士。其独创的“瘦金体”意度天成、逸趣蔼然，与工笔花鸟画用笔之法相契合，对书法和绘画的融汇有重要贡献，开创了集诗、书、画、印为一体的文人书画新局面。

宋徽宗在祭地方丘前的宿斋之夜，六宫妃嫔会依照郊祀惯例奉表问候他的起居，及方丘礼成，徽宗则按惯例颁勅宣答，各有所赏赐，“以示眷怀”，遂有此勅书。宋徽宗行书、草书极为罕见，此勅是一件不可多得的艺术佳作，全文为：“朕肆求盛典，恭事方丘，驰清跸以惟寅，奉黄琮而致恪。爰即一阴之始，式陈三献之仪。乃顾嫔嫱，不忘协赞，宜加宠锡，以示眷怀。迄用有成，用宏兹赉。故兹诏示，想宜知悉。十三日。勅。”

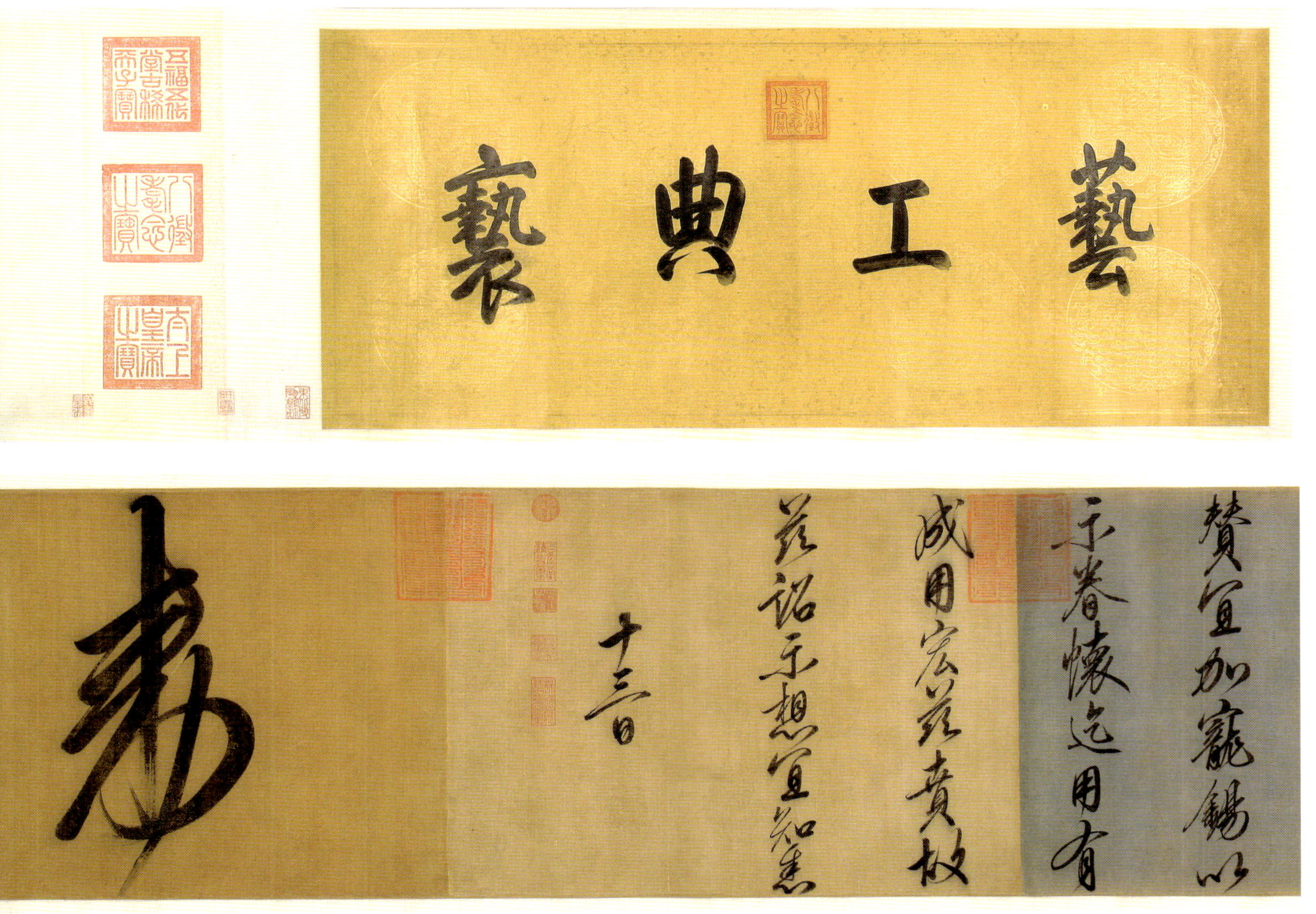

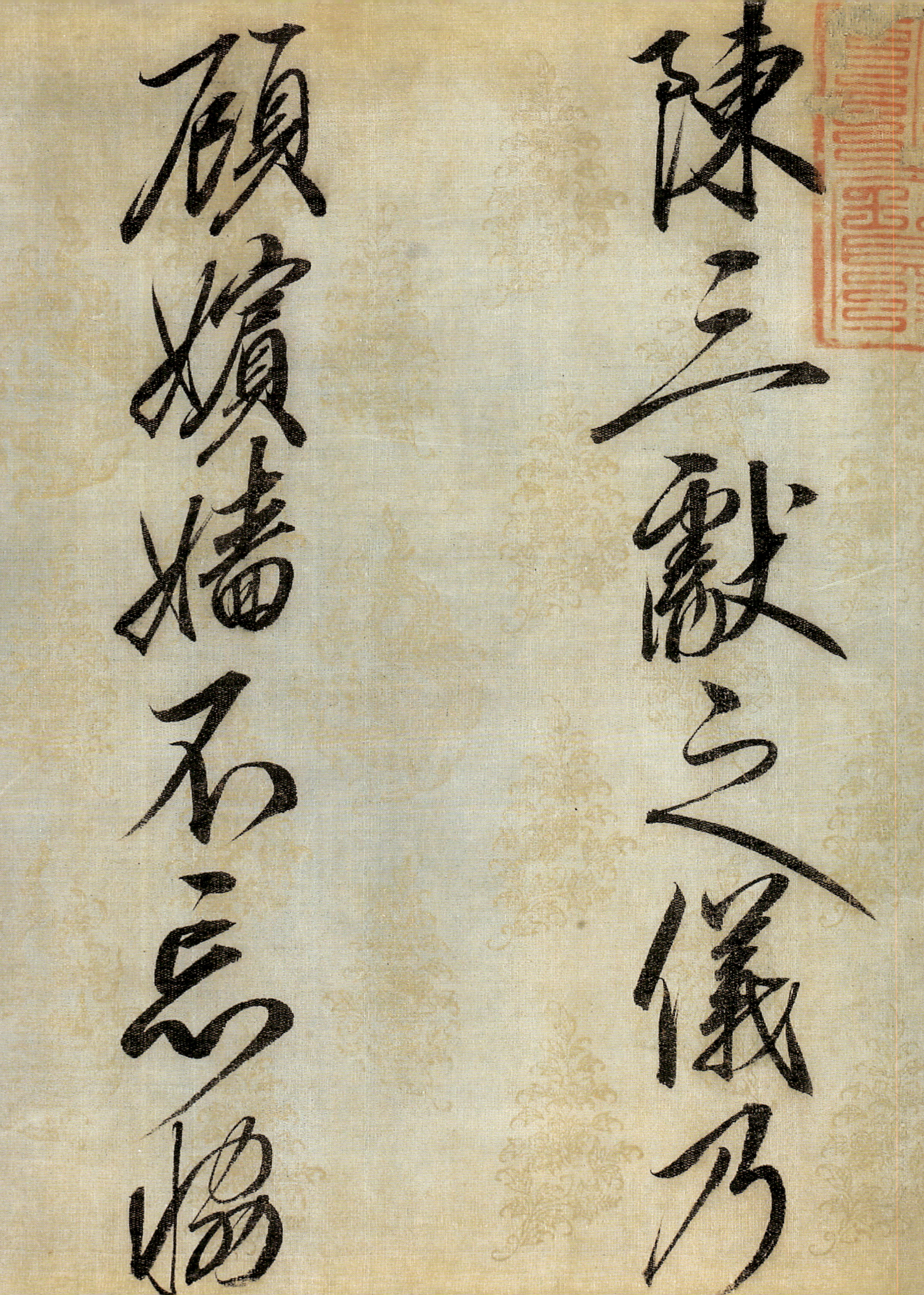

肃府本《淳化阁帖》刻石

明（1368—1644 年）
长 36.5—40.7 厘米，宽 27.4—34.5 厘米，厚 5—8.9 厘米
甘肃省博物馆藏

Stone Block of Collection of Chinese Calligraphy

Ming Dynasty（1368 - 1644）
Length: 36.5 - 40.7cm, Width: 27.4 - 34.5cm, Thickness: 5 - 8.9cm
Gansu Provincial Museum

肃府本《淳化阁帖》刻石是朱元璋第十四子肃王朱楧王府所藏宋初拓印本《淳化阁帖》的铜磬石摹刻本。始刻于明万历四十三年（1615 年），历时七载刻成两面刻文的帖石 144 块。这两块刻石刻有张芝《二月八日帖》（局部）和《秋凉平善帖》、崔瑗《贤女帖》、钟繇《宣示表》（局部）、陈逵《岁终帖》《伯礼帖》、褚遂良《潭府帖》。

“帖”原本是指供人们临摹、欣赏的法书，后世将名家名作精工勾摹，刻于木、石之上，刷墨拓印，拓纸装订成册，亦名之为“帖”。北宋淳化三年（992 年），太宗赵光义命翰林侍书王著，将内府所藏先秦至隋唐一千多年的书法墨迹，包括帝王、臣子和著名书法家等 103 人的 420 篇作品，编为十卷，前五卷包括历代帝王、名臣及百家的各体书作，后五卷专收王羲之、王献之父子的草书。编成后，用木版摹刻成帖，版成后藏于禁中之淳化阁，故名。《淳化阁帖》是我国历史上第一部大型书艺法帖，集宋代以前书法精品之大成，是中国书法史上的重要节点，被后世誉为中国法帖之冠和“丛帖始祖”。

何以絕之意

魏鍾繇書

尚書宣示孫權所求詔令所報所以博示

逮于卿佐必冀良方出於阿是芻蕘之

言可擇郎廟況繇始以疏賤得為前恩橫

《新岁展庆帖》拓片

民国（1912—1949 年）
纵 33 厘米，横 93 厘米
成都博物馆藏

Rubbing of Stela of *New Year's Celebration*

Republic of China（1912 - 1949）
Length: 93cm, Width: 33cm
Chengdu Museum

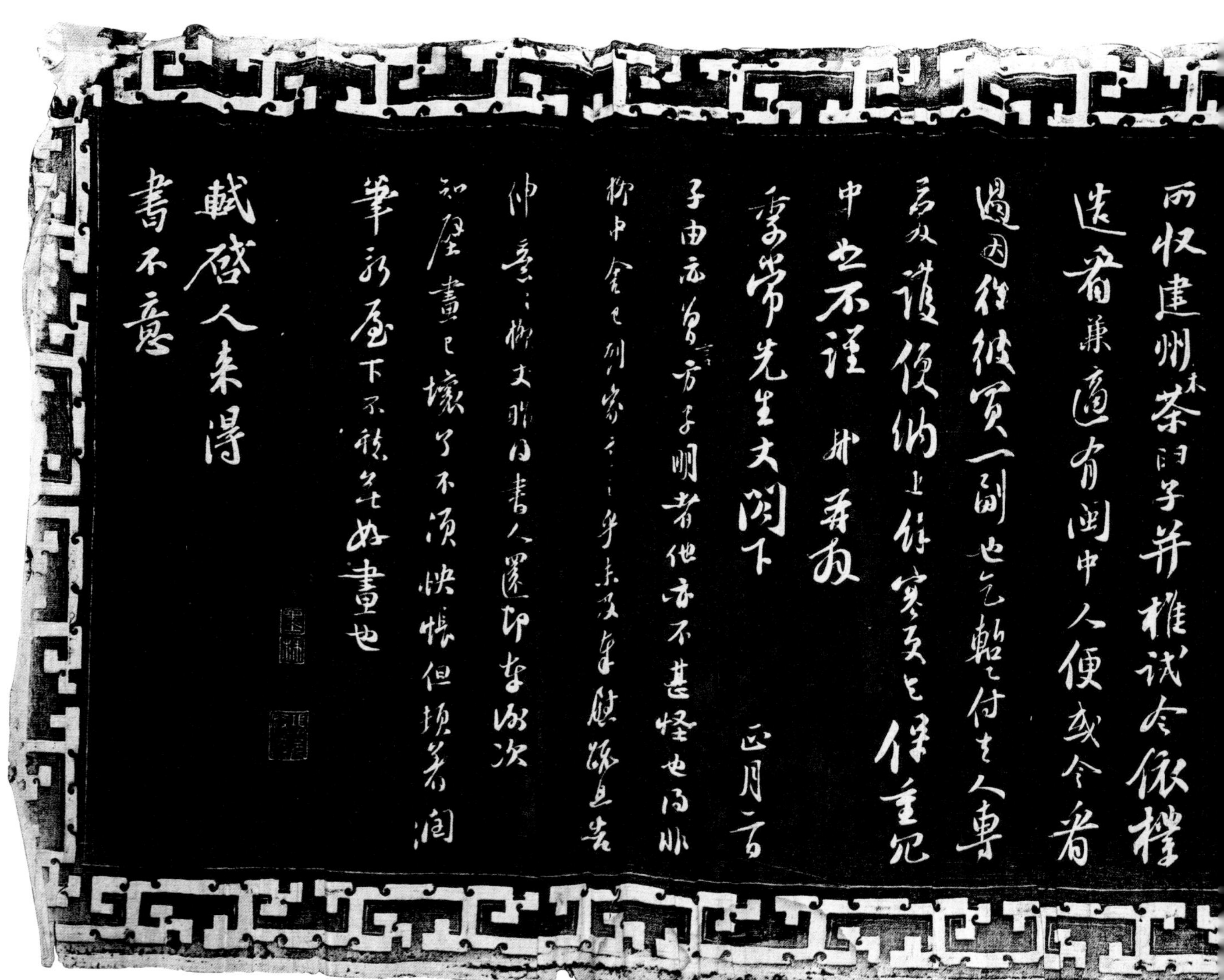
而收建州木茶臼子并椎試令依樣
造看兼適有閩中人便或令看
過因往彼買一副也乞暫付去人專
愛護便納上餘寒更乞保重冗
中恕不謹 軾再拜
季常先生丈閣下 正月二日
子由亦曾言方子明者他亦不甚怪也得非
柳中舍已到家言之乎未及奉慰疏且告
伸意伸意柳丈昨得書人還即奉謝次
知壁畫已壞了不須快悵但頓着潤
筆新屋下不愁無好畫也
軾啓人來得
書不意

苏轼（1037—1101 年），北宋文学家，书法家，“唐宋八大家”之一。苏轼书法食古而化，知法而变，情在胸中，意在笔下，是宋代“尚意”书风的代表人物。

《新岁展庆帖》是苏轼写给陈慥（季常）的书札，作于北宋元丰四年（1081 年）春季，苏轼时年 44 岁。苏轼在黄州时与陈慥书信往来频繁，与他人之信中亦常提及陈慥，可知二人友谊深厚。此帖虽为书札，却精致非常，入笔、收笔、牵连均交代分明，是苏轼由早年书步入中年书的佳作。

此帖收录于《三希堂法帖》。三希堂是清高宗弘历即乾隆帝的书房，取“士希贤，贤希圣，圣希天”之意，曾收录了两晋以来 130 余位书家的墨迹。

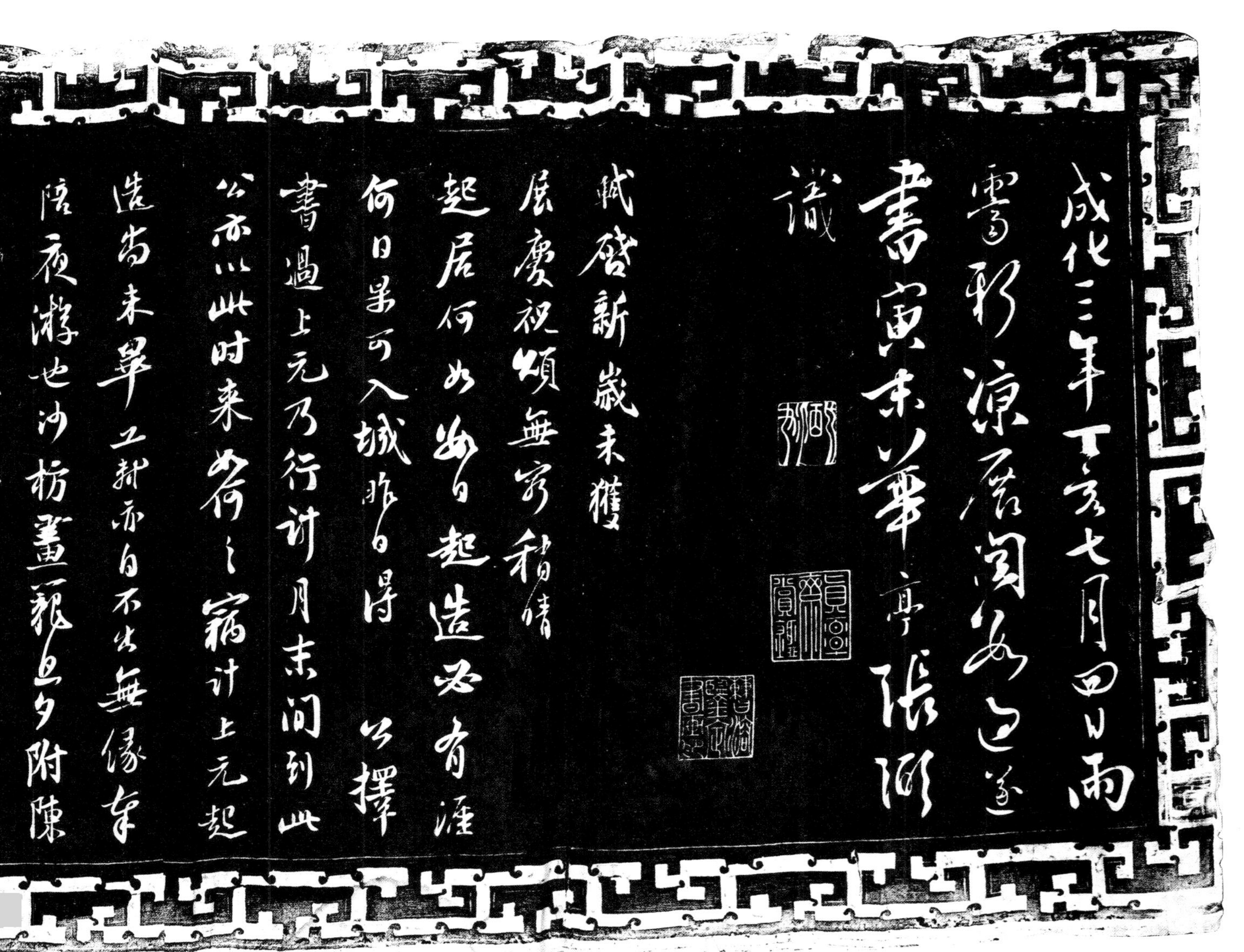
軾啓新歲未獲
展慶祝頌無窮稍晴
起居何如數日起造必有涯
何日果可入城昨得公擇
書過上元乃行計月末間到此
公亦以此時來如何如何窃計上元起
造尚未畢工軾亦自不出無緣奉
陪夜遊也沙枋畫籠旦夕附陳

赵孟頫临《兰亭序》

元（1271—1368 年）
纵 24.5 厘米，横 65.5 厘米
无锡博物院藏

The Orchid Pavilion by *Wang Xizhi* in Running Script, Copied by *Zhao Mengfu*

Yuan Dynasty（1271 - 1368）
Length: 65.5cm, Width: 24.5cm
Wuxi Museum

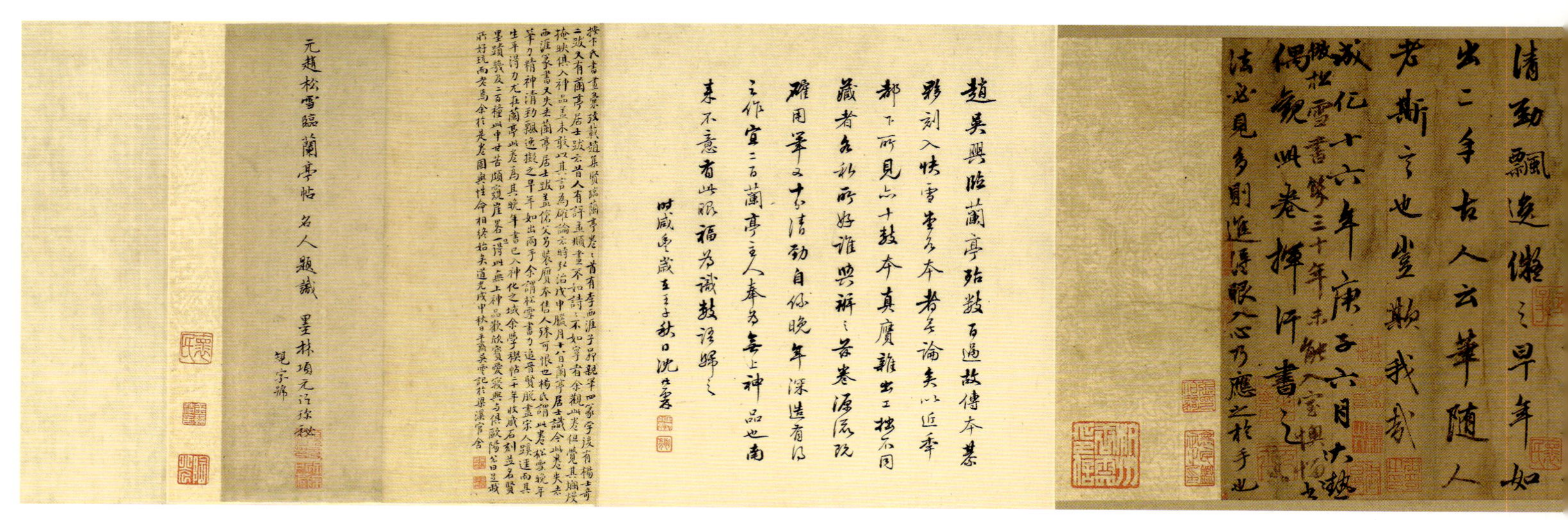

赵孟頫（1254—1322 年），元代著名书法家。元代书法一改唐人尚法、宋人尚意的潮流，转而取法书圣二王，赵孟頫即是这场“复古”运动的领军人物。

晋代书法家王羲之（303—361 年，一说 321—379 年），字逸少，琅琊（今山东省临沂市）人，兼善隶、草、楷、行各体，精研体势，广采众长，冶于一炉，自成一家，其俊逸、雄健、流美的书风，影响了历代无数的书家，被后世誉为“书圣”。梁武帝萧衍评价王羲之书法：“字势雄逸，如龙跳天门，虎卧凤阙，故历代宝之，永以为训。”王羲之行书《兰亭序》，记录了东晋永和九年（353 年），王羲之与谢安等士大夫在会稽山阴兰亭雅集的经过，抒发了对自然之美好、生命之短暂的咏叹，语言流畅、清丽动人，被誉为“天下第一行书”。

此件赵孟頫临本，接书圣传脉，在继承的基础上，带有自身儒雅遒劲、清和洒落的书写特点。该书卷包首处有清沈兆霖隶书题签“赵吴兴行书临兰亭真迹”，右下方有一行小楷“二百兰亭斋神品”，旁边是沈兆霖的题款及钤印。本幅后隔水有杨士奇、沈兆霖、吴云、项元汴等手书跋文。

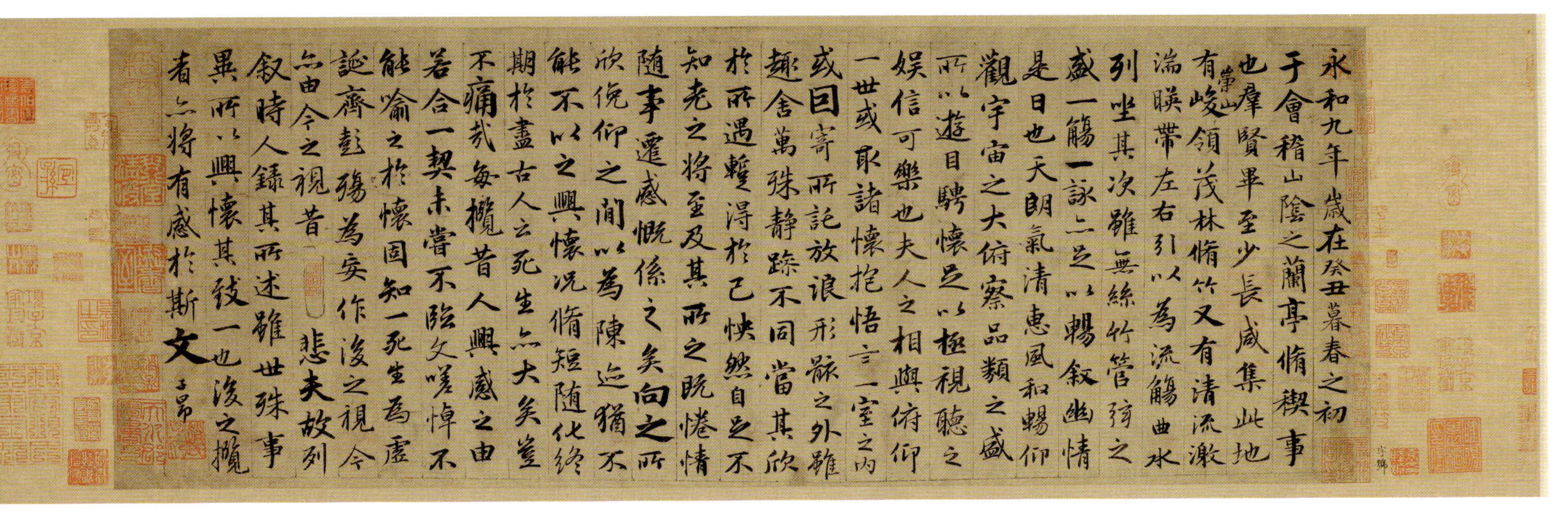

於所遇輕得於己快然自足不
知老之將至及其所之既惓情
隨事遷感慨係之矣向之所
欣俛仰之間以為陳迹猶不
能不以之興懷況脩短隨化終
期於盡古人云死生亦大矣豈
不痛哉每攬昔人興感之由
若合一契未嘗不臨文嗟悼不

能喻之於懷固知一死生為虛
誕齊彭殤為妄作後之視今
亦由今之視昔 悲夫故列
敘時人錄其所述雖世殊事
異所以興懷其致一也後之攬
者亦將有感於斯文

子昂

子昂

永和九年歲在癸丑暮春之初
于會稽山陰之蘭亭脩稧事
也羣賢畢至少長咸集此地
有崇山峻領茂林脩竹又有清流激
湍暎帶左右引以為流觴曲水
列坐其次雖無絲竹管弦之

盛一觴一詠亦足以暢叙幽情
是日也天朗氣清惠風和暢仰
觀宇宙之大俯察品類之盛
所以遊目騁懷足以極視聽之
娱信可樂也夫人之相與俯仰
一世或取諸懷抱悟言一室之内
或因寄所託放浪形骸之外雖
趣舍萬殊静躁不同當其欣

赵孟頫章草书《急就章》册

元（1271—1368 年）
纵 25 厘米，横 42.8 厘米
上海博物馆藏

Hurriedly Composed Writing in
a Style of Cursive Script

Yuan Dynasty（1271 - 1368）
Length: 42.8cm, Width: 25cm
Shanghai Museum

《急就章》原名《急就篇》，是西汉元帝时命令黄门令史游为儿童编写的识字课本。《急就篇》通过汉字组成三言、四言或七言韵文，内容涉及姓名、组织、生物、礼乐、职官等各方面，有“小百科全书”之称。

赵孟頫此临本用笔精到、结体缜密、沉稳峻淳、开合有度，可见其章草古质之风，亦可见其用功之深。章草从秦代草隶中演化而来，赵孟頫此章草与汉简中章草的笔法有所不同，显示出其书法的个性与创意。

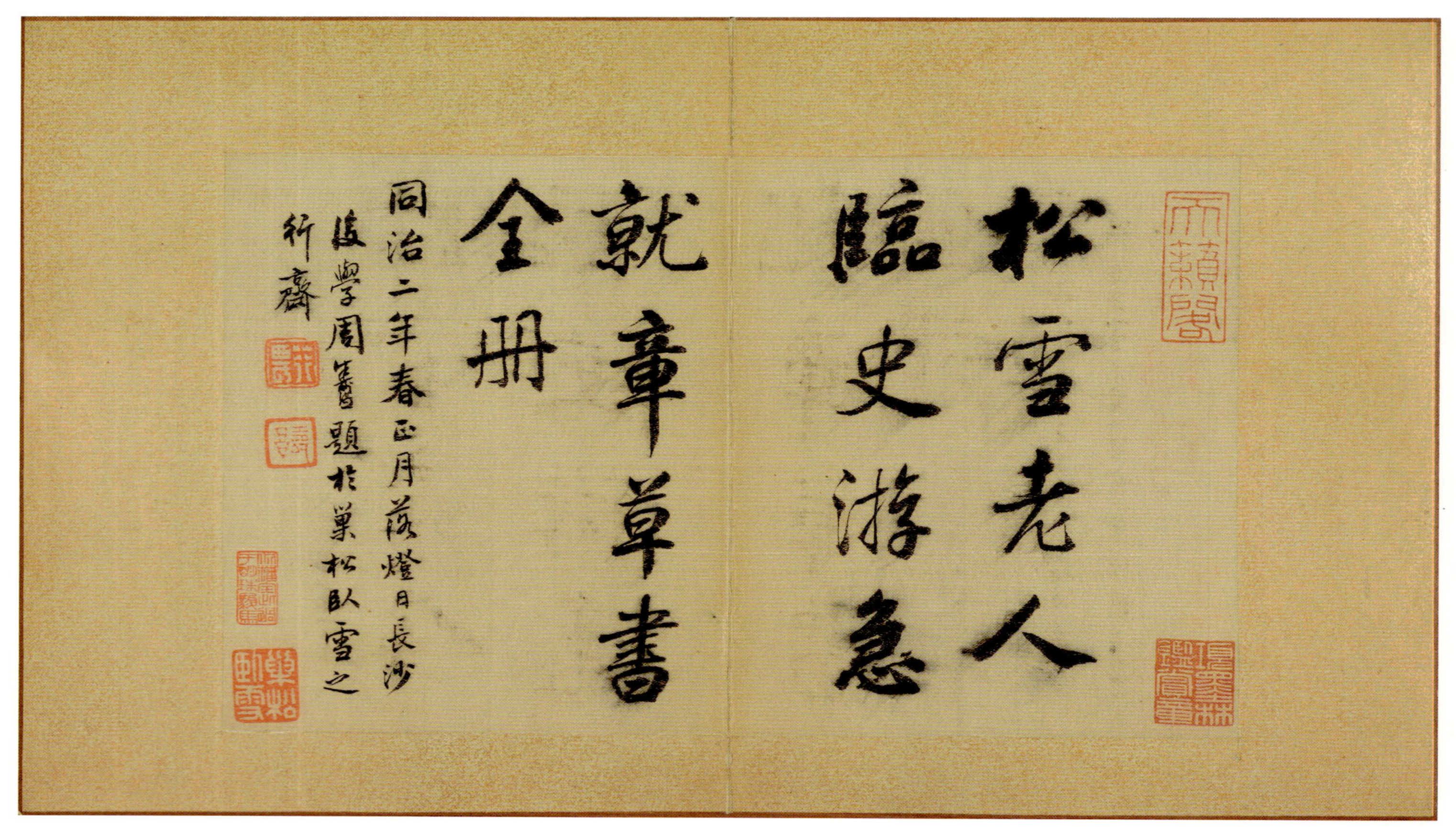

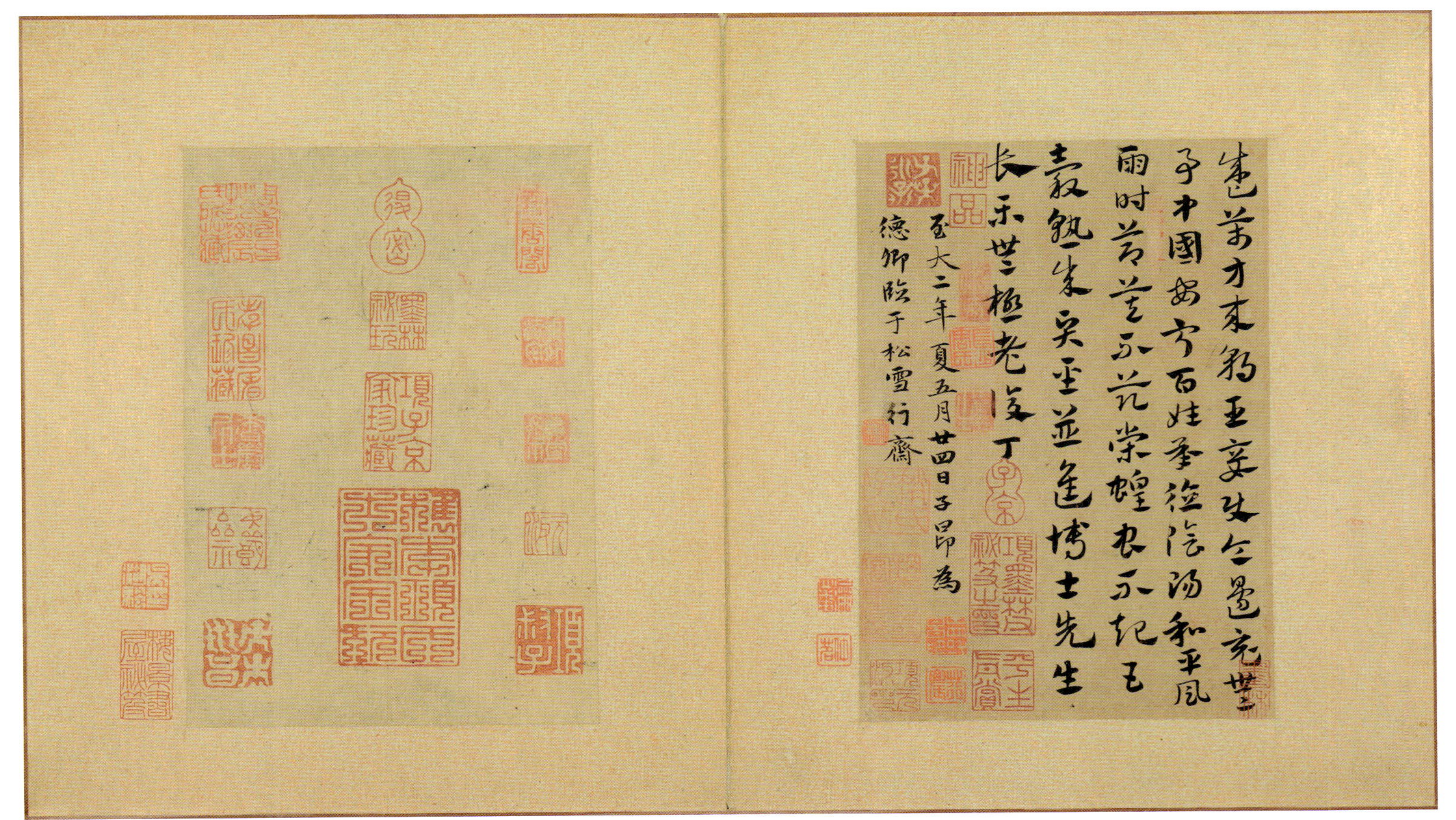
至大三年夏五月廿四日子昂為
德卿臨于松雪行齋

南董北王

明末书法家董其昌（1555—1636 年）宗法晋唐，书风“平淡天真”。他将山水画中常用的皴法融入书法创作，用墨清新淡雅，结字清旷疏朗，点画之间气脉相通。明末清初书法家王铎（1592—1652 年）取法高古，尤擅行草，纵横取势，变化多姿。他独创的“涨墨法”改变了书法章法的对比关系和表现形式，影响极大。董其昌与王铎齐名，时称“南董北王”。

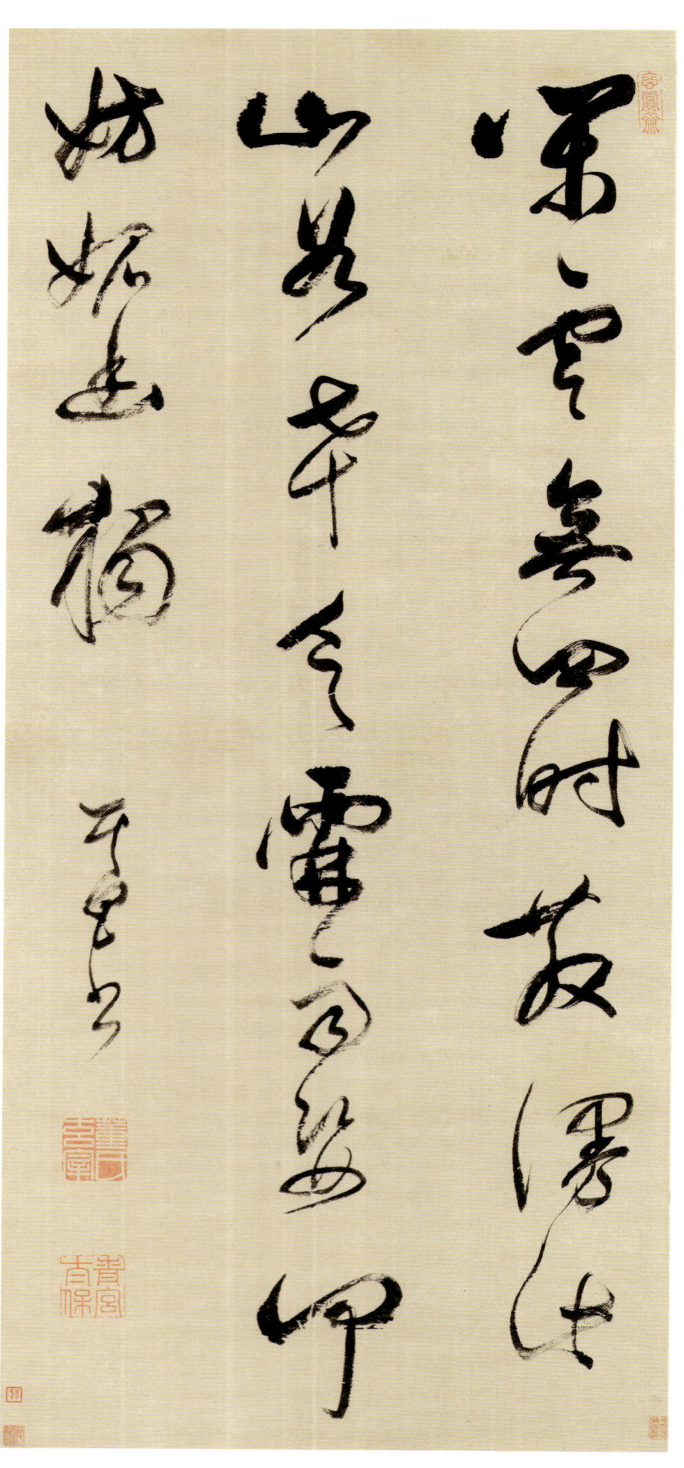

董其昌草书五言诗轴

明（1368—1644 年）
纵 225 厘米，横 68 厘米
苏州博物馆藏

Five-Character Poem in Cursive Script by *Dong Qichang*

Ming Dynasty（1368 - 1644）
Length: 225cm, Width: 68cm
Suzhou Museum

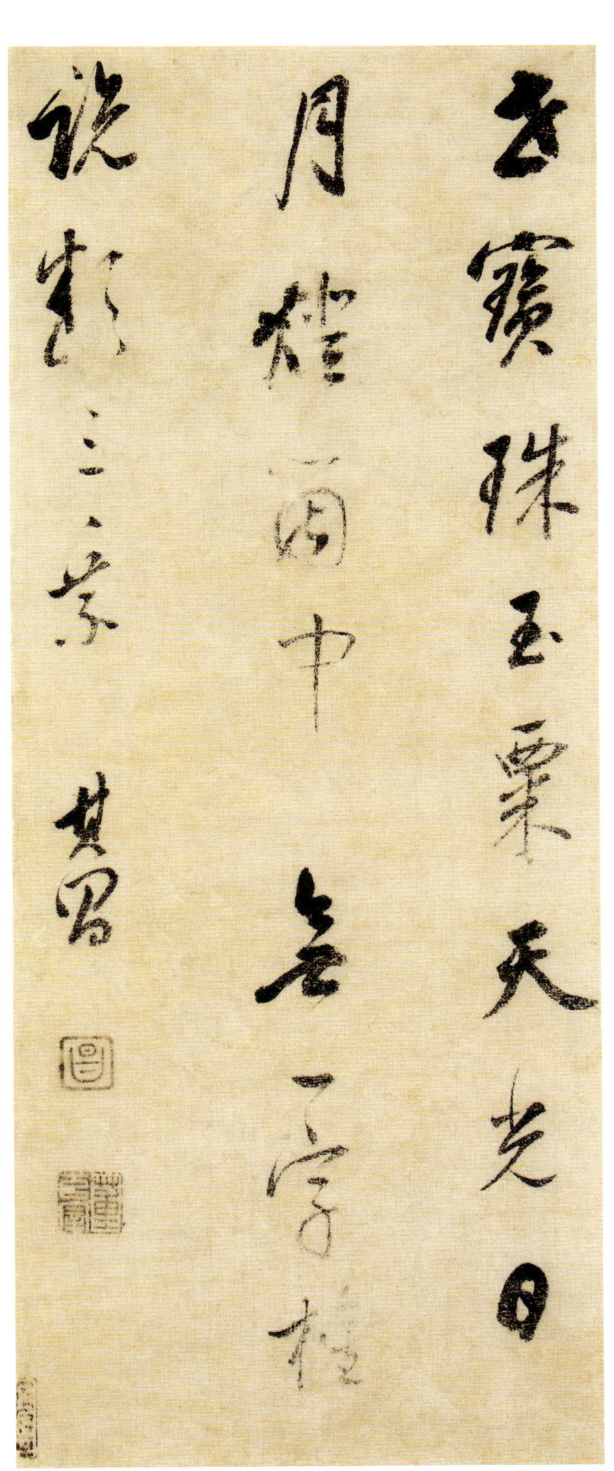

董其昌五绝行草轴

明（1368—1644 年）
纵 130 厘米，横 35 厘米
苏州博物馆藏

Five-Character Poem in Running Cursive Script by *Dong Qichang*

Ming Dynasty（1368 - 1644）
Length: 130cm, Width: 35cm
Suzhou Museum

王铎行书琅华馆诗卷

明（1368—1644 年）
纵 33.4 厘米，横 166 厘米
四川博物院藏

Letter in Running Script by *Wang Duo*

Ming Dynasty（1368 - 1644）
Length: 166cm, Width: 33.4cm
Sichuan Museum

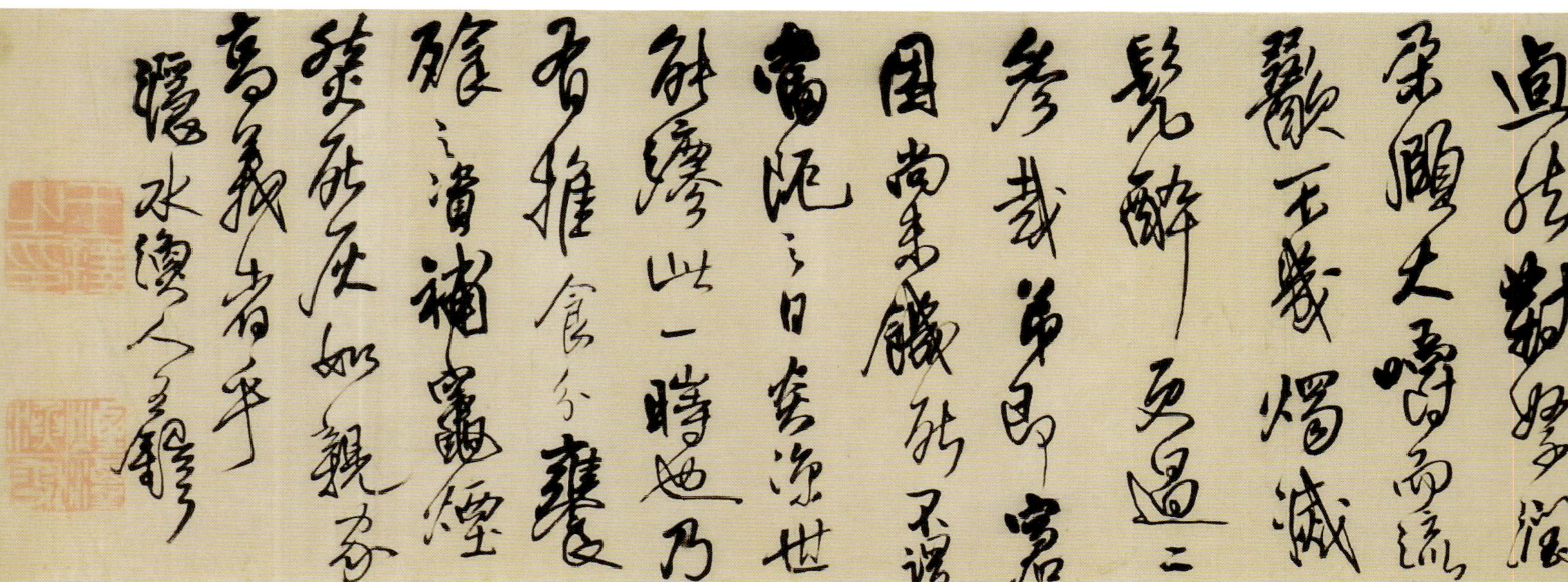

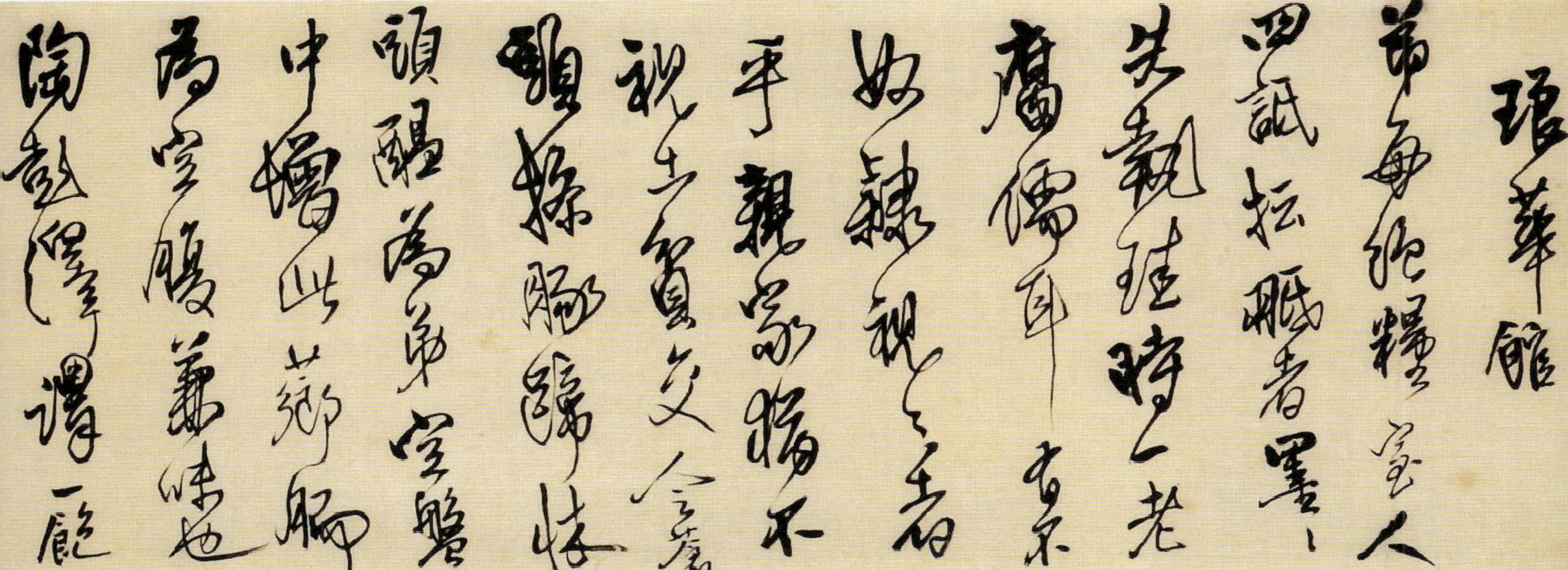

台阁体与馆阁体

“台阁体”是明代广泛应用于书写奏章、公文等正式文字材料的官方书体，以平正圆润、实用性强的特点流行于明代书坛。清代，随着科举制度的发展，出现了更加圆匀规矩的“馆阁体”，其书写风格逐渐千人一面、大同小异。

沈度楷书四箴页、隶书七律诗页合卷

明（1368—1644 年）
纵 35 厘米，横 250 厘米
故宫博物院藏

Four Admonitions in Regular Script and a Seven-Character Poem in Clerical Script

Ming Dynasty（1368 - 1644）
Length: 250cm, Width: 35cm
The Palace Museum

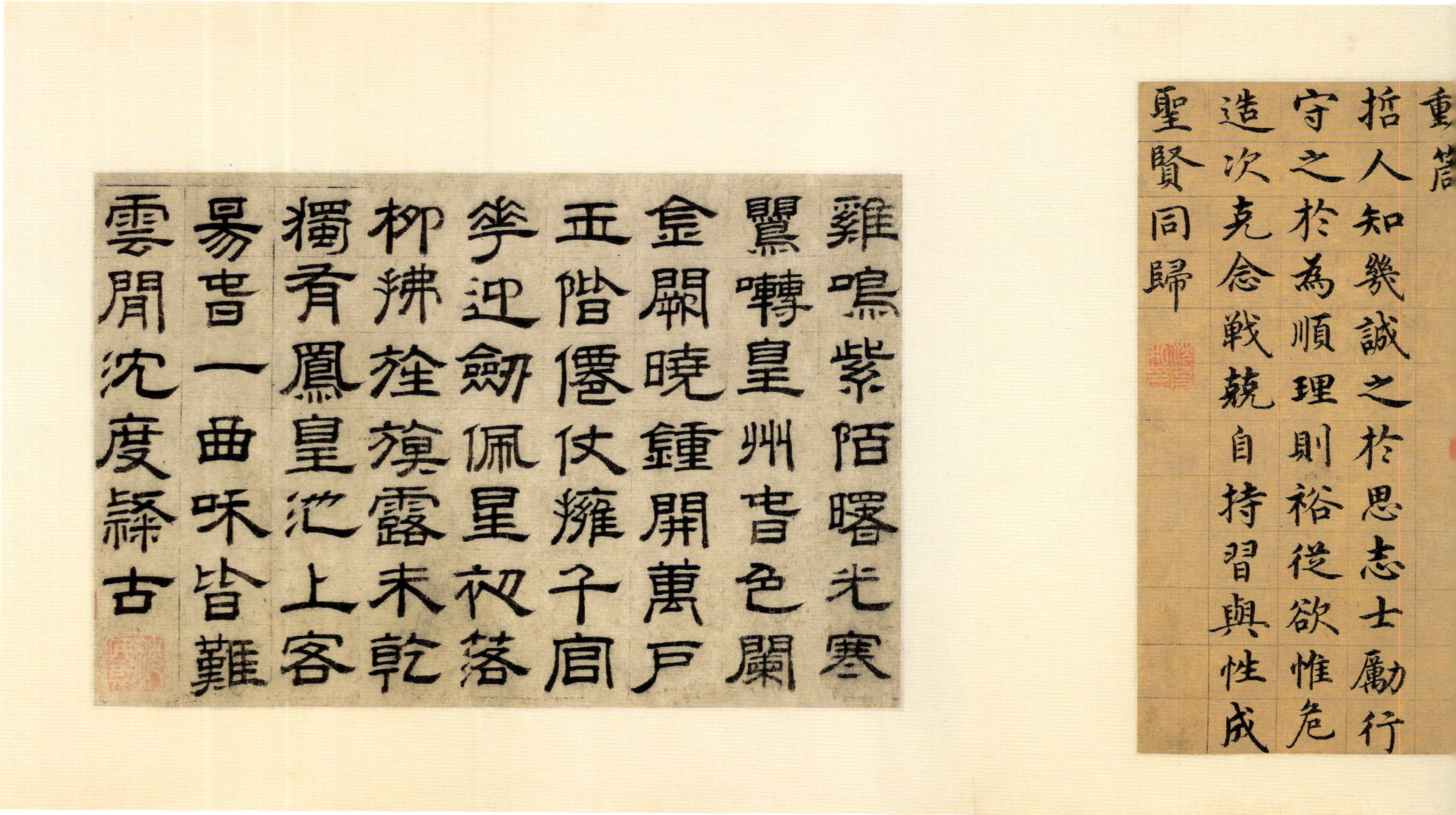

沈度（1357—1434年），明代书法家，“台阁体”代表人物。沈度曾任翰林侍讲学士，其书法深受明成祖朱棣赏识，沈氏书风影响整个明代书坛。

“四箴”是宋代理学大师程颐根据孔子《论语·颜渊篇第十二》中“非礼勿视，非礼勿听，非礼勿言，非礼勿动”发展而成的道德戒律。四箴页以乌丝界栏，楷法紧结遒丽，具唐人法度，又不过分甜润，是沈度“台阁体”书法的代表作。

隶书七律诗页录唐代诗人岑参七律《奉和中书舍人贾至早朝大明宫》一首。沈度善隶，但传世作品罕见。观此作，结体方整，用笔较少波磔与回转，体势、笔法更接近楷书，这也是明代隶书的主要特征。

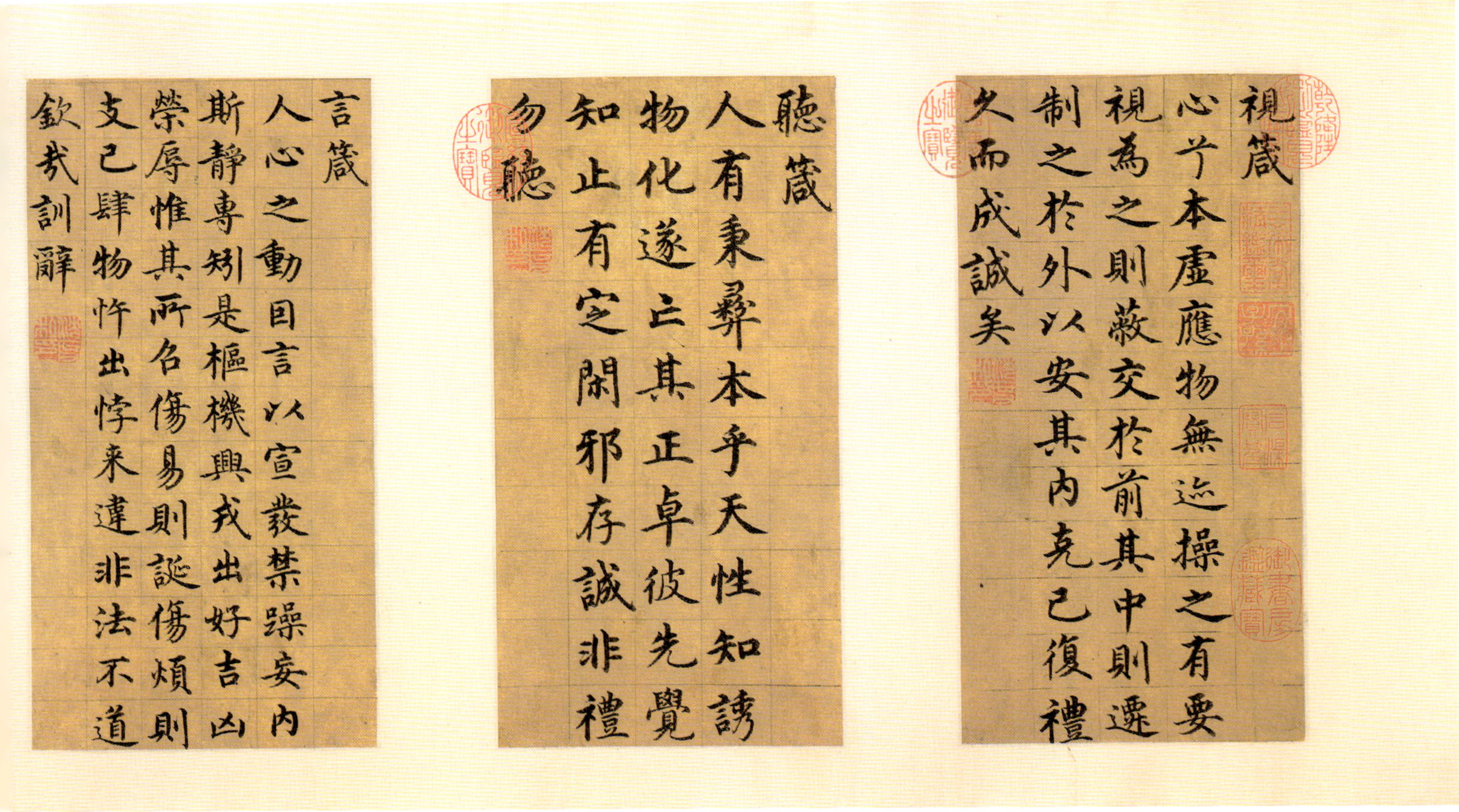

花落井水底眠汝陽
費萬錢飲如長鯨吸百
天皎如玉樹臨風前蘇
長安市上酒家眠天子呼
落紙如雲煙焦遂五斗方

傅莲苏行书杜甫《饮中八仙歌》

清（1644—1911 年）
纵 121 厘米，横 18 厘米
山西博物院藏

Poem by *Du Fu* in Running Script

Qing Dynasty（1644 - 1911）
Length: 121cm, Width: 18cm
Shanxi Museum

傅莲苏，生卒年不详，明末清初书法家傅山之孙，傅山晚年常携傅莲苏外出云游，并传授书学真谛。傅莲苏承其家学，更将其书法艺术发扬光大。傅莲苏传世墨宝甚少，片纸寸墨更显珍贵。

怀抱天地

在个人之外的广袤天地中，中华民族以“和合之道”为最高境界，以“天下治平”为终极追求。“以天下为己任”“为万世开太平”是两宋文人集体追求的人格风范，也铸就了后世历代文人精神脊梁。取于天地的点画形质、肇于自然的横竖撇捺、忧国忧民的尺牍文书，忠实地展现和记录了中华民族的家国情怀。

《争座位稿》刻石拓片

近现代
纵 73 厘米，横 109 厘米
西安碑林博物馆藏

Rubbing of Stela of a Letter by *Yan Zhenqing*

Modern Times
Length: 109cm, Width: 73cm
Xi'an Beilin Museum

颜真卿（709—784 年），唐代名臣、著名书法家，擅长行、楷，开创“颜体”，影响深远。安史之乱时，颜真卿率义军对抗叛军，一度光复河北。兴元元年（784 年），奉旨晓谕叛将李希烈，凛然拒贼，惨遭缢杀。

《争座位稿》是颜真卿写给尚书右仆射、定襄郡王郭英义的书信手稿，信中直指郭英义在两次隆重集会上藐视礼仪，谄媚宦官鱼朝恩，抬高其礼遇和座次之事。此作气势充沛，劲挺刚烈，字里行间横溢着耿直忠义之气。

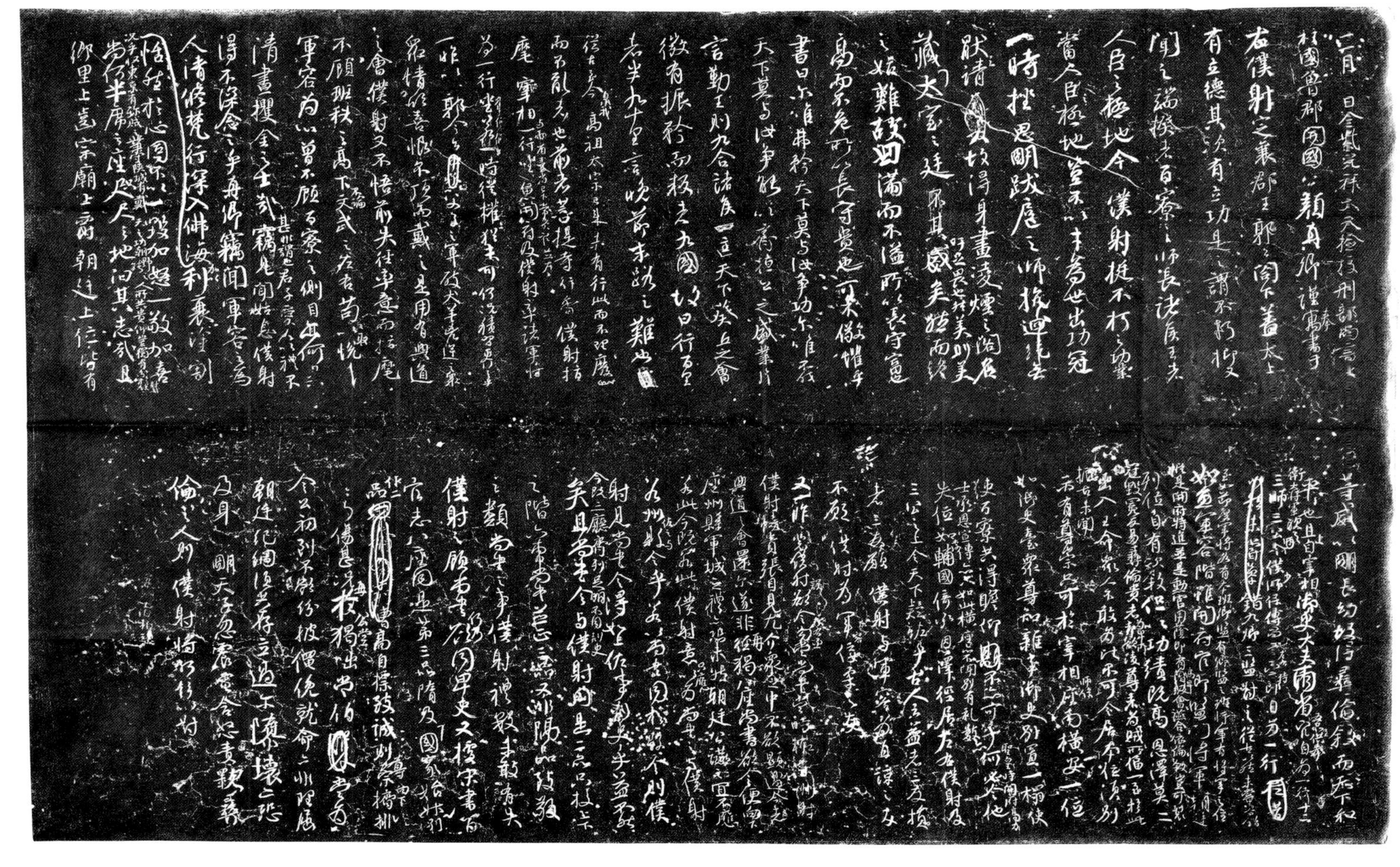

一時挫思明跋扈之師抗回紇
無厭之請故得身畫凌煙之閣名
藏太室之廷不其盛美吁足畏也然美則美矣然而終
之始難故曰滿而不溢所以長守富也
高而不危所以長守貴也可不儆懼乎
書曰爾惟弗矜天下莫與爾爭功爾惟不伐
天下莫與爾爭能以齊桓公之盛業片

十一月　日金紫光祿大夫檢校刑部尚書上
柱國魯郡開國公顏真卿謹奉書于
右僕射定襄郡王郭公閣下蓋太上
有立德其次有立功是之謂不朽抑又
聞之端揆者百寮之師長諸侯王者
人臣之極地今僕射挺不朽之功業
當人臣之極地豈不以才為世出功冠

黄庭坚楷书《狄梁公碑》册

明（1368—1644 年）
纵 34 厘米，横 36.4 厘米
上海博物馆藏

Rubbing of Stela in Regular Script by *Huang Tingjian*

Ming Dynasty（1368 - 1644）
Length: 36.4cm, Width: 34cm
Shanghai Museum

此册为明拓本。狄梁公，即狄仁杰（630—700 年），唐代名臣，以不畏权势著称，睿宗时追封梁国公。宋仁宗年间，范仲淹贬谪途中拜祭狄梁公祠，感其忠孝，写下《狄梁公碑》，歌颂狄仁杰的伟大功绩，表达自己愿报效国家、建功立业的志向。黄庭坚（1045—1105 年），北宋著名文学家、书法家，擅文章诗词，尤工书法，楷法自成一家，兼擅行、草，为“宋四家”之一，与苏轼并称“苏黄”。因对狄仁杰人品极为敬佩，黄庭坚书就范仲淹所撰碑文，此谓狄公事、范公文、黄公书三绝。

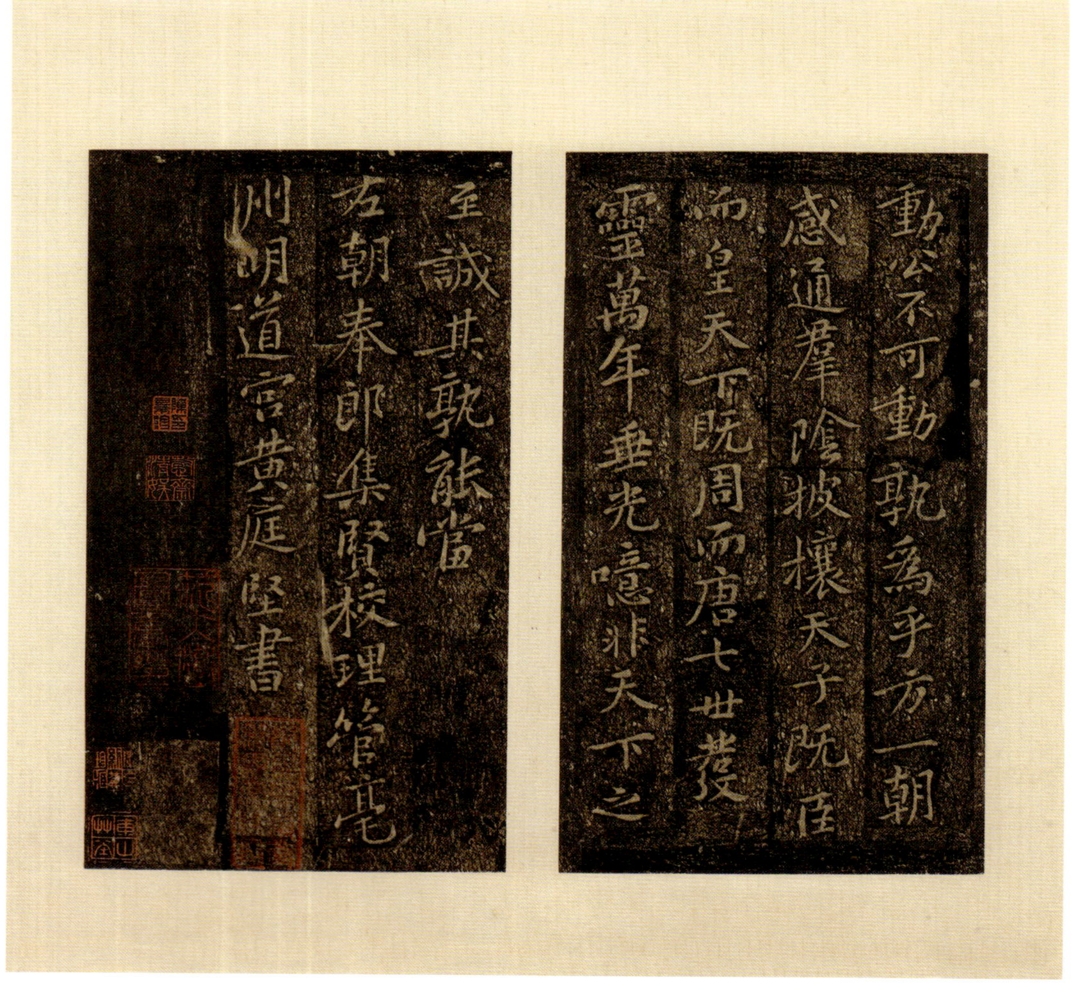

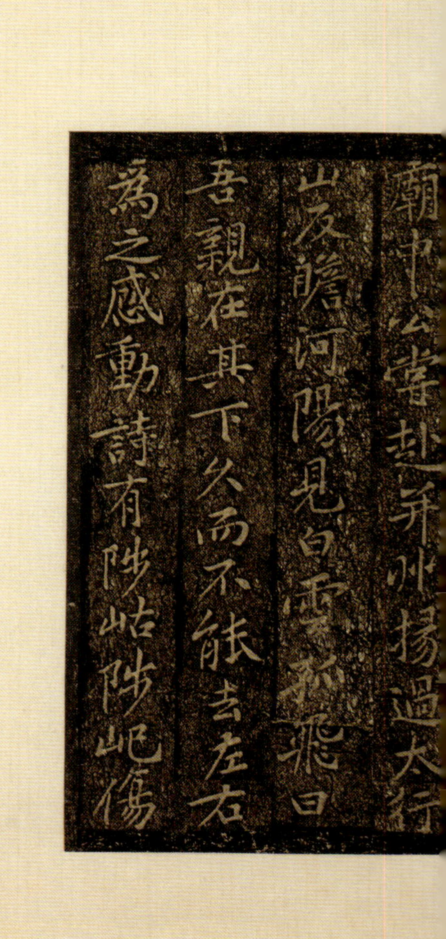

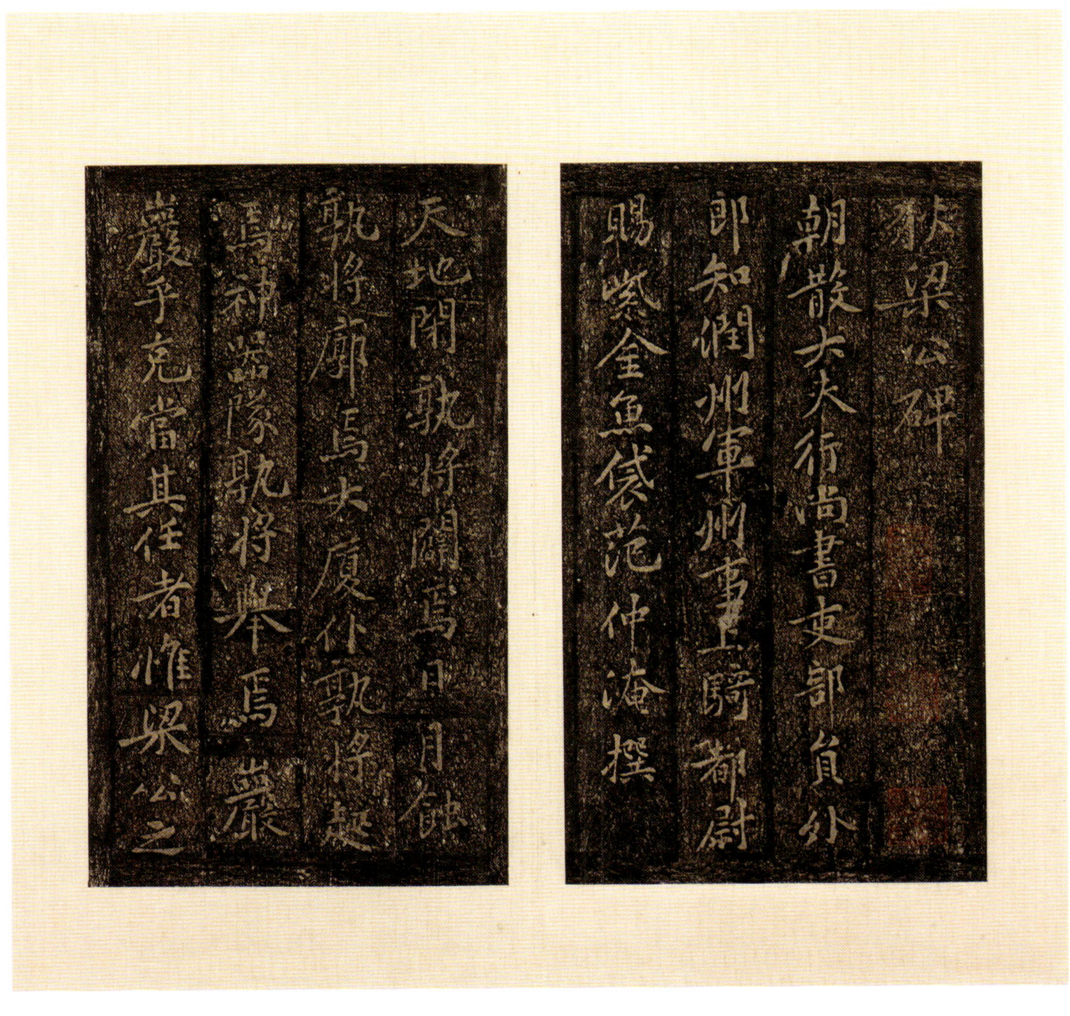
狄梁公碑
朝散大夫行尚書吏部員外
郎知潤州軍州事上騎都尉
賜紫金魚袋范仲淹撰
天地閉孰將闢焉日月蝕
孰將廓焉大廈仆孰將起
焉神器墜孰將舉焉巖
巖乎克當其任者惟梁公之

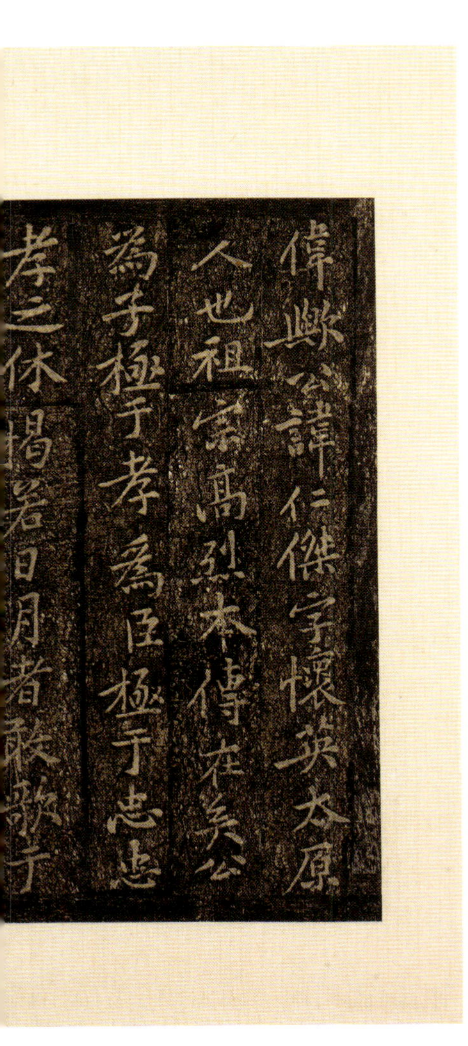
偉歟公諱仁傑字懷英太原
人也祖宗高烈本傳在矣公
爲子極于孝爲臣極于忠忠
孝之休揭若日月者敢歌于

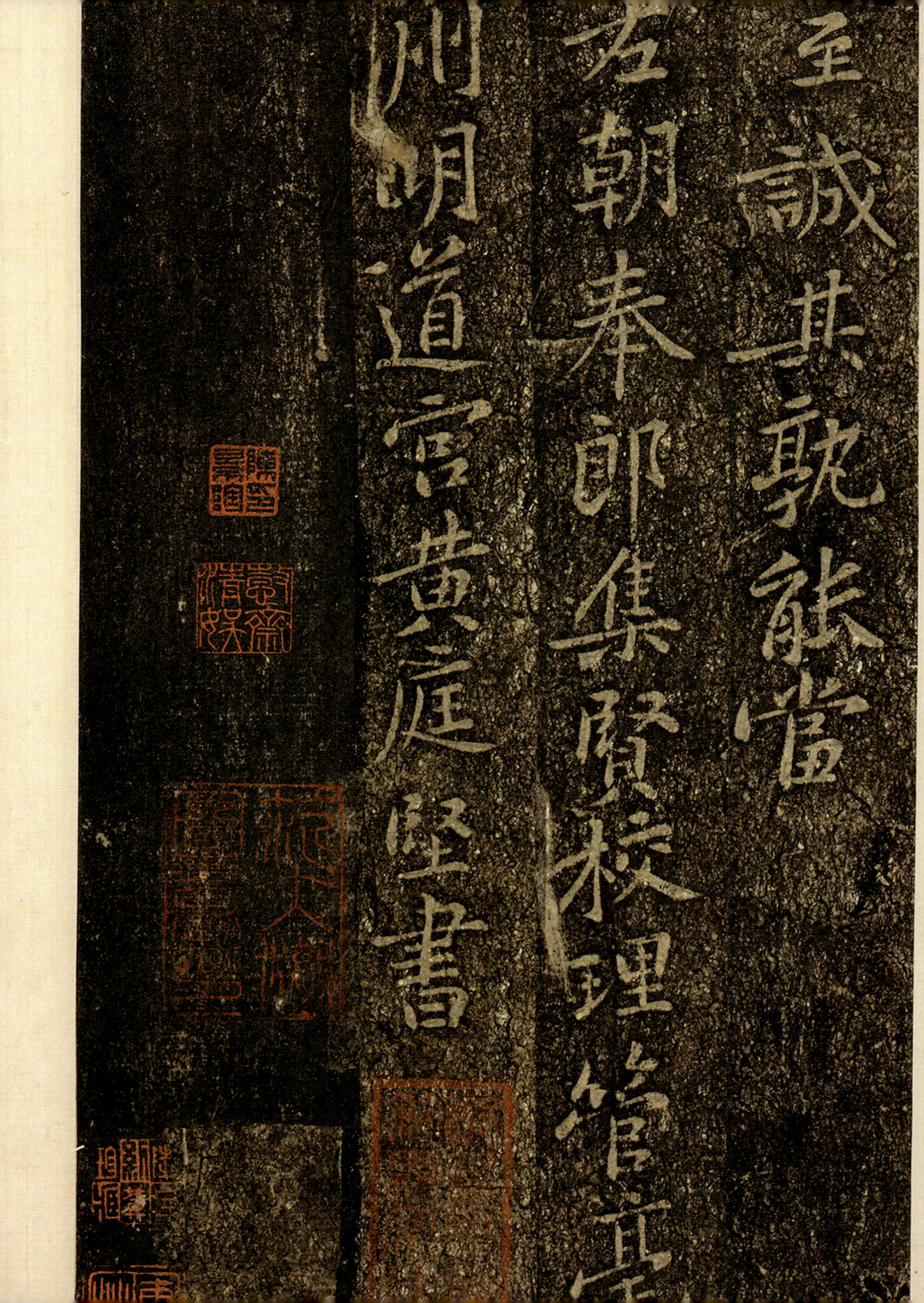
至誠其孰能當
右朝奉郎集賢校理管
州明道宮黃庭堅書

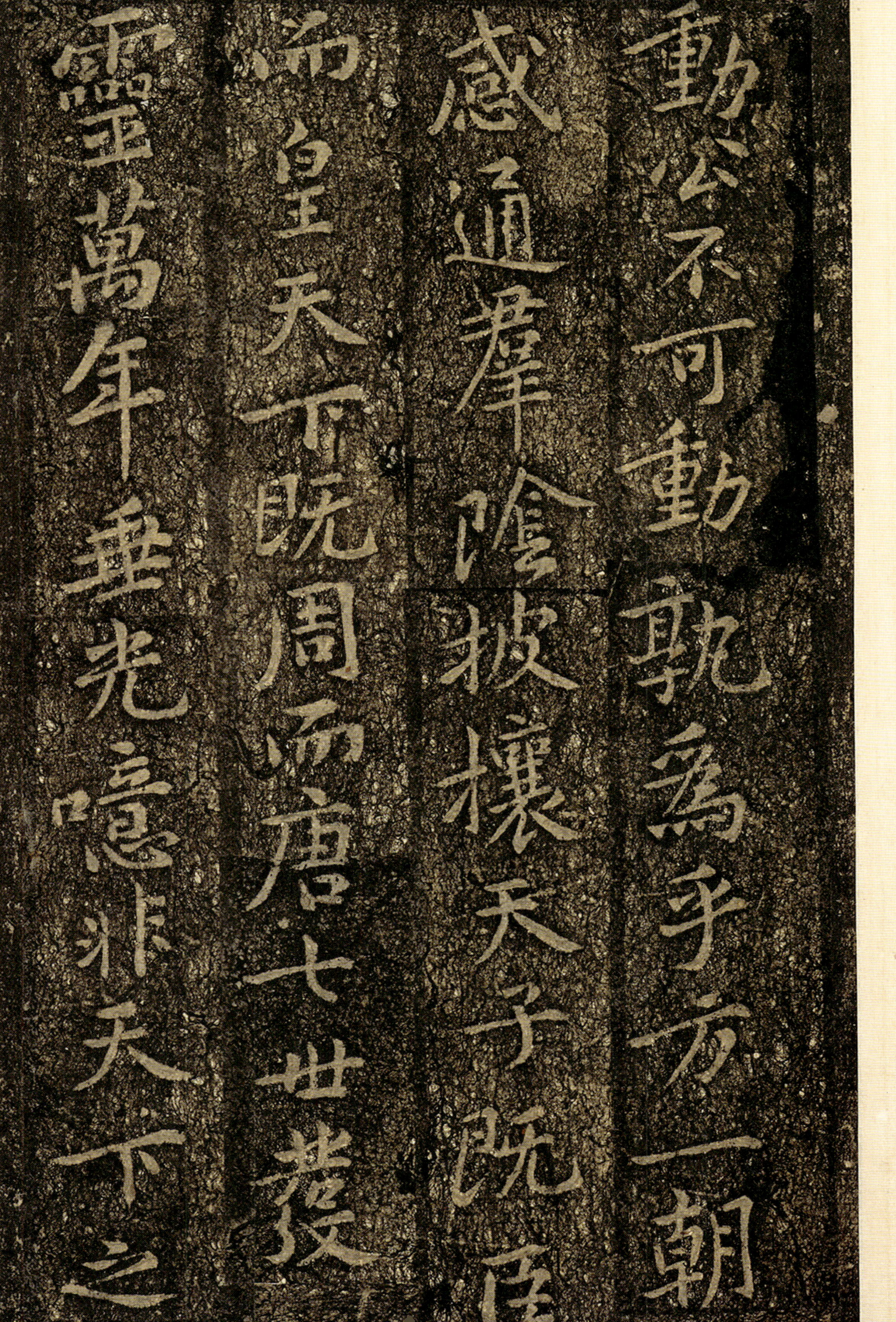
動公不可動孰爲手方一朝
感通羣陰披攘天子既
而皇天亦既周而唐七世茂
靈萬年垂光噫非天下之

辛弃疾行楷书《去国帖》

南宋（1127—1279 年）
纵 33.5 厘米，横 21.5 厘米
故宫博物院藏

Manuscript in Running Regular Script by *Xin Qiji*

Southern Song Dynasty（1127 - 1279）
Length: 33.5cm, Width: 21.5cm
The Palace Museum

辛弃疾（1140—1207 年），南宋官员、将领、著名豪放派词人，与苏轼合称“苏辛”。辛弃疾一生以收复失地为志，始终不曾动摇恢复中原的信念，词作中寄寓着对国家和民族的满腔热忱。

《去国帖》是辛弃疾唯一传世墨迹，为《宋人手简册》中一页。文中“秋初去国……日从事于兵车羽檄间”，是指辛弃疾平“茶寇”赖文政事。此帖中锋用笔，点画尽合法度，书写流畅自如，笔意略显苏黄遗规，虽无豪纵恣肆之态，亦不失方正挺拔之气。

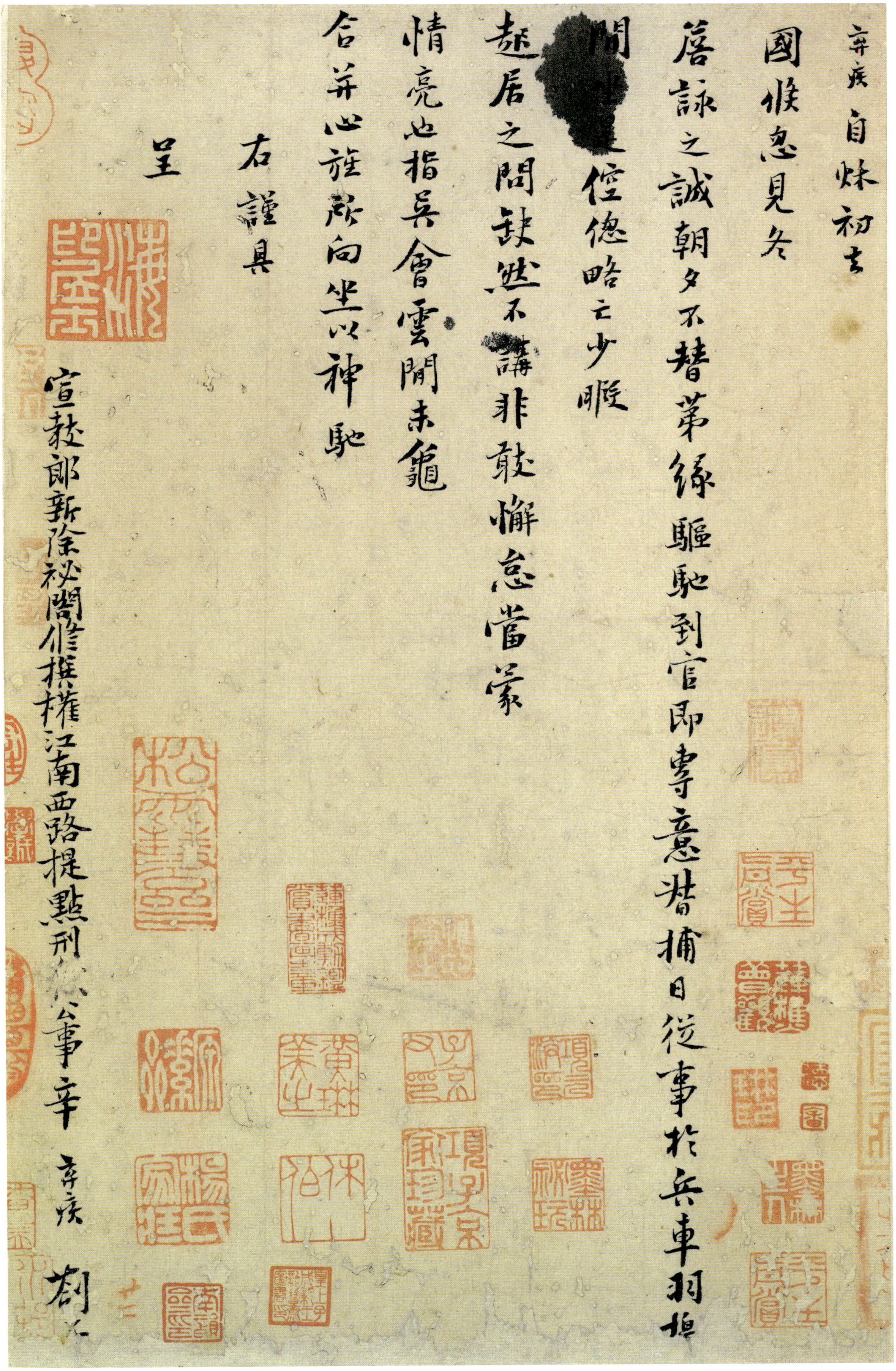

棄疾自秋初去

國倏忽見冬

詹詠之誠朝夕不替第緣驅馳到官即專意督捕日從事於兵車羽檄

間坐是倥傯略亡少暇

起居之問缺然不講非敢懈怠當蒙

情亮也指吳會雲間未龜

合并心旌所向坐以神馳

右謹具

呈

宣教郎新除秘閣修撰權江南西路提點刑獄公事辛棄疾劄子

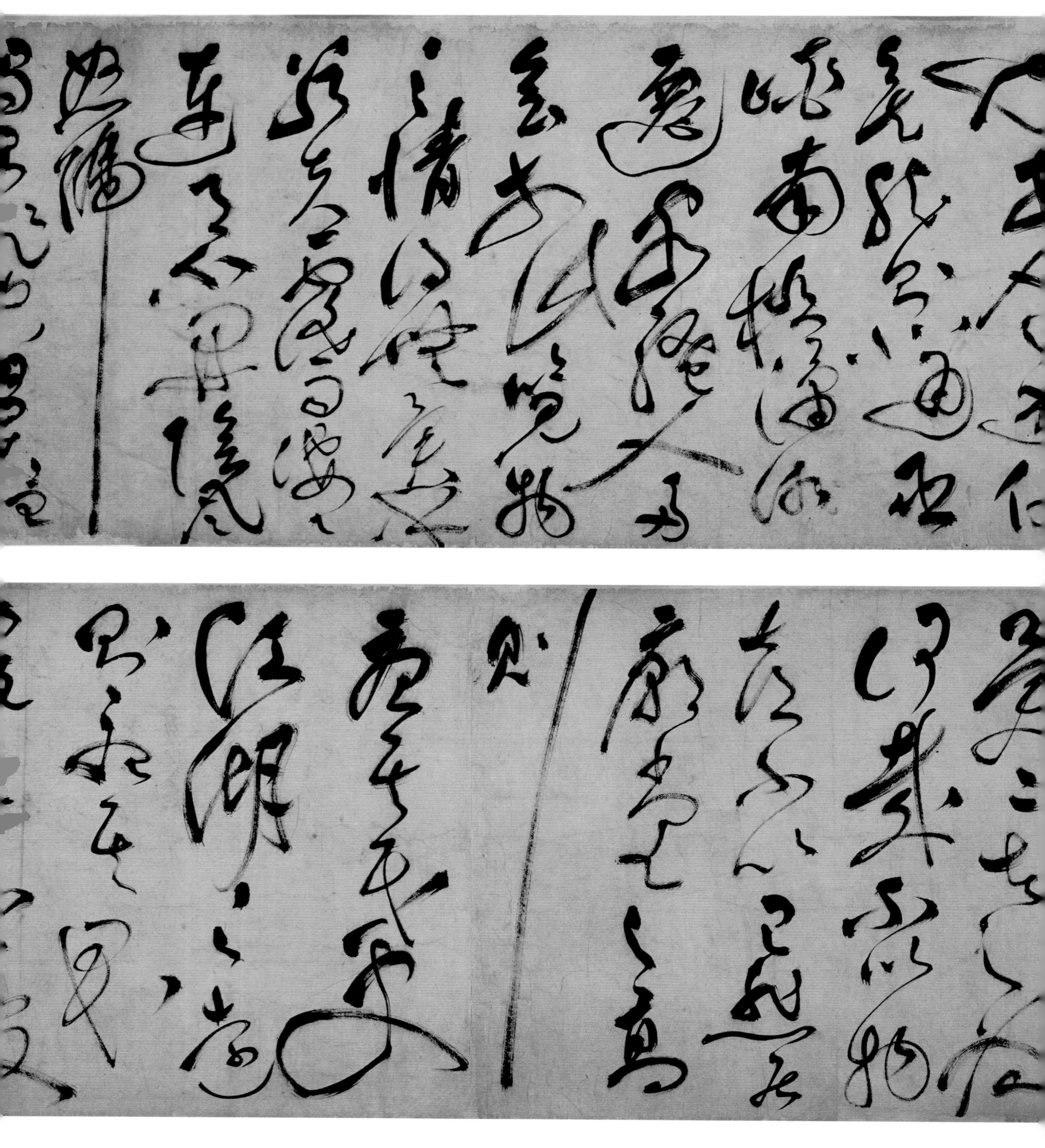

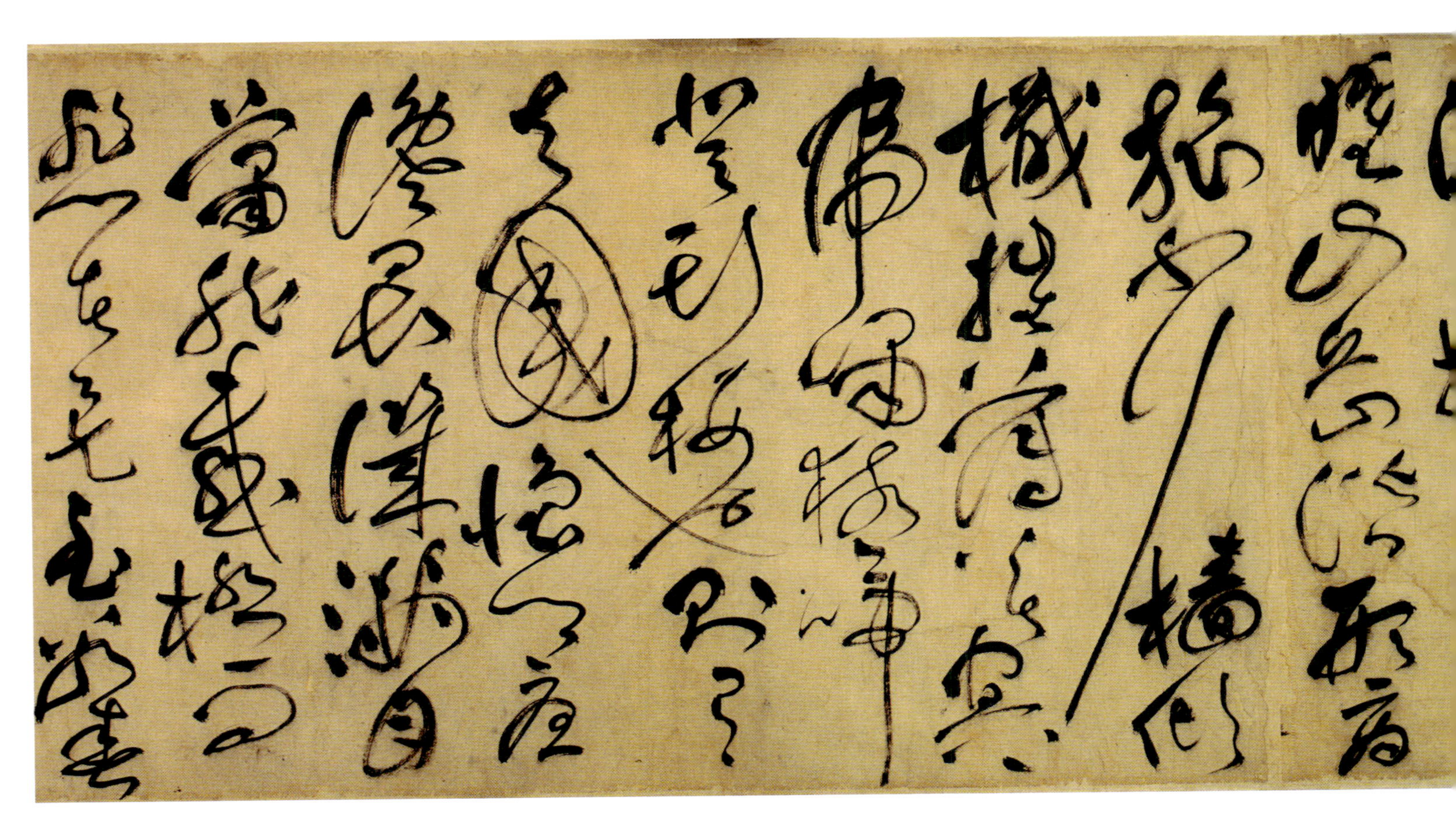

祝允明草书《岳阳楼记》

明(1368—1644 年)
纵 38.8 厘米，横 598 厘米
湖南博物院藏

The Yueyang Tower in Cursive Script
by *Zhu Yunming*

Ming Dynasty（1368-1644）
Length: 598cm, Width: 38.8cm
Hunan Museum

祝允明(1460—1526 年，一说 1461—1527 年)，自号“枝山”，明代书法家，与文徵明、陈淳、王宠并称书坛“吴中四名家”。

《岳阳楼记》为范仲淹名篇，全篇体现出儒家士大夫“不以物喜，不以己悲”的精神境界和以天下为己任的家国情怀。苏轼在当世即对此篇推崇备至，认为其中“先天下之忧而忧，后天下之乐而乐”之名句“虽圣人复起，不易斯言”。其后宋明选本如《文章辨体》等对此篇多有收录，使之成为士人传习的经典之作。祝允明此作下笔果敢苍劲，运笔豪放狂纵，行笔沉着痛快，书势恣意纵横而法度严谨，通篇墨气淋漓、一气呵成，可见书家书写之时的激情满怀。

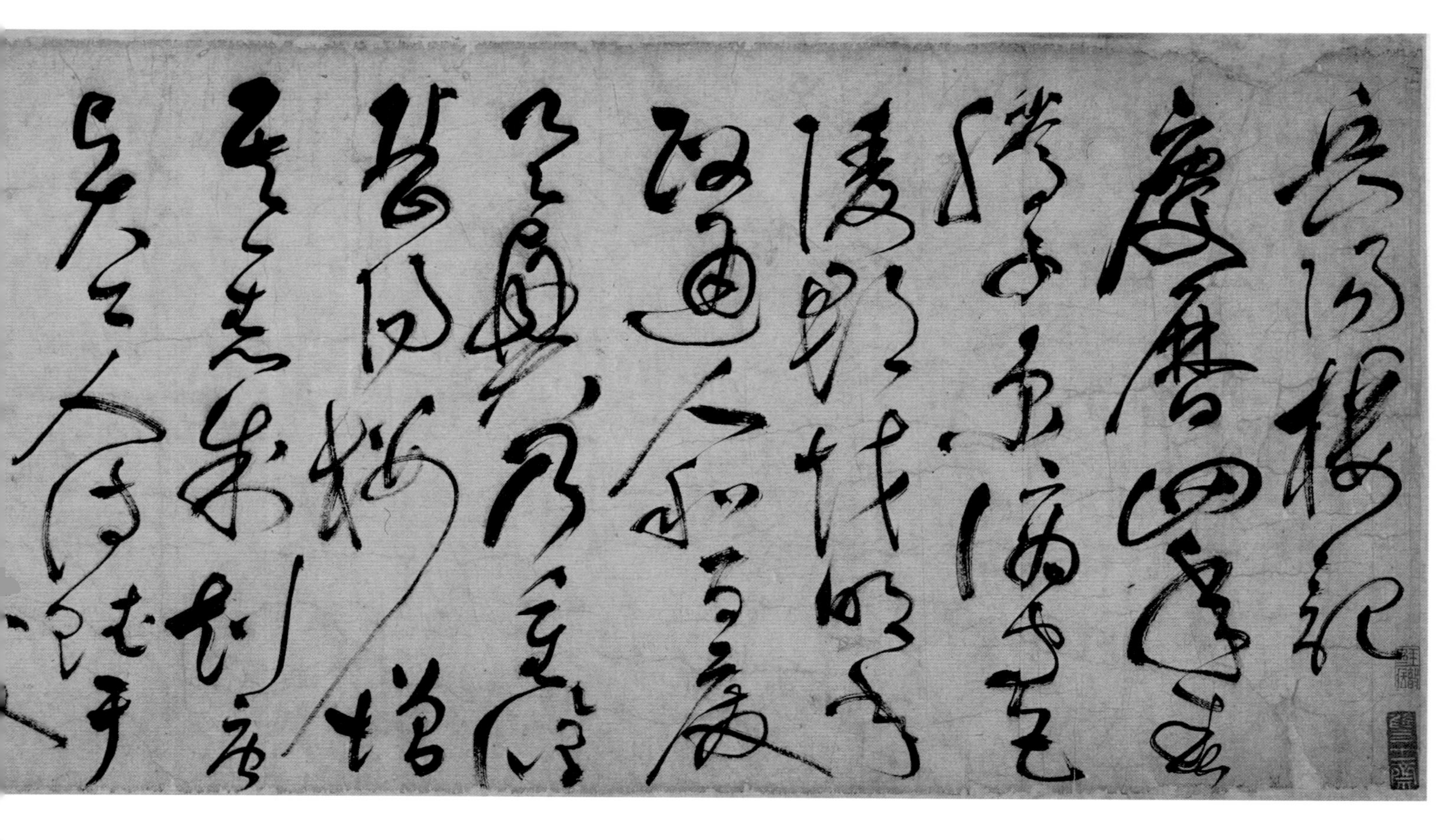

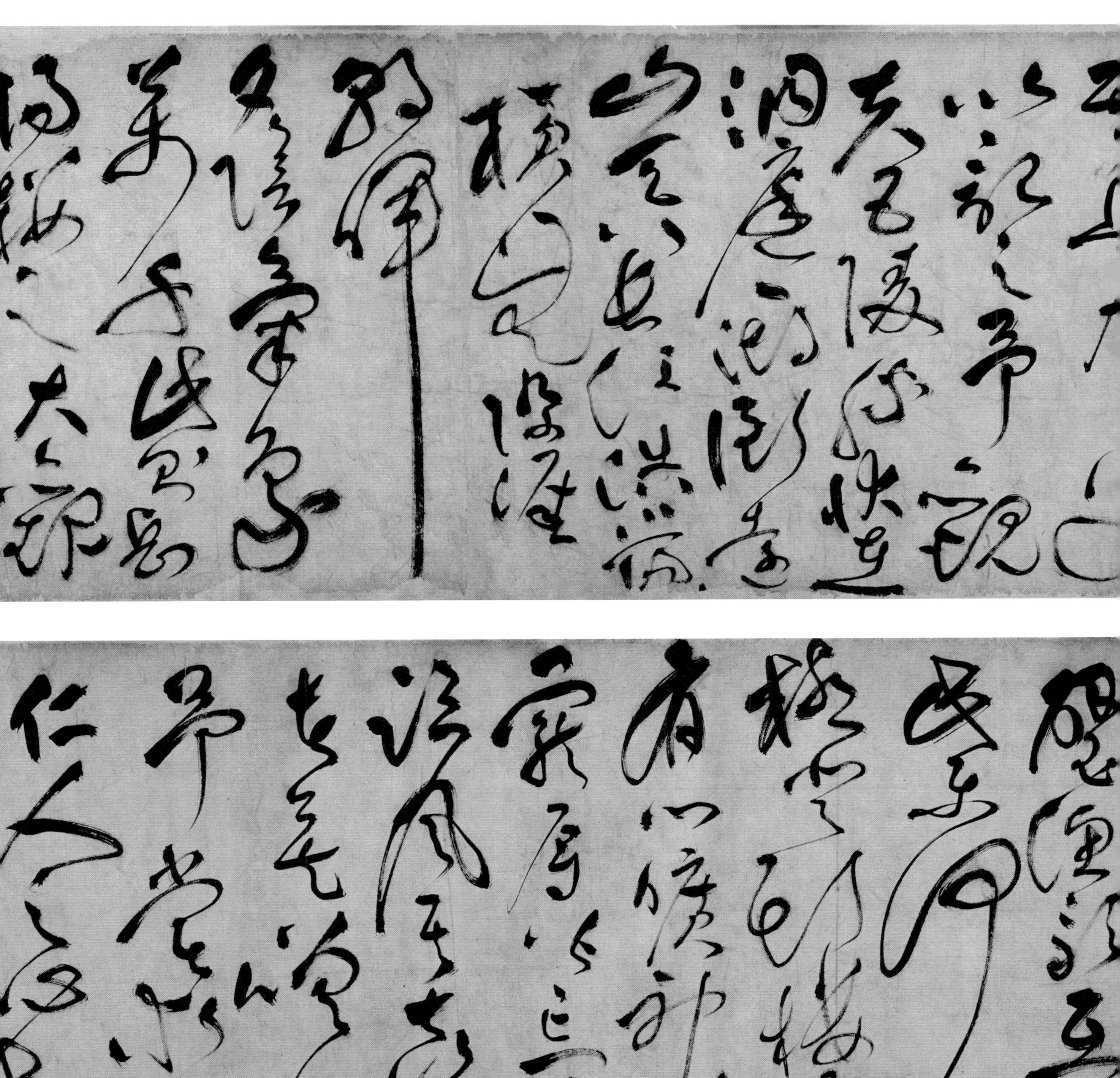

致知修身

汉字是中国文人格物致知、修身养性的精神基石。儒家伦理思想影响书法赏评观，引领了文人对书者之节的不懈追求；宋明以后的道器之辩，加深了文人对学识才华与文字书写之间轻重关系的认知。在书写中完善人格，在书写空间中慎独修炼，笔墨成为中国文人内心世界的现实依托。

吴门书派

吴门书派是明代在今以苏州为中心的地区崛起的书法流派。以宋克为开山始祖，相继涌现了祝允明、文徵明、王宠、陈淳、周天球、文震孟等书法名家，他们寄情翰墨，注重人文修养，融合前人所长而又自出机杼，在台阁体书风的影响下锐意开创了具有自身特色的新书风。明代著名文学家王世贞曾言“天下法书归吾吴”，充分肯定了吴门书派在中国书坛的历史地位和深远影响。

文徵明草书七绝诗轴

明（1368—1644 年）
纵 240 厘米，横 60.3 厘米
苏州博物馆藏

Seven-Character Poem in Cursive Script by *Wen Zhengming*

Ming Dynasty（1368 - 1644）
Length: 240cm, Width: 60.3cm
Suzhou Museum

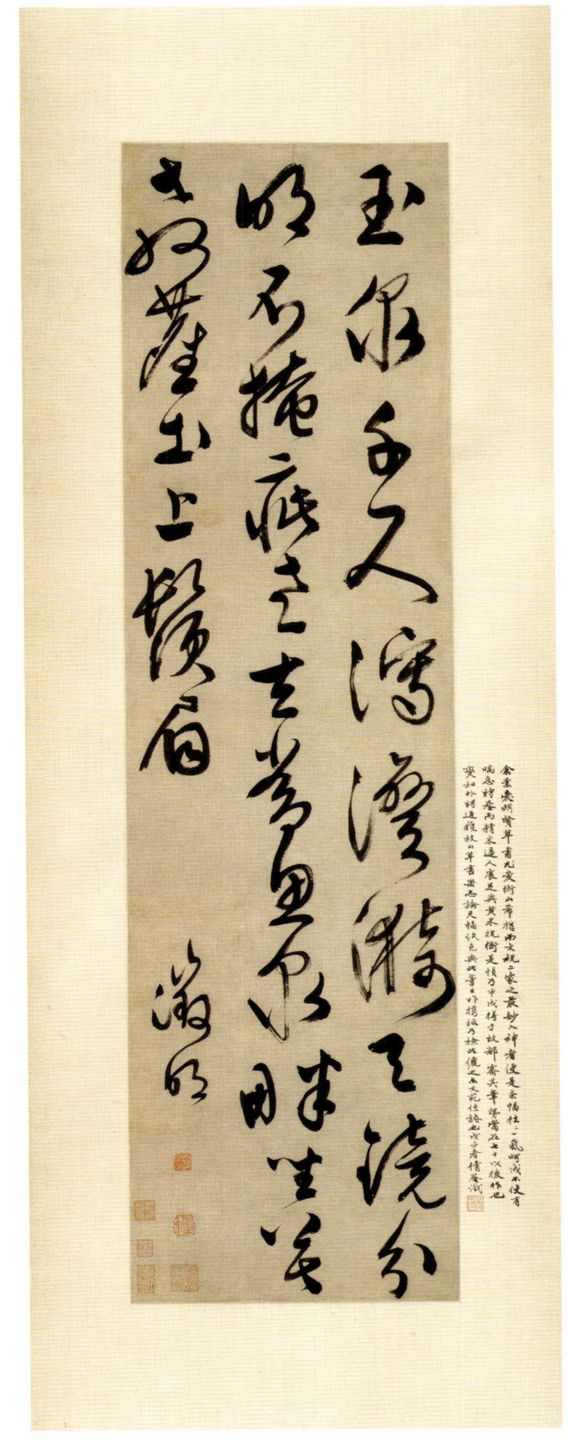

文徵明（1470—1559 年），原名壁（或作璧），持身谨严，终身勤奋于艺文，在诗文、书法、绘画、篆刻等方面均有很深造诣，人称“四绝”，其与沈周共创“吴派”。在画史上，与沈周、唐寅、仇英合称“明四家”；在文学上，与祝允明、唐寅、徐祯卿并称“吴中四才子”。

文徵明草书师法怀素却不常作连绵草。此作笔锋挺秀，运笔流畅，风格潇洒自然，此诗轴中书“玉泉千尺泻湾漪，天镜分明不掩疵。老去尝思泉畔坐，莫教尘土上须眉”，表达他晚年豁达明朗、不为世俗琐事烦扰的心情。

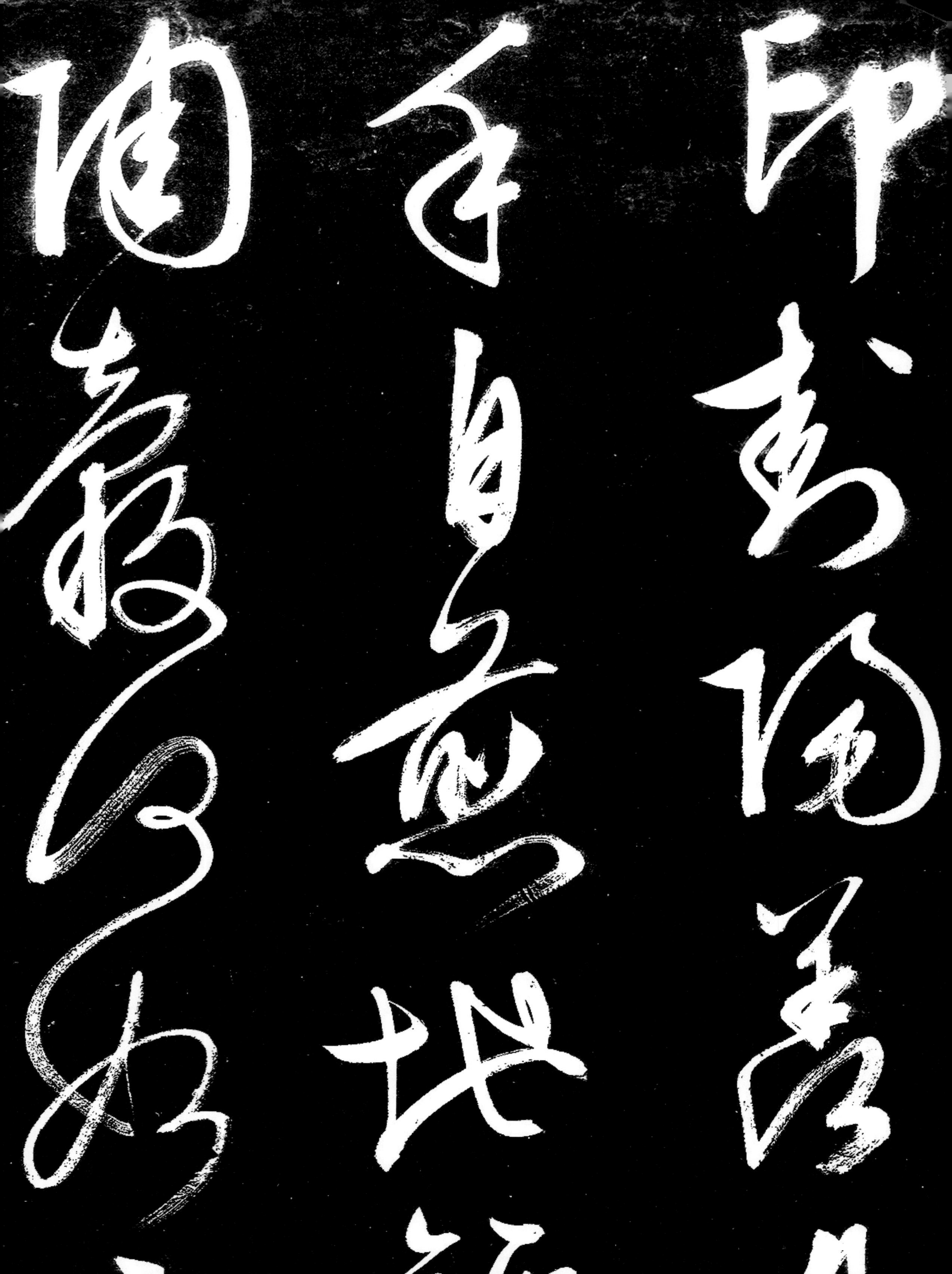

文徵明行书五律《煮茶》轴

明（1368—1644 年）
纵 240 厘米，横 61 厘米
苏州博物馆藏

Five-Character Poem in Running Script
by *Wen Zhengming*

Ming Dynasty（1368 - 1644）
Length: 240cm, Width: 61cm
Suzhou Museum

明代文人茶事颇盛，饮茶习俗由宋之抹茶变为淹茶，开创了“文士茶”的新局面。文徵明热衷茶事，文人茶事或茶会题材在其书法、绘画作品中大量出现，更有 150 余首茶诗传世。

此五律《煮茶》轴中书“印封阳羡月，瓦缶惠山泉。至味心难忘，闲情手自煎。地垆残雪后，禅榻晚风前。为问贫陶穀，何如病玉川”。行笔浓枯相生、牵带自然，是文徵明晚年澄心静虑的闲居生活之缩影。

陈淳行草宋之问《秋莲赋》卷

明（1368—1644 年）
纵 26.8 厘米，横 344 厘米
辽宁省博物馆藏

Odes about Lotus in Running Cursive Script by *Chen Chun*

Ming Dynasty（1368 - 1644）
Length: 344cm, Width: 26.8cm
Liaoning Provincial Museum

陈淳（1483—1544 年），文徵明弟子，明代书画家，善花卉、山水画，亦工行草书。《秋莲赋》为唐代宋之问所作，由自然规律感叹人生际遇。陈淳此作行笔流畅，遒劲婉转。从“漫书并作小图于白阳山居”，可以一窥其看沧桑世事如莲灿莲枯的晚年心境。

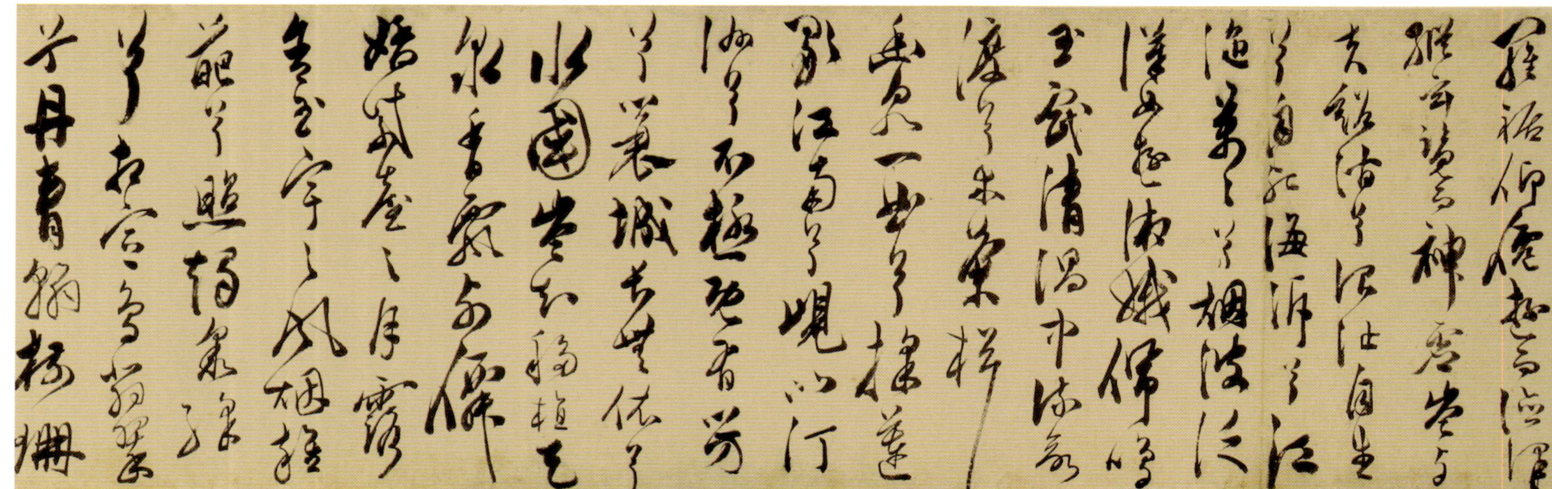

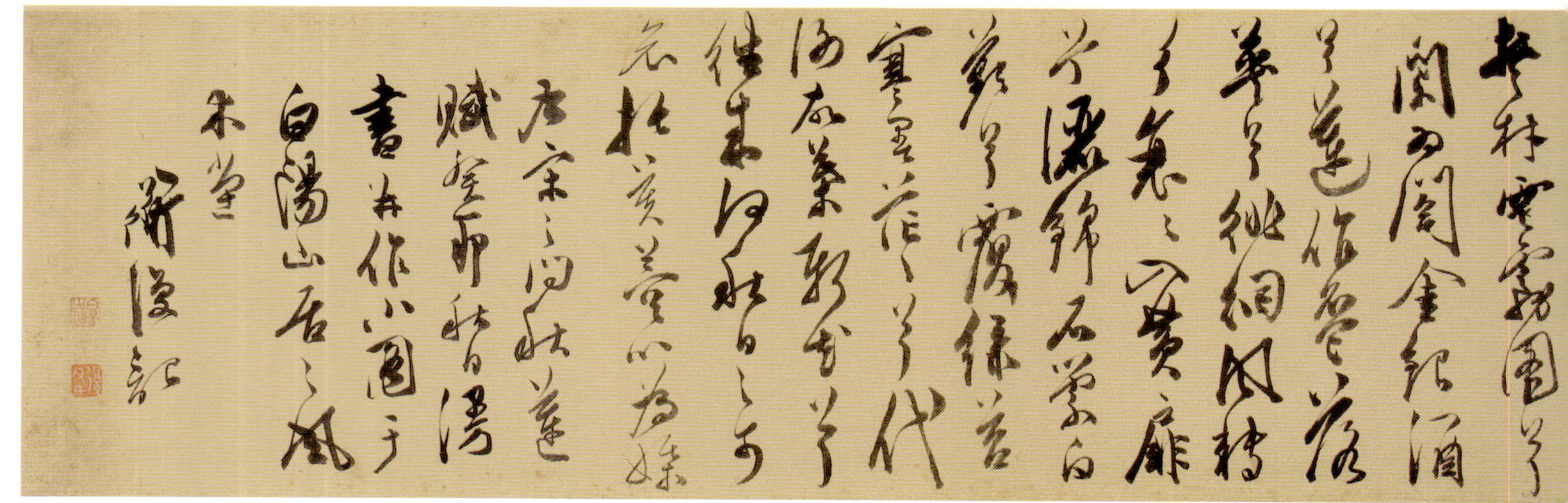

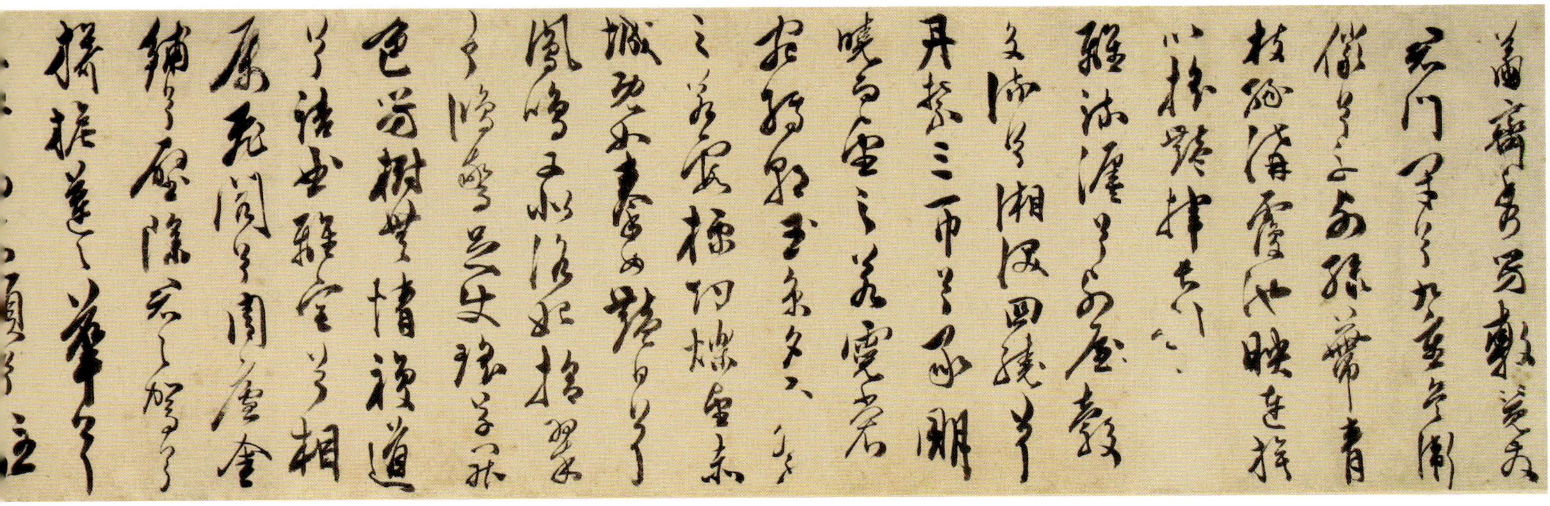

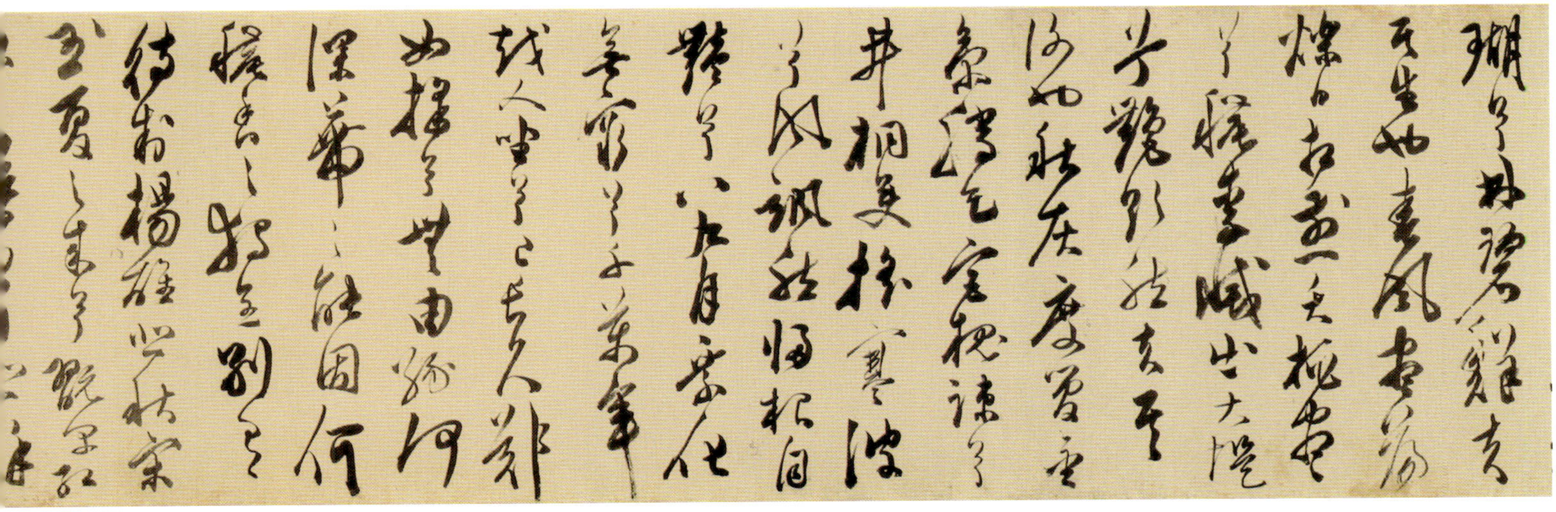

周天球行书《陋室铭》轴

明（1368—1644 年）
纵 242 厘米，横 63.5 厘米
上海博物馆藏

On My Humble Home,
an Essay by *Liu Yuxi*, in Running Script

Ming Dynasty（1368 - 1644）
Length: 242cm, Width: 63.5cm
Shanghai Museum

周天球（1514－1595 年），明代书画家，十五岁师从文徵明，文徵明读书养性论对周天球艺德品格形成影响很大。此作结字坚实，古雅工丽，方、圆、涩、润交叉而浑融一体，体现了其对文徵明书风的继承和发展。

《陋室铭》为唐代诗人刘禹锡所作，表达了洁身自好、荣辱不惊的品性和安贫乐道、甘于平淡的隐逸追求，全文精炼却余韵悠长，后世文人常以书写此文作为精神寄托。

山不在高，有仙則名；水不在深，有龍則靈。斯是陋室，惟吾德馨。苔痕上階綠，草色入簾青。談笑有鴻儒，往來無白丁。可以調素琴，閱金經。無絲竹之亂耳，無案牘之勞形。南陽諸葛廬，西蜀子雲亭。孔子云：何陋之有？

右陋室銘 辛巳上元教習六一居士周之琳書

文震孟行书轴

明（1368—1644 年）
纵 133 厘米，横 58.5 厘米
山东博物馆藏

Poem in Running Script by *Wen Zhenmeng*

Ming Dynasty（1368 - 1644）
Length: 133cm, Width: 58.5cm
Shandong Museum

文震孟（1574—1636 年），文徵明曾孙，明代政治家、书法家。文震孟为人刚正，品行高洁，此行书刚健质朴，一如其人。

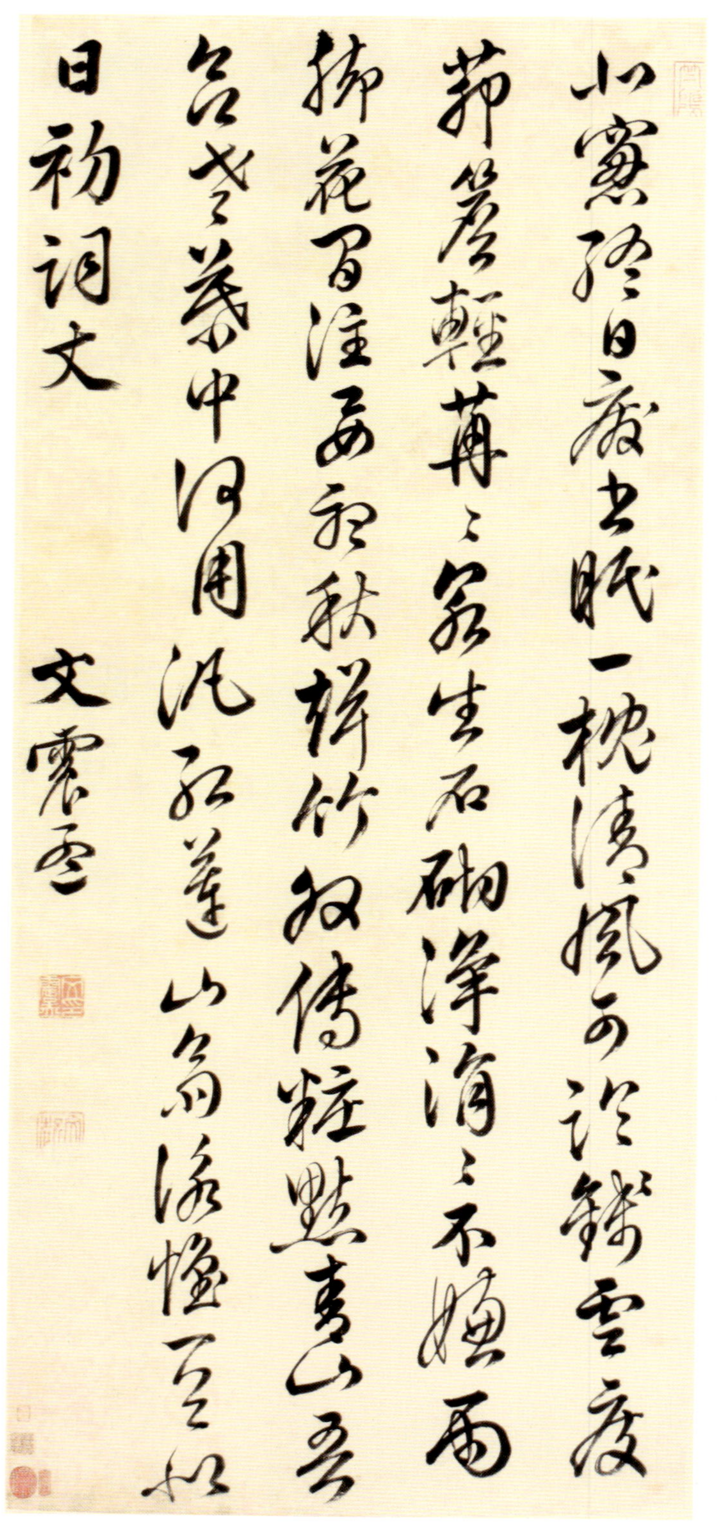

玄烨临董其昌书《高松赋》拓片

近现代
纵 35 厘米，横 136 厘米
西安碑林博物馆藏

Rubbing of Stela of Odes about Pine by Emperor *Kangxi*

Modern Times
Length: 136cm, Width: 35cm
Xi'an Beilin Museum

《高松赋》为南朝齐王俭所作，赋文赞誉松树心志高远、坚贞如一之品质。此帖为玄烨临董其昌书《高松赋》。

爱新觉罗·玄烨（1654—1722 年），清朝第四位皇帝，年号“康熙”。康熙帝精于儒学，对书法亦多造诣，曾以书法专学董其昌的沈荃为师，将董其昌“海内真迹，搜访殆尽”，极其推崇董书。此作笔法结体具备董书特点，表现出雍容博雅的风格气度。

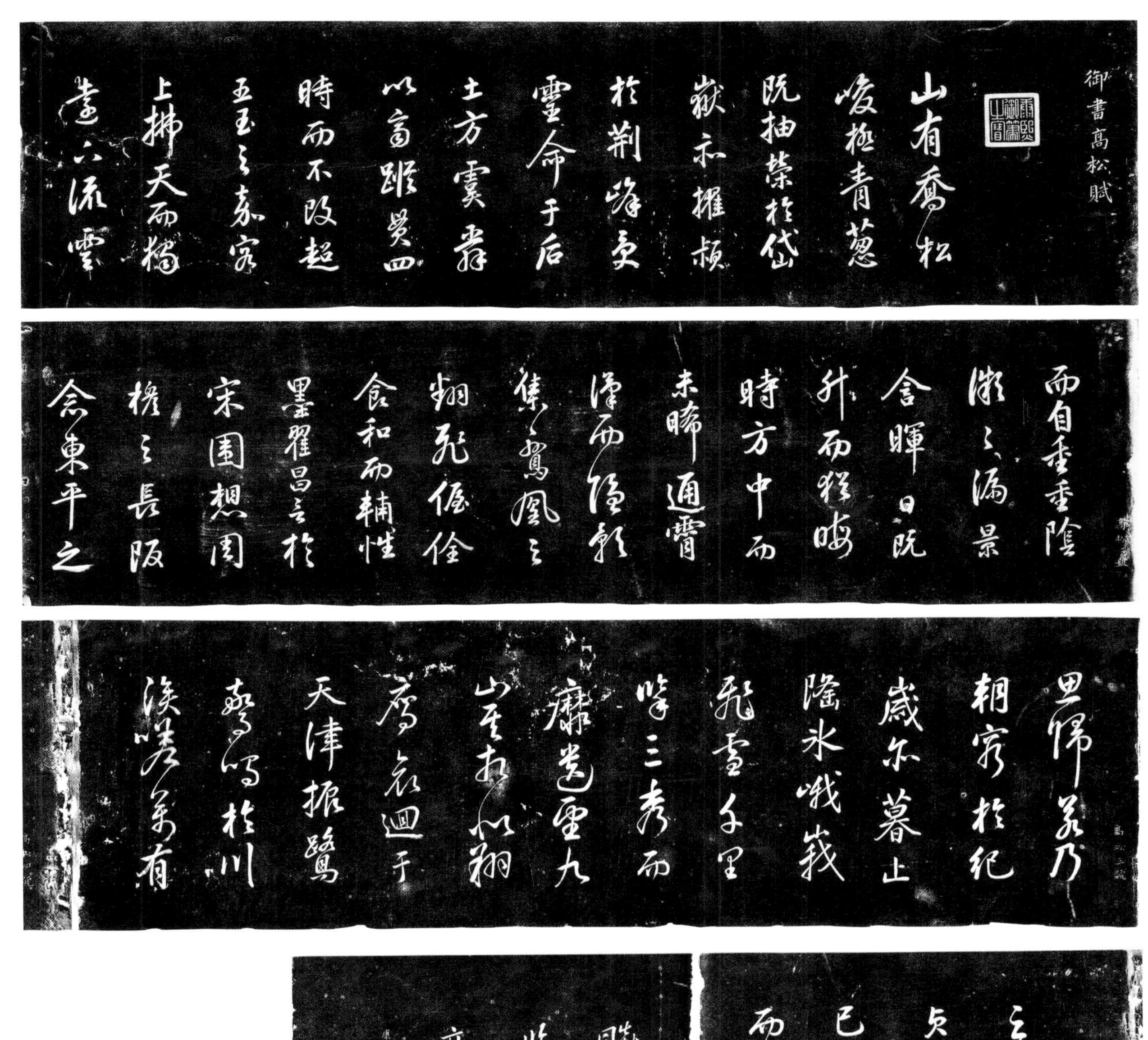

旻宁楷书《御制经筵四书论》册

清（1644—1911 年）
纵 29 厘米，横 26.5 厘米
故宫博物院藏

Si Shu Lun by Emperor *Daoguang*

Qing Dynasty（1644 - 1911）
Length: 29cm, Width: 26.5cm
The Palace Museum

爱新觉罗·旻宁（1782—1850 年），即道光皇帝。此作行笔秀朗，用墨浓厚乌亮，笔下功夫颇深。

御製文初集四書論七篇

詩云樂只君子民之父母

天生民而立之君使司牧之如保赤子適求厥寧下民傾心感戴若依父母蓋以民心為己心同其好惡耳君之於民養之教之務使家給人足勞来輔翼待其為計深遠永遂其生則小民之情亦出於至誠如孝子之事親孝思不匱自臻大同之治矣民愛君如父母為君者奚可恃尊養而忘敬畏哉必存父天母地之敬心祈天永命則天錫豐年克綏郅治錫福萬方斯不負為民父母之稱蓋必本於敬天方能大成君道懷保小民也

人道敏政地道敏樹

中庸為論道之書而子思載孔子對哀公問政一節者所以明道不貴乎空言而在乎實政政不能以自立而在乎得人故首舉人存政舉之說而申之以人道敏政地道敏樹之二言所謂敏者勤之效也雖有良法美意具於方冊而不得奉行之人則治功不奏雖得奉行之人而不勵勤敏之志則庶事無成猶播植在地而栽培漑灌皆懈弛焉何以收農圃之功哉是知人君

刘墉行书五言联

清（1644—1911 年）
纵 142 厘米，横 32 厘米
四川博物院藏

Couplet in Running Script by *Liu Yong*

Qing Dynasty（1644 - 1911）
Length: 142cm, Width: 32cm
Sichuan Museum

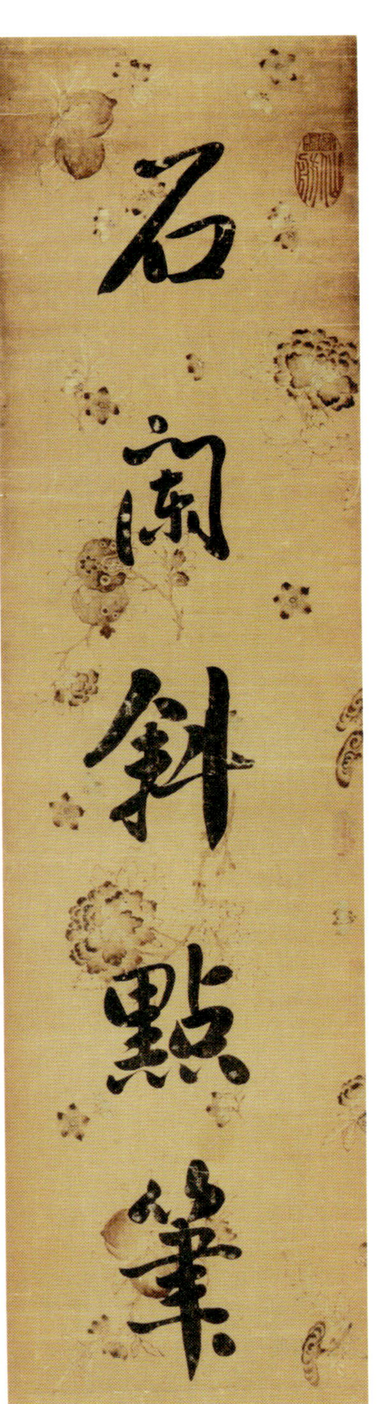

刘墉（1719—1804 年），清代书法家，乾隆十六年（1751 年）进士，为人正直、秉公清廉，兼擅楷、行、草，风格独树，自成面目，为清代帖学书法开辟了新境界。

铁保临怀素草书《千字文》卷

清（1644—1911 年）
纵 31 厘米，横 340 厘米
辽宁省博物馆藏

Thousand-Character Essay in Cursive Script by *Huai Su*, Copied by *Tie Bao*

Qing Dynasty（1644 - 1911）
Length: 340cm, Width: 31cm
Liaoning Provincial Museum

铁保（1752—1824 年），满洲正黄旗人，清代书法家。早年曾学“馆阁体”，后学颜真卿以纠正“馆阁”带来的板滞之病。

草書千字文

勅員外散騎侍郎周興嗣次韻　沙門懷素字藏真

天地玄黃宇宙洪荒日月盈
昃辰宿列張寒來暑往秋收
冬藏閏餘成歲律呂調陽雲
騰致雨露結為霜金生麗
水玉出崑岡劍號巨闕珠稱
夜光果珍李柰菜重芥薑
海鹹河淡鱗潛羽翔龍師
火帝鳥官人皇始制文字乃
服衣裳推位讓國有虞陶唐
弔民伐罪周發殷湯坐朝問道
垂拱平章愛育黎首臣伏戎
羌遐邇壹體率賓歸王鳴鳳
在樹白駒食場化被草木賴
及萬方蓋此身髮四大五常
恭惟鞠養豈敢毀傷女慕貞絜
男效才良知過必改得能莫忘
罔談彼短靡恃己長信使可
覆器欲難量墨悲絲染詩
讚羔羊景行維賢克念作聖
德建名立形端表正空谷傳
聲虛堂習聽禍因惡積福
緣善慶尺璧非寶寸陰是
競資父事君曰嚴與敬孝
當竭力忠則盡命臨深履薄
夙興溫凊似蘭斯馨如松
之盛川流不息淵澄取映

郡秦并岳宗恆岱禪主
云亭雁門紫塞雞田赤城
昆池碣石鉅野洞庭曠遠
綿邈巖岫杳冥治本於農務
茲稼穡俶載南畝我藝黍稷
稅熟貢新勸賞黜陟孟
軻敦素史魚秉直庶幾中
庸勞謙謹敕聆音察理鑒貌
辨色貽厥嘉猷勉其祗植省
躬譏誡寵增抗極殆辱近恥
林皋幸即兩疏見機解組誰
逼索居閒處沉默寂寥求古
尋論散慮逍遙欣奏累遣戚
謝歡招渠荷的歷園莽抽條
枇杷晚翠梧桐早凋陳根委
翳落葉飄颻遊鵾獨運
凌摩絳霄耽讀翫市寓目囊
箱易輶攸畏屬耳垣牆具
膳餐飯適口充腸飽飫烹宰飢
厭糟糠親戚故舊老少異糧
妾御績紡侍巾帷房紈扇圓潔
銀燭煒煌晝眠夕寐藍筍象床
弦歌酒讌接杯舉觴矯手頓
足悅豫且康嫡後嗣續祭祀烝
嘗稽顙再拜悚懼恐惶箋牒
簡要顧答審詳骸垢想浴執熱
願涼驢騾犢特駭躍超驤
誅斬賊盜捕獲叛亡布射遼

左宗棠榜书“天地正气”拓片

近现代
纵 121 厘米，横 35 厘米
西安碑林博物馆藏

Rubbing of Stela of Writing by *Zuo Zongtang*

Modern Times
Length: 121cm, Width: 35cm
Xi'an Beilin Museum

左宗棠（1812—1885 年），晚清政治家、军事家，洋务派代表人物之一。左宗棠行书出柳公权，而稍参欧阳询。此碑肃括森立，劲中见厚。“天地正气”大字颇见功力，用笔坚实自如，宗法晋唐，有傲岸之气。

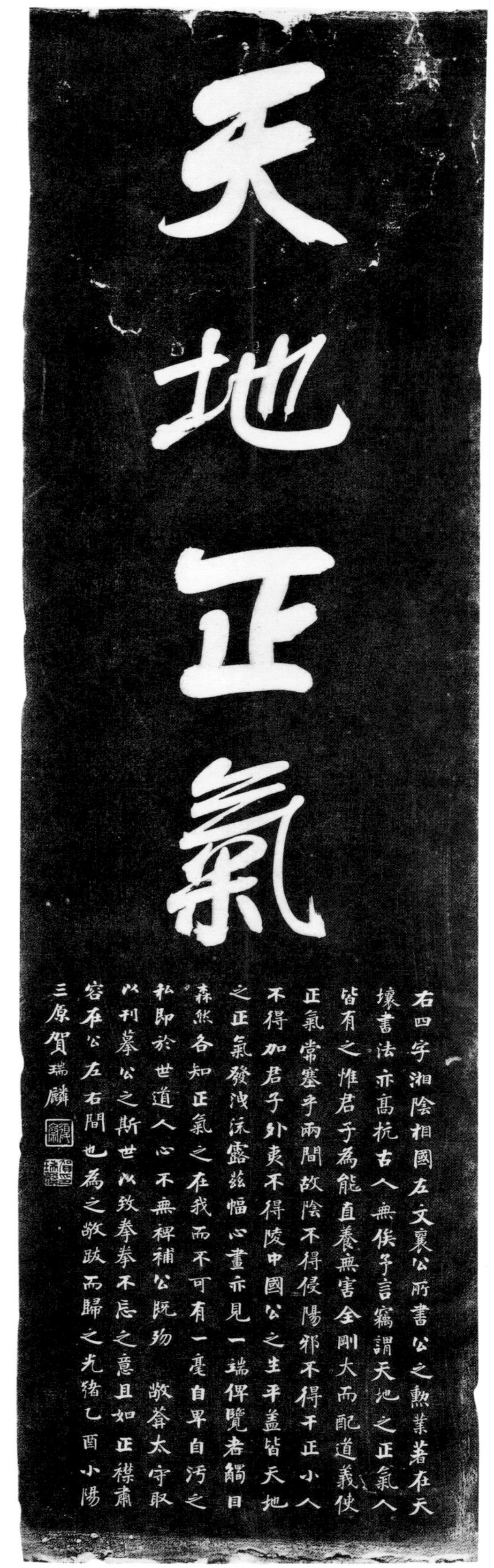

于右任草书“为万世开太平”轴

民国（1912—1949 年）
纵 129 厘米，横 33 厘米
重庆中国三峡博物馆藏

Handwriting in Cursive Script
by *Yu Youren*

Republic of China（1912 - 1949）
Length: 129cm, Width: 33cm
Chongqing China Three Gorges Museum

于右任（1879—1964 年），中国近现代著名书法家之一，对近现代草书的发展有重要贡献，被誉为“当代草圣”。

“为万世开太平”出自宋代张载的“横渠四句”，全文为：“为天地立心，为生民立命，为往圣继绝学，为万世开太平”，以简洁有力的语言概括了传统文人精神追求的四个方面，被无数仁人志士引为座右铭。于右任一生钟爱“横渠四句”，将其作为在乱世中的精神依托，并以此创作了许多书法作品。

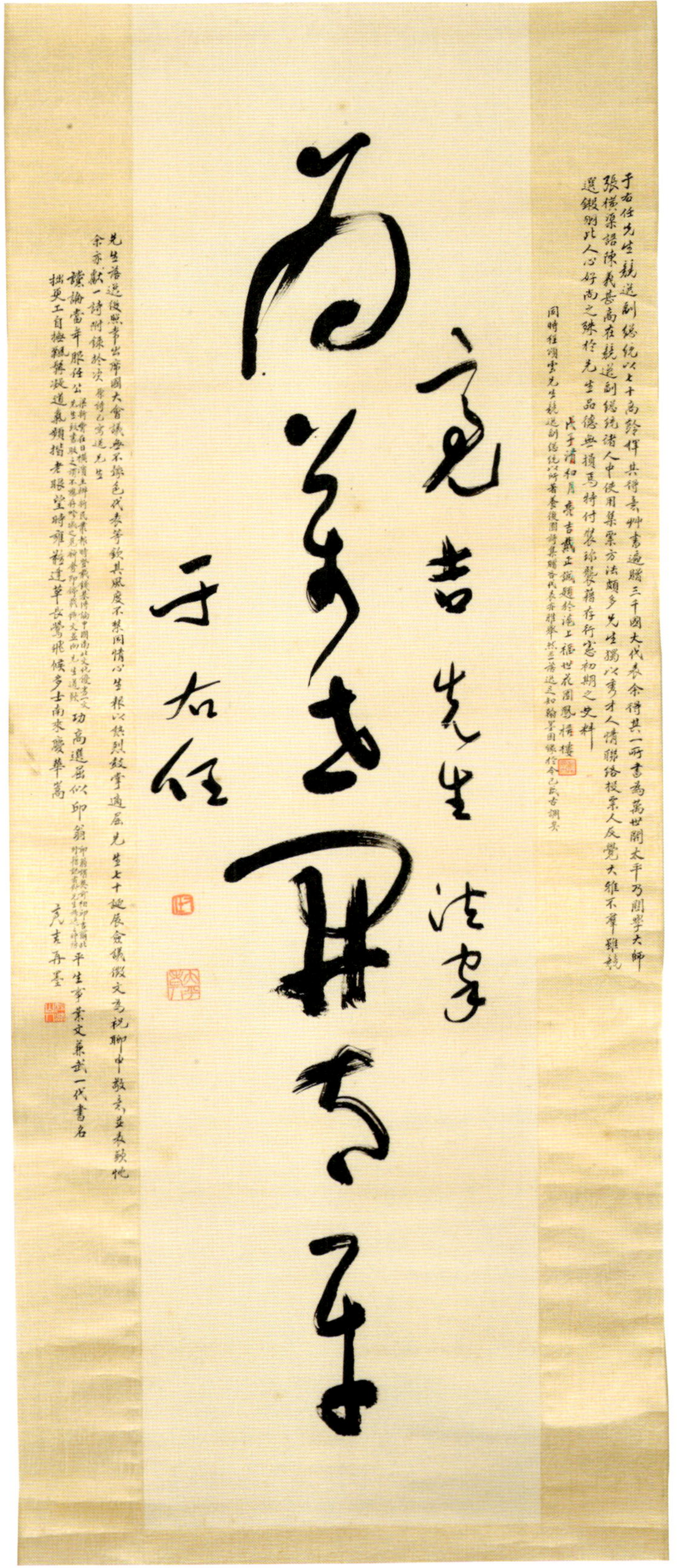

文房雅玩

笔墨纸砚和笔架、笔洗等器具是备受文人青睐的文房雅玩。笔墨纸砚描绘出形态万千的书法艺术，各类软硬长短不一的笔毫造就了变化无穷的线条，石质润泽的砚台研磨出细腻的墨汁，墨色的浓淡枯湿赋予线条丰富的层次，纸张的色彩纹理与用墨相映成趣。文房雅玩既是实用的书写工具，也是具有审美价值的工艺品，凭借精美的外观和多变的风格受到历代文人喜爱，成为书家学识修养、审美情趣的象征。

木管提笔

清—近代
长 25.2 厘米，杆径 0.6 厘米
安徽博物院藏

Writing Brush

Qing Dynasty to Modern Times
Length: 25.2cm, Diameter of Pen-holder: 0.6cm
Anhui Museum

乌木管提笔

清—近代
长 27 厘米，杆径 0.5 厘米
安徽博物院藏

Writing Brush

Qing Dynasty to Modern Times
Length: 27cm, Diameter of Pen-holder: 0.5cm
Anhui Museum

常山呈贡品羊毫笔

清（1644—1911 年）
通长 28 厘米
拨交
天津博物馆藏

Writing Brush

Qing Dynasty（1644 - 1911）
Length: 28cm
Transferred
Tianjin Museum

乾隆石鼓套墨

清乾隆（1736—1796 年）
每锭直径 5.2 厘米，高 2.9 厘米
拨交
天津博物馆藏

A Complete Set of Ink

Qianlong Era, Qing Dynasty（1736 - 1796）
Diameter of Single Ingot: 5.2cm, Height of Single Ingot: 2.9cm
Transferred
Tianjin Museum

汪近圣鉴古斋彩墨

清（1644—1911 年）
每锭纵 6 厘米，横 1.1 厘米，厚 0.6 厘米
拨交
天津博物馆藏

Ten Colored Ink

Qing Dynasty（1644 - 1911）
Length of Single Ingot: 6cm
Width of Single Ingot: 1.1cm
Thickness of Single Ingot: 0.6cm
Transferred
Tianjin Museum

兰亭序绿端砚

明（1368—1644 年）
长 24.3 厘米，宽 14.8 厘米，高 6.8 厘米
安徽博物院藏

Green Glazed Duan-inkstone with Carved *the Orchid Pavilion*

Ming Dynasty（1368 - 1644）
Length: 24.3cm, Width: 14.8cm, Height: 6.8cm
Anhui Museum

砚面平直，砚首雕亭内文士几上作文，砚堂、水池为亭下之池塘、山石，四侧平雕兰亭修禊图，底平，刻王羲之《兰亭序》全文。

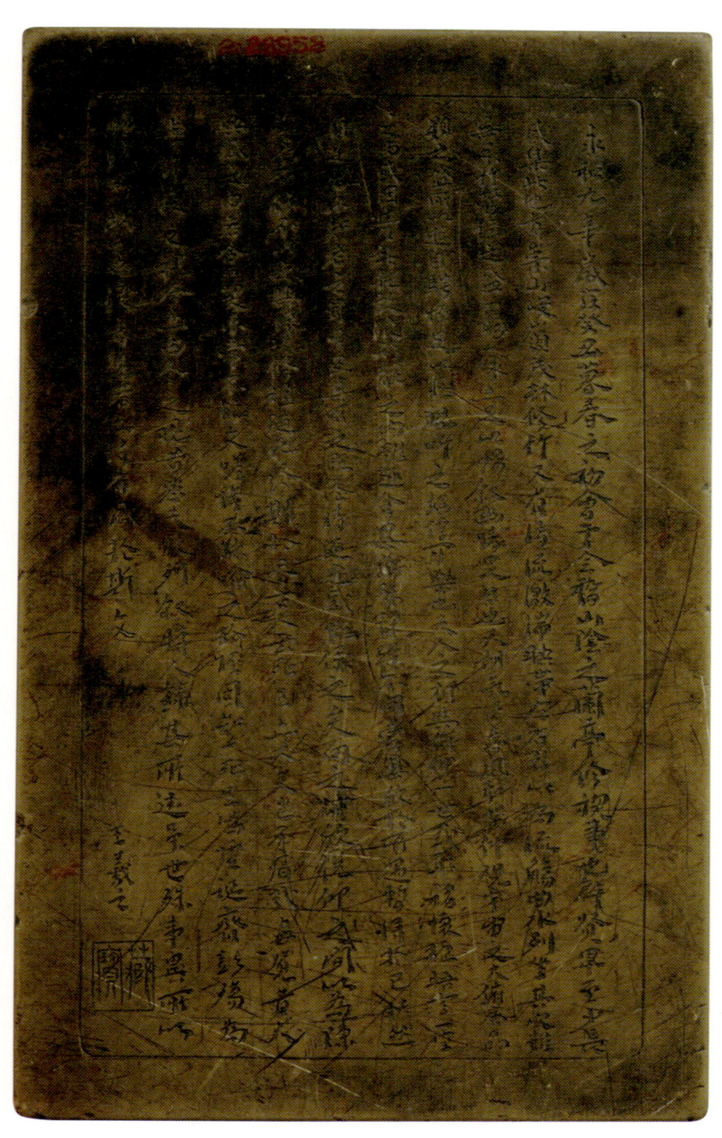

云龙纹歙砚及盒

清（1644—1911 年）
通长 22.2 厘米，通宽 14.4 厘米，厚 2.5 厘米
安阳博物馆藏

She Inkstone with Cloud and Dragon Pattern

Qing Dynasty（1644 - 1911）
Length: 22.2cm, Width: 14.4cm, Thickness: 2.5cm
Anyang Museum

带皮青玉刻诗三友图笔筒

清（1644—1911 年）
通高 14.8 厘米，口径 11.6×7.1 厘米，底径 6.2×5.3 厘米
故宫博物院藏

Green Jade Brush Pot with Carved Poem and Three Durable Plants of Winter（Pine, Bamboo and Plum Blossom）

Qing Dynasty（1644 - 1911）
Height: 14.8cm, Mouth Diameter: 11.6×7.1cm, Bottom Diameter: 6.2×5.3cm
The Palace Museum

此笔筒一面在竹叶映衬下，雕有清嘉庆帝《马远三友图》诗，另一面借助天然石皮和绺裂，利用浮雕加深雕技法，设计出松、梅迎风傲雪的自然状态。松、竹、梅即“岁寒三友”，被文人视为高尚品格的象征。

竹雕渭尧刻牧牛诗文笔筒

清（1644—1911 年）
高 14.7 厘米，口径 10 厘米，底径 9.6 厘米
安徽博物院藏

Brush Pot with Carved Poem

Qing Dynasty（1644 - 1911）
Height: 14.7cm, Mouth Diameter: 10cm, Bottom Diameter: 9.6cm
Anhui Museum

该笔筒截取一段规整竹节刻成，笔筒外浅浮雕牧牛图及诗文，字体流畅，又具耕读传家之意蕴。

茄皮紫釉笔架

清（1644—1911 年）
高 9.2 厘米，宽 13.2 厘米
安徽博物院藏

Purple Glazed Brush Rest

Qing Dynasty（1644 - 1911）
Height: 9.2cm, Width: 13.2cm
Anhui Museum

通体施茄皮紫釉，色泽乌亮，釉面莹润细腻。笔架状若连绵横峰，高低错落。

豇豆红洗

清（1644—1911 年）
高 3.5 厘米，口径 7.5 厘米，足径 6.5 厘米
拨交
河南博物院藏

Red Glazed Brush Washer

Qing Dynasty（1644 - 1911）
Height: 3.5cm, Mouth Diameter: 7.5cm, Bottom Diameter: 6.5cm
Transferred
Henan Museum

豇豆红釉是一种呈色多变的高温颜色釉，用还原焰烧成，其基本色调如成熟豇豆的红色，故得名。

荷叶形墨玉洗

清（1644—1911 年）
通长 17.1 厘米，通宽 10.8 厘米
通高 4.1 厘米，深 3 厘米
安阳博物馆藏

Black Jade Brush Washer

Qing Dynasty（1644 - 1911）
Length: 17.1cm, Width: 10.8cm,
Height: 4.1cm, Abdominal Depth: 3cm
Anyang Museum

文论

从文字发明到书体大备

——汉字发展历程概说

文 / 孙华（三星堆研究院、北京大学考古文博学院）

文字是记录语言的符号，有了这种符号，人们就可以将每一代的知识准确地遗留后世，将一个地区的信息传递到遥远的地方，知识的积累和交流就如同涓涓细流汇成滔滔大河一样，使人们从蒙昧野蛮逐渐走向文明进步。因此，人们将文字作为人类文明进程中最伟大的发明创造，作为文明诞生的重要标志。

我国目前所知的最早的文字是汉文字，汉字是何时何地发明的？汉字是原始记事符号的逐渐演变还是某个圣贤的突然发明？汉字发展过程经历了哪些发展阶段？包括三星堆人在内的古蜀先民掌握了文字吗？巴蜀符号是否是文字？《兰亭序》真伪的辩论究竟是怎么回事？针对诸如此类问题，我今天希望与大家分享一下个人的看法。

一、从原始记事到文字发明

什么是文字？文字与具有指示说明意义的符号和图画有什么区别？关于这些问题，学术界有着不同的认识。有的学者将文字定义为记录语言的符号，故他们只将按一定语法规则排列的符号串，也就是可以确定是记录语言的符号体系当作文字。按照这种文字的定义，就目前已发现的文字材料来看，中国汉字的出现就只能上推到商代。有的学者则把凡是人们用来传递信息、具有一定含义的图画符号都归入文字，按照这种文字的定义，中国文字的产生就可以上推至遥远的史前时代，可以将许多原始文化的刻画符号都视为文字。这两种对文字的不同定义其实并不完全矛盾，因为狭义的文字可以包容在广义的文字当中，记录思想信息的图画符号与记录语言信息的文字体系，二者具有先后的发展渊源关系。

从原始记事到文字发明，这是文字发展应当经历的两个阶段，如果按照严格意义的文字定义，成熟的文字应该是记录语言的符号体系，而不能是只记录思想片段的符号和图画。在中国本土产生的文字体系中，汉文字体系是形成时间最早、发展演变情况最为清晰的一种。目前所见最早的古汉字是商代后期的以殷墟甲骨文为代表的文字，在这以前的漫长岁月里，人们曾经长期使用着一些图画和符号来记录和传递信息。图画记事的例子如浙江余杭区南湖出土一件良渚文化（前 3300—前 2300 年）的黑陶罐，其肩腹部刻有十个连续的图形，是已知年代最早的连续排列的图形之一（图 1）[1]。对于这些图画，不少学者都认为它们属于原始文字[2]。这种认识，恐怕未必正确，南湖陶罐的这些图形符号不大可能是文字。因为如果用文字来记录这场发生在森林中的追猎故事的话，是不会用并排的多个同样的图案来表示多个人和物的。符号记事的例子很多，

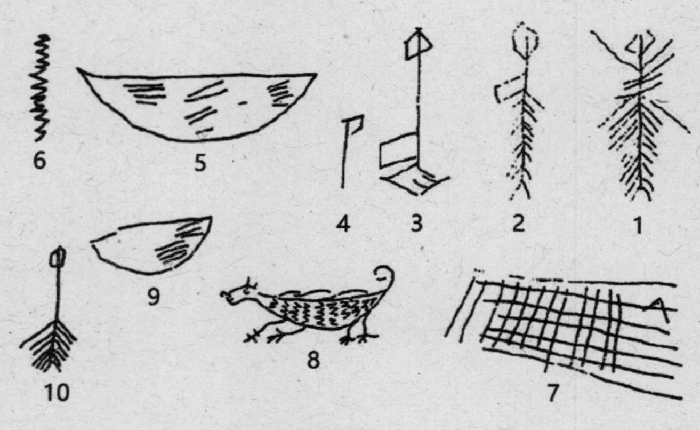

图 1　南湖陶罐图形符号

图 2 龙虬庄陶片刻符

中国原始的记事符号在新石器时代晚期诸文化中都有发现，被认为是夏文化的二里头文化的符号数量和种类也没有超出这些新石器文化符号的范畴。这些符号明显分为两类：一类是像仰韶文化陶钵钵口外缘那样的符号，它们多数类似后来汉文字体系古文字阶段文字中的数字、方位字；一类如同大汶口文化中的那些图形符号，这些符号多刻在深腹陶缸的口沿部位，它们有的可以在后来金文中的族名文字中找到相似的图形。对于这两种符号，有的学者认为属于文字，甚至将这些记事符号与古汉字中的某些字符进行比附，推定它们相当于古汉字中的某某字。然而多数学者不赞同这种做法，因为我们既不清楚这些符号是否是记录语言的符号，也不知道它与汉文字是否同属一个文字系统，二者根本不存在比附的前提条件。

在江苏高邮市龙虬庄遗址采集到的陶片，据说属于龙山时代晚期至夏代初期的“南荡遗存”，这种遗存大概与河南东部的龙山时代文化类型有密切的关系，其年代在公元前 2000 年前后。陶片系一件磨光黑陶盆的口沿残片，其上刻有排列成行的八个线形符号。这些符号的笔画没有被陶片边缘切断，可以肯定符号是在陶盆破坏成碎片以后才刻上去的。龙虬庄陶器刻符在排列上很有特点，它上下分为四行，每行有两个符号。左边符号的字体和高宽比例与通常汉字近似，右侧符号却比左侧宽了好几倍，字体也与左侧不同，有的像连写的汉字签名，有的像西文字母组成的单词（图 2）[3]。这种不寻常的排列组合，很容易使我们联想到说明牌一类性质的东西，在这类性质的符号排列中，左侧的符号往往是被解释的对象，右侧的符号则是对左侧符号的说明。但如果说这是说明牌一类，那么所说明的对象也未免太潦草了，很难有人能够辨识出这个图像或符号是什么。而在当代原始民族中，一些没有发明文字的民族，他们的原始记事符号或图画也经常连续排列，有的符号串还相当复杂，可见连续排列的符号也不一定是文字。

诸如以上的具有特定用途的图画符号与单纯的图画符号有所不同，它们已经作了一定程度的简化和抽象，与那些非图画的符号都可以视为原始记事符号体系中不同类型的符号（譬如象形符号、特定记号等）。这些原始符号有的尽管能够在以后汉文字体系（以及其他类似性质的文字体系）中找到相同或相似的文字符号，但两者却不是一回事。一种原始记事体系中的某些符号或许在使用这种符号的人群中也有固定的读音，如他们可能用一横划代表他们词汇中“一”这个词，画一个人形表示“人”这个词等，然而这些符号的数量却很有限，不能完整地记录语言，只能表达部分意思和记录其大致内容。我们还是以一横划的“一”和像一个人形体的“大”为例，原始记事符号中的“一”可能表示一根木棍，“大”可能表示一个人，但却没有抽象出数字“一”和指示所有人的意思，因而，他们表示一个人的时候就画一个“大”，表示两个人的时候就画两个“大”，却不存在数字“一”与“大”组合在一起来表示“一人”的意思。当人类的思维能力还没有发展到抽象思维和逻辑思维阶段的时候，当社会发展还没有到达必须用文字来记录语言并将文字作为权力工具的时候，在一批长期脱离实际生产活动的社会公职和神职人群出现以前，人们是没有欲望和能力把所有语言中的词汇都用固定的符号对应起来，按照他们语言的结构规律来组合这些符号，并且使这些符号体系在一个特定的社群中得到公认和普遍使用的[4]。有鉴于此，我们不妨将可以记录语言的成熟文字体系的符号称之为文字字符，而将那些记录和传递信息的原始记事符号称之为记事符号，以示区别。

现在的古文字学家普遍认为，要判定考古发现的史前符号是否属于古汉字，应当符合以下三个基本条件：一是这些符号必须符合"文字是记录语言的符号"这个定义，孤立的符号很难说明它们与语言中词汇的对应关系，只有当多个符号按一定规律排列起来的时候，才能够判定它是否与语言发生了联系；二是要知道这些符号是否属于记录汉语言的符号，也就是要有证据证明这些符号的使用者与后来古汉字的使用者有密切的关联；三是这些符号串与已知古汉字之间应当不存在太大的时间和空间距离，需要有能够说明这些史前符号确实发展成为古汉字的内在证据。中国从原始记事到文字发明经历了漫长的发展历程，原始记事中起备忘或传递某种信息作用的符号、图画可能会与语言相结合，可能是最早的原始文字。这些文字体系尽管可能没有被广泛采用，有的文字体系甚至只是昙花一现，没有流传下来。但是，史前时期这种将原始记事符号与语言联系起来的探索，却不可能不对以后成熟的文字体系的发生产生重大影响。

在我国从记事图符到文字形成的演变过程中，东部近海地区是值得注意的区域。公元前 3300—前 2300 年间，江浙地区分布着高度发达的良渚文化，该文化区的宗教祭祀极其兴盛，利用宗教的力量推动着社会超常发展。而在山东半岛一带，龙山文化也发展到了新石器文化的高峰，除了最高水平的制陶工艺外，在原始记事方面也做了很多探索。山东邹平市丁公遗址出土的刻符陶片出自一个龙山文化晚期的灰坑中，系一个陶盆底部的残片。陶片上刻有 5 行 11 个符号。从这些符号以最右侧一行契刻最规整，由右向左逐渐潦草，以及有的符号明显是先刻右侧偏旁、再刻左侧偏旁等现象来看，这些符号的契刻次序是从右到左、从上至下，这与后来的汉字书写次序和行款基本一致（图 3）。符号形体与后来的殷墟甲骨文有许多相似之处，其性质可能同为意音文字的范畴，但形体又存在不少的差异：它们的笔画除直笔外，还普遍运用了圆笔和曲笔，有的运笔方式在殷墟甲骨文及其他古汉字中均未见到。令人惊奇的是，这些符号"字体的显著特征是多为连笔字，与后代的行草相类"[5]。这些符号有序地排列在一起，符号已经相当简练和抽象，它们当然不会是一般的图画，也不会是与语言无关的记事符号，所以绝大多数学者都异口同声地称之为文字，有的学者还认为它是比较成熟的早期文字[6]。然而，殷墟甲骨文书写规整，笔画也基本上都用直笔，而史前的丁公陶文的形体居然用上了类似于隶楷阶段的行书或草书的笔法，完全不符合中国汉文字发展的正常规律，因而有学者称之为"走入歧途"的文字尝试。

二、汉字发明的文化背景

文字的发明创造有"渐变说"和"突变说"两种观点。渐变说认为，文字是原始记事的图像和符号经过漫长的积累和发展，随着图符增多或规范，才逐渐完成从原始记事图符向记录语言文字的转变。突变说则认为，原始记事的图符与记录语言的文字符号具有本质的不同，因某种需求或机缘，文字是由一位或一群"圣人"在原始记事图符的基础上，在很短的时间内就创造出来，并开始应用于记录语言的行为的。我倾向于突变说。

中国汉文字体系的形成，应该是在商代。西周文献《尚书·多士》记载周灭商后周公训示商遗民的话说："惟尔知，惟殷先人有册有典，殷革夏命。"可见商代已有载有文字的竹书典籍记录了商灭夏的历史事件。商代晚期的都城殷墟出土的大量甲骨文，所使用的汉字既显示了相当的成熟度，却也存在一些原始的因素，正如裘锡圭先生指出的那样，"商代后期的汉字不但已经能够完整地记录语言，而且在有些方面还显得相当成熟。……写法已经大大简化，不少字已经变得不大象形了。有些字由于文字排列的需要，改变了字形原先的方向……从这些方面看，商代后期跟汉

图 3 丁公陶片刻符

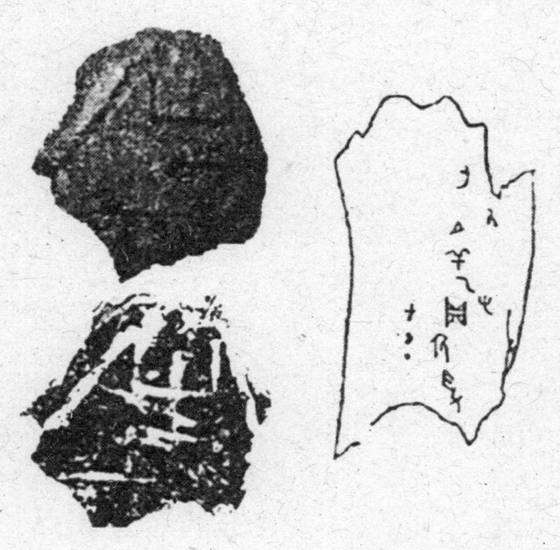

图 4 郑州二里岗甲骨刻辞

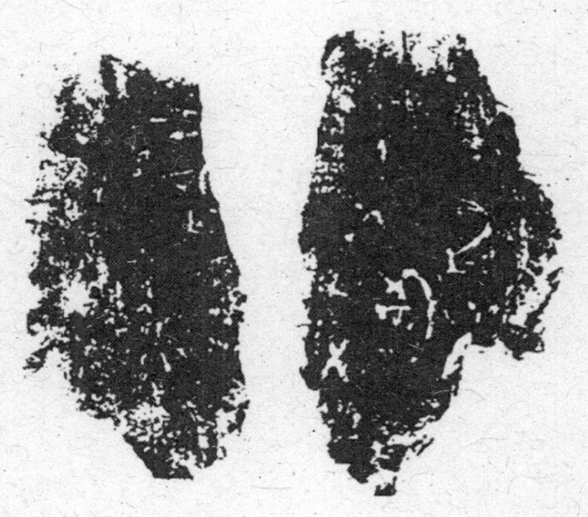

图 5 桓台史家甲骨刻辞

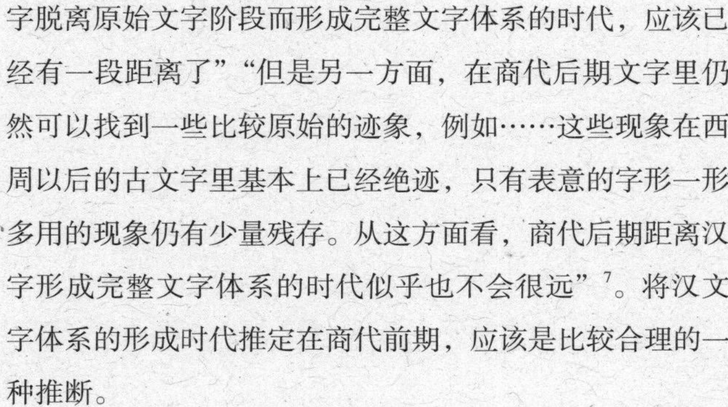

字脱离原始文字阶段而形成完整文字体系的时代，应该已经有一段距离了”“但是另一方面，在商代后期文字里仍然可以找到一些比较原始的迹象，例如……这些现象在西周以后的古文字里基本上已经绝迹，只有表意的字形一形多用的现象仍有少量残存。从这方面看，商代后期距离汉字形成完整文字体系的时代似乎也不会很远”[7]。将汉文字体系的形成时代推定在商代前期，应该是比较合理的一种推断。

从已经发现的材料看，中国汉文字体系的形成至迟应当在商代前期。在河南郑州市的二里岗，1953 年曾出土有一块牛肋骨，其上刻有贞卜文字，残存文字有“……又土羊乙丑贞从受……七月”十个（图 4）[8]。这块刻字牛骨，由于不是发掘出土，有属于商代晚期和商代前期即二里岗期两种说法[9]。如果后说不误的话，商代前期的汉文字体系就与商代后期的殷墟甲骨文一样，已经相当成熟了。1996—1997 年，在山东桓台县史家遗址的一个岳石文化晚期的井状坑中出土两块年代相当于商代前期偏早阶段的刻字甲骨，甲骨磨损很厉害，字迹已经模糊，但从残余符号痕迹观察，这些符号应当是纵向排列，多个符号连续，并且符号的形体结构与汉文字体系的殷墟甲骨文相似，很可能就是东夷的甲骨文字（图 5）[10]。从商代前期的这两处文字材料的情况来看，中国汉文字体系应当在商代前期就已经出现。值得注意的是，在山东龙山文化时期就有超常发展的丁公陶文，夏代及商代早期又有岳石文化的史家甲骨。汉文字起源是否与商代的东夷地区有关，这是一个值得关注的问题。根据考古学的研究成果，夏代的黄河中下游地区，并存着应该是夏的二里头文化，可能是先商的下七垣文化，以及属于东夷的岳石文化。商灭夏后，东夷文化与商文化曾经并存了一段时间，但在商代早期偏晚阶段就被商文化所取代。东夷文化是黄河中下游地区文明化进程最高的文化，东夷文化融入商文化的历程中，来自东夷的记事符号（甚至文字）、宗教礼仪、艺术形式也会被商人所借鉴，成为商代文字体系创造的重要源泉。东夷及商代前期汉文字使用过程中的这些实践，为以后汉文字的广泛使用奠定了基础。到了商代后期，以殷墟甲骨文和殷墟金文为代表的成熟汉文字就在商王朝疆域内被普遍使用，成为人们记录和交流信息的主要手段。

汉字在商代形成，这是各方面的动因相互作用的结果。我们知道，商人非常迷信，事无巨细都要占卜，往往一件事还要多次看看其是吉还是凶，并根据占卜的结果来决定是否从事某件事。《礼记·表记》说：“夏道尊命，事鬼敬神而远之。……殷人尊神，率民以事神。……周人尊礼尚施，事鬼敬神而远之。”就是古人对三代王族鬼神观念恰如其分的评判。商人的占卜、祭祀等迷信活动举行得很频繁，有一支数量颇为可观的专业神职人员队伍。在经历了一天多个事项和每个事项数次占卜以后，为了不发生混淆和遗忘，就需要将每件事的每次占卜结果都记录下来，以备以后查验。要记录日益复杂的事项，简单的记录思维的某些片段的原始记事符号是不够使用的，当时的贞人等专职神职人员们就会在过去原始记事的基础上做有意识的创造。他们扩充了符号的数量，使其能够满足记录的需要；他们将特定的符号与语言中特定的词汇对应起来，使其能表示语言中独立的语义单位；他们将具有形、意、声的符号按当时语言的句法顺序排列起来，从而使符号能完整准确地反映语言的内容。这样的符号系统终于脱离了原始记事符号的范畴，成为严格意义上的文字——古汉字[11]。这种古汉字可能先用竹简书写，以后为简便起见，顺手刻写在甲骨上，才遗留下今天我们所见到的甲骨文。

在中国先秦时期，与原始宗教有关的专职人员有史官、贞人、巫师等。史官是当时统治阶级集团中知识最丰富的人员，他们熟悉远古神话传说和本族的历史传说，同时是国家祭祀等宗教活动的主要参与者，他们还担负替王室草拟文书、记录国家发生的大事和编辑史书的重要职责，严格意义上的文字体系对他们来说是最需要的。中国古代史与巫的发展有一个地位由高到低、区分由不明显到明显的过程，在文字发明之初的时代里，史与巫的地位应当还是比较尊崇的，所以那些对文字发明有过突出贡献的巫史在文献中还保留下了他们的名字。许慎《说文解字·序》说："古者庖牺氏之王天下也，仰则观象于天，俯则观法于地，视鸟兽之文与地之宜，近取诸身，远取诸物，于是始作易八卦以垂宪象。及神农氏，结绳为治而统其事，庶业其繁，饰伪萌生，黄帝之史仓颉见鸟兽蹄迒之迹，知分理之可相别异也，初造书契。"这个传说中创造原始记事符号"八卦"和结绳记事方法的远古传说人物，显然是兼有巫史职能的氏族首领，而创造文字的圣人仓颉，本身就是黄帝的史官。史、巫远古的职能相近，从这些传说透露出的信息可知，在文字的发明创造方面，古代的巫、史一类神职人员曾经做出过特别的贡献。汉文字正是由他们创造，首先在他们这个圈子中通用流行，然后才成为贵族阶级学习的"六艺"之一。

鉴于商代才发明了目前所知的中国最早的文字，商代晚期的汉字可能还只在商人的贵族群体中行用，与商人有着密切交往关系的族群和国家，如后来灭商的周人贵族群体也掌握了文字，因而我们在周人的首都即周原遗址发现了可能早到灭商之前的刻有文字的甲骨窖藏[12]。根据文献记载，以四川成都平原为中心的古蜀人参加过周灭商的战役，这群古蜀人从年代关联和文化关系上来推断，可能就是以成都金沙遗址为中心的十二桥文化的人们。这些古蜀人在参与灭商的过程中和灭商以后的战利品分配中，接触到了商人和周人的文字资料[13]，甚至还分配有掌握文字的巫师贞人，从而掌握了文字即古汉字的体系。周灭商后，将穿越秦岭的谷道北口陕西宝鸡戴家湾—茹家庄—竹园沟一带赏赐给古蜀人作为他们的采邑，著名的強氏墓地就位于蜀人采邑范围内。在西周时期強氏贵族首领強伯的墓葬中，都有強伯自作刻有"強伯"官职的青铜器[14]，如果承认強伯是古蜀人王族的分支，则古蜀人当时已经掌握并使用古汉字就是一个可以肯定的推论（图6）。

三、商代书写对后世的影响

商人创造发明了文字后，文字可能在相当长一段时间内只在商人贵族中传习使用。随着商代末期周人的崛起，在商周交往中，周人也学习掌握了商人使用的文字，并仿照商人将其用于占卜记录和青铜器铭文中。考古学家在周人兴起之地，也就是西周王朝宗周都城所在的周原遗址，于宫城北部的凤雏先周时期或西周早期的建筑基址的窖穴中，发现了多片带有文字的周人占卜甲骨。这些甲骨记录了周人祭祀商人祖先、征伐周边国族等事件，有些国族名也见于后世文献记录的武王伐商前后的事件中，说明这些甲骨的一部分可能是在周人灭商之前的遗物。

自从商代形成了成熟的文字体系，就逐渐孕育了最早的书写艺术。这些书写艺术虽然尚未形成一种为广大书写者所刻意追求的法则，但却也蕴含着普遍的时代精神和书写者个人的修养和风范。只是在个人书法特色还不显著的

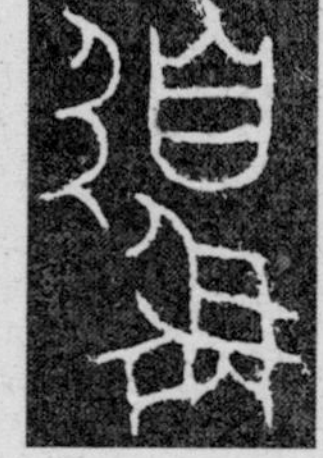

图6 強氏墓地的铜人及族徽

图 7 殷墟涂朱牛骨刻辞

时代里，时代精神对后世书法艺术的影响远比个人的影响更大。商代书写艺术对后世的影响主要表现在以下几个方面。

（一）在书写用具方面

商周常用书写用具除了甲骨刻辞使用的刻刀和龟甲兽骨外，平常使用的书写用具不外乎毛笔、墨（或红色颜料）、竹简（木牍）或缯帛三种。

毛笔是以细竹或小圆木为杆，前端系扎动物毛做成笔尖的书写工具。毛笔传说是秦国的蒙恬所造，但正如崔豹《古今注》中牛亨所说的那样，“古有书契以来，便应有笔也”。毛笔的出现可以追溯到汉文字体系形成的年代。笔字本作“聿”，后世为强调它以竹为杆，故加上竹字头偏旁改作“筆”。古文字中的笔字作“[illegible]”“[illegible]”，字形就像一只手握着一杆毛笔，故许慎《说文解字·聿部》说：“聿，所以书也。”商代及西周前期的铜器铭文中的文字，往往下笔处粗而收笔处有波折和笔锋，这显然是模写毛笔书写的字体。

书写所用的颜料是墨或红色颜料，殷墟甲骨文中有墨书甲骨和朱书甲骨，就是用毛笔蘸着墨或红色颜料书写在龟甲兽骨上的（图 7）。

竹简是纸发明以前最主要的文字载体，它是将一定长度的粗竹筒剖为若干块，削去竹节，刮去竹青，使其表面相对平整，然后在上面用毛笔书写文字。竹简按书写的先后顺序用绳索编串起来，就是所谓的“册”，将编好的成册的竹简妥善保存在架子上，就是所谓的“典”，“册”“典”二字的古文字字形很形象地反映了这两个字的本义。缯帛是丝织品的总称，它柔软细滑，轻薄平坦，比竹简轻便但价格高昂，是书写的上好材料。目前考古发现的书写有文字的最早的缯帛已经晚到了战国时期（湖南长沙子弹库战国墓葬出土的帛书）。帛可以书写文字，这是很容易被古人认识的事物，缯帛应当与竹简一样很早就被利用作书写材料。

商周的这三种书写用具悉数被秦汉继承下来，除了竹简和缯帛后来被纸张取代外，其余两种都一直使用到现在。

（二）在书写的行款方面

商代文字已经奠定了自上而下、从右到左的书写习惯。从汉文字体系出现起，竹简或木简就是最主要的书写材料。竹简是竹筒剖开削修而成，一支竹简的宽度有限，受竹简形态的限制，文字只能从上往下依次书写，从而造就了汉文字排列自上而下的直行排列方式。这种排列方式一旦成为书写习惯，即便在其他没有简牍制约的书写材料上写字，人们也会遵从自上而下的直行方式，商周甲骨文和金文就是典型的例子。也是由于竹简木牍宽度的限制，汉字的形态也总体上趋于纵长横窄的长方形，原先较宽的象形字和会意字，也就从横向变为纵向，以适应竹简木牍的形态。正如裘锡圭所指出的那样，“显然早在商代后期以前就已经确立。所以在甲骨文里，不少原来宽度较大的字，如‘犬’‘豕’‘病’‘虎’等字，已经由于直排的需要而改变了字形的方向”[15]。

在行次排列的顺序上，从商代后期开始，铜器铭文和兽骨上的记事刻辞，其排列次序几乎都是从右向左，当时通行的行的序列是从右端开始的。这种从右向左的书写顺序，也与竹木简册的形式有关。由于一支竹简只能书写不多的文字，需要将若干相同长度的竹简用绳索编连起来，才能完成一篇文章的书写。编连起来的空白竹简平时是卷成筒状的，因为人们一般多用右手握笔，用左手展开卷筒状的竹简，因而通常都是从右手边的第一支简开始书写，边写边展开左侧卷起的竹简，从而又形成了从右至左的书写习惯。

自商代以后，文字的书写顺序始终以从上至下、从右至左为基本格式。在纸发明和推广以后，尽管没有竹简的边栏限制，但由于习惯的力量，文字的书写格式仍然长期沿用商周以来的习惯，一直到现代才发生改变。

（三）在文字形体结构方面

汉文字的结构是一种方块字，早在商代晚期，汉字就已经形成了方形（包括长方形）的基本构形。这种方形文字具有庄重稳定的轮廓，书写要求笔画横平竖直，左右对称或比例恰当，书写艺术的美感构成因素也复杂多样：文字的外部轮廓有高矮宽窄的变化，文字的内部偏旁笔画的处理有空间的疏密、偏旁的大小、笔画的长短、左右的离合的不同，从而使得汉字的书写具有浓郁的艺术表现性和感染力。

商周古汉字在形体上是以象形的符号作为中心的基本符号，借助增加点、线的指示性说明，凭借多个象形符号的组合，以及其他各种方法，其数量才递增到能够满足人们记录语言的需要。象形字及象形字符最初都是由仿形线条构成的，仿形线条所表现的本身就是具有艺术美的万物，在模写这些万物的过程中，在图像抽象简化为象形符号的过程中，人们都在进行一种艺术的创造。即便在象形符号相对定型以后，人们仍然可以从中发现可以再塑造和再加工的东西，可以继续进行美化并使之更加完善。这种被称作书法艺术的东西在商周时代就已经开始，以后历代都在进行，并还将继续进行下去（图 8）[16]。

图 8 商代“族徽”金文的美化

最后需要强调的是，在汉字形成过程中，由于用来创造汉字的图符来源于摹画的图画和刻划的符号，使用颜料绘画往往线条柔性圆转，使用刀凿刻写则通常线条硬性折转，再加上商周时期的书写材料不仅有简牍，还有甲骨，因而汉字在产生之后就有了正俗、繁简、凝重和随意的分别。这种区别随着汉字的普及和书写的发展，在内部和外部动力的驱动下，就会发生汉字字体的演变和书体的多样。这里需要讨论一下“字体”和“书体”，这两个概念学术界有不同的认识，郭绍虞先生认为汉字的字体有文字形体、书写字体和书法家字体三种含义，“这三种意义互有关联但各有分别。就文字的形体讲，只须分为正草二体。就书写的字体讲，一般又分为正草隶篆四体，或真行草隶篆。就书法家的字体讲，那是指各家书法的风格，可以分得很多，最流行的如颜体、柳体、欧体、赵体之类便是”[17]。我赞同郭先生现代汉字和书法的研究应当区分字体和书体的意见，字体是指汉字的整体形态结构，它带有时代性和体系性，古汉字和今汉字、古今汉字的正体和俗体之分，以及今汉字的隶、楷、行、草之类，都属于字体的范畴；而书体是指汉字的细部形态和结构，它主要体现为各类具有代表性的书法家的书写特色，以及这种书写特色所引领的书写习惯，王体、颜体、柳体、欧体、赵体等，都属于书体的范畴。

四、汉字字体和书体的演变
——古文字时期

汉字至迟从商代产生，发展至今，已经经历了 3500 年。在这漫长的发展过程中，汉字经历了两个大的发展时期，通常把第一个时期称之为“古文字时期”，第二个时期则称之为“今文字时期”，即隶楷时期。古文字时期的汉字，也就是从商代晚期至秦汉之际，在古文字时期初期，由于在最初的汉字发明和使用过程中只有少数贵族掌握这种技能，因而汉字的字体是比较统一的。随着汉字的普及，再加上东周列国的分裂对峙，汉字的字体也就从统一走向多样。秦统一六国后，“书同文”，汉字的字体又一统起来。古文字时期经历了三个发展阶段。

（一）商代后期及西周前期文字

汉文字体系从商代前期就已经产生，但目前发现的商代前期的文字材料实在太少，不足以反映这一时期书写艺术的状况。商代后期到西周初期，是中国青铜文化和青铜器冶铸工艺发展的第一高峰期，古汉字体系各种类型也都在这一时期出现并逐渐普及。这一时期已经形成了正、俗两种字体，正体是铜器铸铭为代表的金文，俗体则是殷墟和周原的甲骨刻辞，这些甲骨刻辞仅见于这一时期，以后就几乎不见，是具有时代性的特殊文字。这一时期已经出现了不少优秀的书写作品，如商代末期的《邲其提梁壶铭》、西周初期的《右史利簋铭》、西周前期的《大盂鼎铭》等铜器铸铭（图 9），以及宰丰骨匕刻辞这样的努力想表现毛笔书写笔意的契刻文字，它们布局疏密有致，书写严谨流畅，笔道粗壮有力，是这一时期正体文字的代表。

在这一时期，一篇文字的纵向的“行”已经排列得比较齐整，但行与行之间的字却或长或短，高低错落，不大整齐。文字形体的象形程度很高，存在着大量难以隶定和释读的非常象形的族名金文。文字字形的方向也不太固定，许多字向左或向右都可以，有的还可以倒写或侧写。文字仿形的弯弯曲曲的线条很多，笔道有粗有细，还有不少根本不能算作笔画的方形或圆形等的团块。书写艺术留给人们的印象是雄浑敦厚，粗犷有力，但还不够清秀玲珑，潇洒酣畅。

总括商代后期和西周前期的书写艺术，文字布局注重纵向的气韵，不追求横向的齐整；书写的笔法粗细不一，往往落笔轻而收笔重，起笔和落笔都有锋有波磔。这种书写风格在西周前期已在发生悄然的转变。文字布局开始向纵横对齐方向发展，笔画逐渐向粗细相等方向过渡，夸张的捺笔和肥笔逐渐变得不明显。《大盂鼎铭》的文字布局就有纵有横，书写整齐，规整匀称。

图 9　大盂鼎铭

图 10 齐侯盂鉴铭

（二）西周后期到战国前期文字

西周后期是为后代儒家交口称道的“周礼”的形成时期，“书”（书写）成为周代贵族必须掌握的“六艺”之一[18]。这时期的文字书写艺术风格比较统一，具有明显的传承性。在文字书写的行款、文字的形体和文字的笔画上都做了比较大的改进。书写行款的改进体现在一篇文字的排列不仅注意到了纵向“行”，而且也兼顾到横向“列”，有的铜器铭文为了书写方便起见还打有格子，一字一格，整齐划一。

文字形体的改进主要体现在文字写法的逐渐规范化和笔道逐渐地线条化、平直化，方形或圆形的不成笔画的团块被线条所代替，象形的曲线被拉平成比较规范的笔画，不相连的线条被连成一笔等。文字笔画的线条化表现在粗笔变细，从落笔到收笔运笔均匀，笔画的转折更加圆和。这些行款、形体和笔画上的特点，使得这一时期的书写艺术具有统一的时代风格。文字布局行气贯注，书写显得端庄匀称，宛曲柔美，笔画线条粗细得当。

西周后期至春秋中期，在使用汉文字的中原列国文化圈内，各国文字的风格都还比较统一，虽有如《史墙盘铭》《厉王胡簋铭》那样的谨严派书风和像《散车父簋铭》那样的恣肆派书风的差异，但总的说来，其书写显得圆润成熟，笔画粗细适中，运笔婉转滞重。而到了春秋晚期至战国前期前后，文字普遍趋于修长，笔画变得纤细，纵笔刚劲有力，斜笔更加柔曼，显得轻灵飘逸，如《齐侯盂鉴铭》等（图 10）。这一阶段书写艺术的地域性特点也开始增强，出现了明显的美术化倾向。在东方和南方的国家里，铜器铭文的字形特别狭长，笔画往往故作宛曲之态，有的还刻意加缀鸟首，形成变形很大的难以辨认的“鸟虫书”。狭长字形的金文或称“玉箸体”，就每个字的形体来说，显得瘦削柔弱，但就整篇铭文来说，却有一种特别的形式美，《蔡侯申尊铭》就是一个典型的例子。

纵观从西周后期到战国前期的书写艺术，它在书写行款上追求行列的整齐划一，注重篇章文字的总体章法，刻意造就一种整体的美感。它在文字的笔画上，消除了早期的肥笔和波磔，使笔道的粗细如一，这除了便于书写外，同样也体现着对于每个字的均衡美和整体美的追求。它在运笔上根据不同类型的笔画，或落笔重而收笔轻，笔道笔直遒劲；或刻意弯曲扭动，转曲处笔意连续不断，笔道流转雅丽。

（三）战国后期六国及秦系文字

在春秋末期至战国前期，中国社会发生了剧烈变化。随着兼并战争的进行和贵族间的斗争，旧贵族已经走向没落，出现了“士”这样一个独立的阶层。他们游说于各国间，宣传自己的政治主张和学术思想，文字因而也就从神圣的官府开始扩散到民间，文字的使用面越来越普遍。另一方面，也正因为开始于这一阶段的大规模兼并战争，使得各大国集团相互对立，彼此在文化和艺术上的差异也日益增大。这些历史和文化背景反映在书写艺术上，就是从战国前期以后，传统的长篇纪事的铜器铸铭显著减少，“物勒工名”式的短篇刻铭则大量出现。这类铭文，字数一般不多，所记的主要是作器年份、主管作器的官吏和作器工人的名字，等等。

这一时期文字书写风格除了正体和俗体的差别外，中原列国文化区的东方六国文字书写风格与西方秦国文字书写风格的差异也很明显。秦国建立在周王朝的故地，秦系文字与秦文化其他因素一样，最忠实地继承了西周王朝的传统。到了战国后期，秦国由于文化比较落后，所在地理位置又相对偏僻，文字的剧烈变化也开始得较晚，在其他国家正、俗两体文字泾渭分明的时候，秦国的俗体文字与正体却有着密切的联系（图 11）。由于秦系文字的变化规律性强，容易书写和辨认，所以，秦系文字的正体后来变为小篆，俗体则发展成为隶书，成为秦汉文字最主要的来源。东方六国文字与秦系文字不同，铸刻称颂祖考功烈、祝愿子孙昌盛、记述历史事件等内容铭文的铜器逐渐少见，多数铜器只简单地记载铜器器主和铸器之由，“物勒工名”的铜器铭文是铭文的主流。

正体的铭文书法越来越讲究和美观，将铭文刻铸于器表，使之兼具装饰功能，就成为东方六国部分铜礼器的一种铭文作法。由于要追求文字的美观，在文字结构中增添藻饰的书体在这时的六国文字中也时有所见。20 世纪 70 年代在河北省平山县发现的战国后期偏早阶段的中山王墓，墓中出土的铁足大铜鼎、铜方壶和圆壶都有长达数百字的长篇刻铭。这些铭文刻在素面铜器表面最醒目的位置，字体娟秀，除了“著诸鼎彝”铭功作用外，还起着铜器纹饰般的装饰作用。这些传统的正体文字，布局严整均衡，字形修长瘦劲，笔道纤细流畅，给人以强烈的美感。秦和六国的正体文字都很美观，尤其是玺印文字，开创了我国印文的先河。而这时期的大量的新兴文字即俗体文字，书写草率急就，字形变异颇多，书风千姿百态，与传统的正体文字形成了鲜明的对比。俗体文字在东方六国中与正体文字差异很大，并且各大国的变形还不相同。字形往往变得比较方正，结构异常复杂，笔画增减不定，书写草率难认，艺术性不是很高。

五、汉字字体和书体的演变——今文字时期

秦国在统一六国的过程中，也将秦系文字不断推广至六国和六国以外地区。秦统一中国后，更推行书同文，车同轨，一度量，平权衡，正钧石，齐斗桶的统一措施。在书同文方面，“斯作《仓颉篇》，中车府令赵高作《爰历篇》，

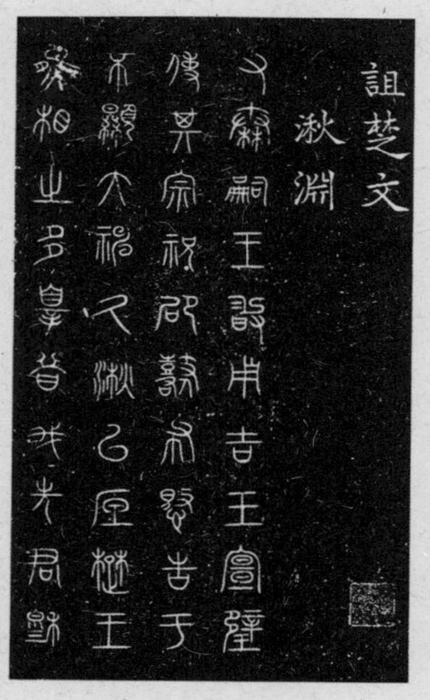

图 11 诅楚文刻辞

太史令胡毋敬作《博学篇》，皆取史籀大篆，或颇省改，所谓小篆也。是时，秦烧灭经书，涤除旧典，大发吏卒，兴役戍，官狱职务繁，初有隶书，以趣约易，而古文由此绝矣！”[19]在今文字时期，汉字的字体也在不断发生变化，隶体逐渐发展成为楷体，在这个过程中为了书写简便快捷，又产生了行体；而为了在一些特定用途的载体上以示古朴庄重，还在隶体的基础上形成了魏碑体。随着书写文字者的增多，秦汉以后历代都有一些具有代表性的以书法精妙著称的人士，从而形成了书法家这一文人群体中的特殊类型。有的书法家刻意发展了行书的连笔和简笔，创造出有别于隶、楷、魏碑书体的草体，从而形成了今文字字体中正体与草体两大体系。到了中古时期后段的隋唐五代时期，汉字的字体和书体已经基本具备了。

（一）隶体的形成和发展

关于隶体的发端，古人有秦始皇时人程邈、王次仲或秦代书佐共同创作三说，三说的共同背景都是秦朝时文书繁多，为了书写快捷，才变篆体的笔画圆转为方折，弧笔为直笔，笔势蚕头燕尾，以便书写[20]。古人已经提出，隶体的出现可能早于秦代，唐丘光庭《兼明书》卷一就这样说：“代人多以隶书始于秦时程邈者。明曰：非也。隶书之兴，兴于周代。”并举《左传》之春秋时“亥”字写法为今体、齐太公六代孙胡公棺前文字多为今体为证。其证据尽管有点勉强，但秦统一以前的秦系文字，不论是战国简牍还是权量金文，都已经可以看到文字用笔的隶意，隶体早于秦统一六国之时，这却是不争的事实。目前发现的具有隶书意味的简牍，如四川青川县郝家坪古墓出土的战国秦《为田律》木牍（图 12）、天水放马滩战国秦简、湖北云梦县睡虎地战国秦墓出土的竹简，都可以见到写有这些介于篆、隶之间的书体，隶书研究者称之为古隶，它是秦汉隶体形成和发展的基础[21]。秦系文字本来有正、俗二体，正体属于古文字，周代秦系正体文字逐渐演变为更加规范的小篆；俗体把正体的圆转的笔画变为方折，两端对称下垂的笔画变为平直，向下的斜笔（撇、捺）变得略往上扬，这样的文字规范后就成了隶体。秦代只是将秦国既有的文字再次规范推行全国而已。

隶意的字体起源于秦代以前，其形成的时间上限，一般认为是在战国晚期。“从考古发现的秦系文字资料来看，战国晚期是隶书形成的时期。……秦国人在日常使用文字的时候，为了书写方便也在不断破坏、改造正体的字形。由此产生的秦国文字的俗体，就是隶书形成的基础”[22]。这些战国晚期的具有隶书意味的文字材料，主要是简牍，而更早的简牍却没有发现。我们知道，早在商代汉字发明的时期，就已经有了竹简制成的典册，战国晚期以前秦国官吏的书写材料主要也是竹简。那时的人们在竹简上书写篆字，如果要快速书写的话，也可能会出现战国后期的带有隶意的用笔。假如今后发现更早的简牍，发现其上文字带有隶意的话，那也是不奇怪的。

图 12 郝家坪《为田律》木牍

隶体的形成、定形和转变经历了从春秋至汉晋较长的时间，故当代的文字学和书法学研究者一般将隶体的发展分为“早期隶书”和“成熟隶书”，或“古隶”和“汉隶”两个阶段。西汉中期是隶体逐渐走向成熟的时期，“所有代表性的例如本世纪出现于西陲流沙简中的西汉宣帝五凤元年（公元前 57 年）、新莽始建国天凤元年（14 年）的书简等”，不仅字形结构已经变成横长方形（这在更早的竹简中已经有了），而且书写笔势已经更注重长波，已经基本摆脱篆体的束搏而走向隶书线条了。[24]东汉时期是隶书发展的高峰时期，这时的人们已经普遍使用横长方形、折笔方转、收笔多波磔的隶书，无论是竹简纸张等通常书写材料，还是砖石模范等特殊材质，人们都首选隶书字体，因而全国不少地方都遗留下了载有东汉隶体文字的字砖、石碑和摩崖题刻。随着隶书的流行，人们日常接触和使月的文字材料都是由隶体写成，与古文字日渐疏远，就逐渐不认识古文篆体了。西汉宣帝时期出土的西周铜器上的文字，一般官员士人已不认识，需要具有专门古文字知识的人来释读[25]。东汉时期许慎编写《说文解字》，在某种意义上就是以小篆为主要解读对象，兼及古文和籀文的帮助人们辨认古文字的字典。曹魏时期的《三体石经》石碑，就是为了方便读书人对照校对不同字体的儒家经典，才不嫌麻烦用隶体、篆体、古文三种字体在石碑上书刻这些经典而成，并将之竖立在太学前面供大家参校（图13）。

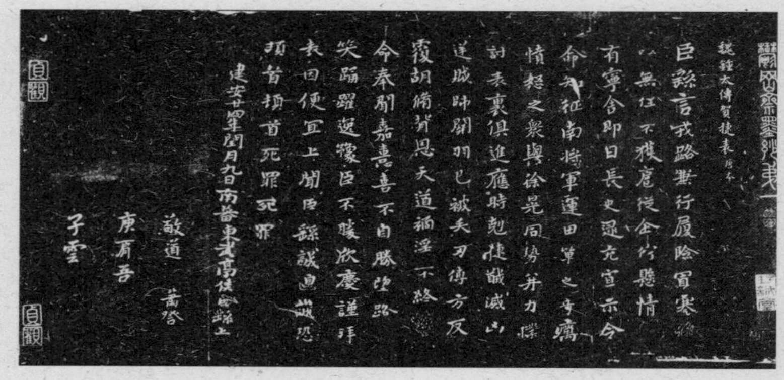

图14 钟繇《贺捷表》

（二）楷体的形成和广泛行用

在汉字今文字体的发展历程中，从隶体到楷体这两大发展阶段是人们通常的认识。楷体有楷模之意，是文字书写正体的代名词，故今隶也曾称作“楷书”。马叙伦《书体考始》说：“隶书降而有真书（即正书），真书者晋唐之间所谓今隶也，其体较古隶（即汉隶）为真正，故亦曰楷书，楷书言有楷模也。”[26]作为隶体之后形成的新的字体的名称“楷书”，是在唐代以后才逐渐确定的。

图13 《三体石经》残石拓片之一

后来意义的楷书即楷体的产生，传统的认识是开始于东汉的王次仲，成于三国的钟繇。王次仲的年代有秦代和东汉两说，其创制的书体也就有隶体和楷体的不同说法。在楷体形成的过程中，钟繇无疑是相当关键的人物，从传世的经后人摹写或摹刻的钟繇作品来看，他写的字尽管还保留着隶体横长方形的形体，但笔画已经为典型的楷体笔法。《宣和书谱》说：“在汉建初有王次仲者，始以隶字作楷法。所谓楷法者，今之正书是也，人既便之，世遂行焉……于是西汉之末，隶字石刻间杂为正书……降及三国钟繇者，乃有《贺克捷表》，备尽法度，为正书之祖。”[27]钟繇、卫夫人、王羲之三人有师徒传习关系，经过这三位书法家的努力，到了王羲之时代，楷书及其快写的行书都已经相当成熟了。随着新的出土文献材料被发现，在汉代简牍中已经有楷体的笔法，楷体的萌生早于三国时代，是汉代社会书写者的共同创造，三国时代的钟繇则是这个演进过程中的集大成者，这逐渐成为学术界的普遍认识（图14）。早在民国初年，罗振玉在《流沙坠简》简牍遗文考释中就指出：“神爵四年简（《屯戍丛残》烽燧类第二十二）与二爨碑颇相近，为今楷之滥觞；至永和二年简（《屯戍丛残》薄书类二十三）则楷七而隶三矣；魏景元四年简（《屯戍丛残》杂事类第五十六）则全为楷书。此卷魏晋以后诸书楷法亦大备，昔人疑钟太傅诸帖为传摹失真或赝作者，以此卷证之，确知其不然也。”[28]湖南长沙走马楼大量三国吴简出土以后，由于这些吴简文字基本上都呈楷体，文字形体和用笔都接近钟繇书法，故已有多位学者据此指出三国时期汉字字体已经完成了从隶体向楷体的转变，例如刘正成先生就指出，“如果说从钟繇《荐季直表》到王羲之所临钟繇的《宣示表》，可以论证中国书法史上楷书从创立到完全成熟的过程的话，那么，长沙走马楼吴简的出土便找到了最好、最直接的旁证。”[29]

自从楷体在魏晋时期走向成熟后，它就向多个方向发展和转化（也有学者认为，这个转化出现在隶体成熟以后）[30]。第一个方向是楷体书法发展的主流方向，也就是规整楷体的个性化和多样性，从而形成了以不同书法家为代表的不同书体。第二个方向是楷体的快写形式，也就有了连笔的楷体即行书体，以及在行体基础上的刻意连笔、简省和变形，从而形成了难认的草体（章草相对容易辨识，今草则非常难认）。第三个方向就是在书写需要保留古意的墓志和墓碑时，试图使用当时人们习惯的楷体笔法模仿隶体笔意，结果写出介于隶楷之间的新字体——魏碑体。这个过程从魏晋开始，南北朝时期勃兴，唐代就已基本完成，以至于康有为有“诸家之书，无不导源六朝者”之叹[31]。到了唐代，篆、隶、楷、魏、行、草六种字体都已经具备，以后的书法家有的可以书写多种不同的字体，汉字的字体演变从唐代以后转化为以书法家为代表的书体演变了[32]。

（三）引领时代书写的书法家

商周时期识字和写字是少数贵族的事情，春秋战国时期私学兴起以后，读书写字的人逐渐增多，工于书法的人自然会受到读书人的重视。不过，在相当长一段时期内，工于书法还不是一种需要夸耀或令人羡慕的特殊技能，例如钟繇被后世誉为楷体的开创者，但《三国志·钟繇传》并无一字叙及他的书法。在这种社会风气下，汉晋南北朝时期，书碑之人往往不留下姓名。正如康有为所说：“三古能书，不著己名……沿及汉魏，犹存此风……降逮六朝，书法日工，而唉名未甚，虽《张猛龙》之精能，《爨龙颜》之高浑，犹不自著，即隋世尚不炫能于此。至于唐代，斯风遂坠，片石只碣，靡不书名，遂为成例。”[33]从唐代开始，推崇魏晋善书之人，尤其推崇王羲之，古今书法名家成为受到社会尊敬的人士，人们争相邀请善书名家为自己写字，尤其是为亡故的亲属书写墓碑墓志，这样可以增加碑志的艺术效果。当时一些很知名的书法家都参与了墓主碑志的书写，如虞世南、欧阳询、颜真卿、柳公权等。一些有地位、有财力的人家和寺庙，碑文撰写、书写、刻石都邀请当时名家，成为后世称誉的“三绝碑”。书法家通过书碑，其影响就更加深远了。

中国古代不重视绘画，除了隋唐五代这样受到宗教热忱驱动的特殊时代，绘画尤其是绘制壁画都被视为工匠之事。由于读书和书写知识在相当长一段时期内都主要在统治阶层流传，善于书写的书法家自然也就受到重视，连绘画都要附属于书法，形成所谓“文人画”的体系。书法与绘画不同,绘画还可以师法自然,“书法是一种人造符号（文字）的艺术表现，于是只有从学习前人的优秀作品入手。所谓‘取法乎上，仅得乎中’。于是学习古代名家及大家的书法，成为学习书法不可取代的最佳及唯一的捷径”[34]。自从书法家成为艺术家群体的重要组成部分，名家书法作品成为人们追求的书写楷模和艺术鉴赏对象后，名家书写的作品也就受到社会各界的珍视，临摹、翻刻、攀附甚至伪造的名家作品，也都出现在社会上，从而在书法学史研究中出现了书法鉴定和辨伪的新领域。越是有名的书法大家，仿照其作品的后人之作也就越多，这些名家的真迹即使没有流传下来，但留存下的真迹的早期名家临摹本和翻刻本，也还能够保存这些作品的基本面目，因而也受到书法学界和文物学界的重视。这次成都博物馆“汉字中国——方正之间的中华文明”特展的重要展品“赵孟頫临《兰亭序》”，就是这样一件作品（图 15）。

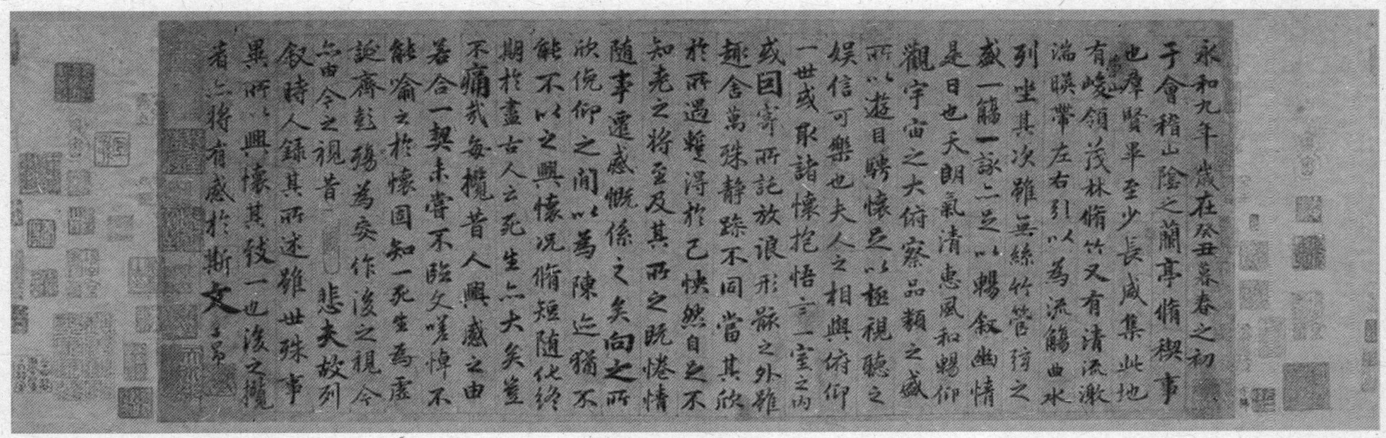

图 15 赵孟頫临《兰亭序》

东晋王羲之被后世尊称为“书圣”，他书写的《兰亭集序》被誉为“行书第一”，不仅是名满天下的书法作品，还衍生出“萧翼巧计赚《兰亭》”等轶闻趣事。王羲之《兰亭序》的真迹据说已被用作唐太宗的随葬品[35]，流传至今的《兰亭序》，都是唐太宗时以及后世的书法家的临摹本或翻刻本。《兰亭序》的临摹本主要有三个系列：一是据传为唐皇家职业临摹师冯承素摹写本（又称“神龙本”）；二是唐时著名书法家虞世南临写本（又有“天历本”“黄绢本”两种）和褚遂良临写本（又称“米芾诗题本”）；三是根据唐代大书法家欧阳询临写本刻石的碑刻本（即“定武本”）。后世《兰亭序》研究者一般将前两个系列归并为帖学体系，将后一个系列称之为碑学体系。在这些传世的《兰亭序》临摹本或翻刻本中，启功先生考证后认为，“神龙本既然这样精密，可知它距离原本当不甚远。郭天锡以为定是于《兰亭》真迹上双钩所摹，实不是驾空之谈，情理具在，真是有目共睹的”[36]。赵孟頫临写《兰亭序》，其时代尽管已在宋末元初，但他是善于临写的大书法家，临摹的《兰亭序》自然有其独到的理解，也带上了个人的意蕴和笔触，其价值是不言而喻的。

关于王羲之《兰亭序》是否真为王羲之所书，古人已有不同的认识。1965 年在江苏南京象山王氏家族墓地出土了王兴之夫妇墓的墓志后，更引起了一场王羲之《兰亭序》真伪的大辩论。鉴于王羲之的家族成员的墓志都是隶书而非楷书，郭沫若先生发表了《由王谢墓志的出土论到〈兰亭序〉的真伪》一文，他认为既然王氏家族的墓志都用隶书，那王羲之也应该写隶书才是，而据传为王羲之的《兰亭序》没有晋人惯用的带有隶书笔意的笔法，因此不是晋代遗留下来的作品[37]。文章发出后，江苏省文史研究馆馆员高二适先生不以为然，专门写了文章与郭先生进行辩论。高先生指出，唐初各大书法家如欧阳询、虞世南等都在学王帖，而唐太宗也酷爱王之书法，没有理由否定唐初书法家的鉴别能力。其次，若以东晋书法当接近于隶书，而《兰亭序》却是行书，因此就怀疑《兰亭序》非晋人之作，这是方法论的错误。王字本身有发展过程，它脱胎于旧时代又高于旧时代，向行书方面发展，故能称之为“书圣”[38]。高先生的意见当然是正确的。可以补充说明的是，墓葬材料往往具有保守性，我们今天看到的墓志墓碑文字还往往使用古体，碑额更是喜用篆书，而一个出色的书法家艺术家的作品都引领时代并开风气之先，往往是最经典和最先进的作品。把最保守和最先进两个极端的材料放在一起进行简单类比，如果没有其他因素来进行制约，比较得出的结论就很可能会出问题。王羲之是中国历史上最著名的书法家，是奠定楷书和行书基础的先行者，其书法作品被当时和后世喜爱和推崇；只是由于墓葬墓志喜用传统字体的缘故，王氏家族墓地也不能免俗，习俗往往是滞后的，王氏家族墓葬的墓志书体用汉代传统的隶书却不用两晋已经行用的楷书，就是这个道理。1998 年南京仙鹤门外高崧夫妇墓出土的《高崧墓志》，不少文字已经有浓厚的楷意，这为传世《兰亭序》可能是王羲之作品的摹本提供了新的证据。

注释

1 赵晔：《余杭南湖的文化底蕴》，《东方博物（第二十五辑）》，浙江大学出版社，2007年。

2 李学勤：《考古发现与中国文字起源》，《中国文化研究集刊（第二辑）》，复旦大学出版社，1985年。

3 张敏：《从史前陶文谈中国文字的起源与发展》，《东南文化》1998年第1期。

4 汪宁生：《从原始记事到文字发明》，《考古学报》1981年第1期。

5 山东大学历史系考古专业：《山东邹平丁公遗址第四、五次发掘简报》，《考古》1993年第4期。

6 王恩田、田昌五、刘敦愿等：《专家笔谈丁公遗址出土陶文》，《考古》1993年第4期。

7 裘锡圭：《文字学概要》，商务印书馆，1988年。

8 河南省文化局文物工作队：《郑州二里冈》，科学出版社，1959年。

9 前者见李学勤：《谈安阳小屯以外出土的有字甲骨》，《文物参考资料》1956年第11期；后者见裴明相：《略谈郑州商代前期的骨刻文字》，《全国商史学术讨论会论文集》（《殷都学刊》增刊），殷都学刊编辑部，1985年。

10 淄博市文物局、淄博市博物馆、桓台县文物管理所：《山东桓台县史家遗址岳石文化木构架祭祀器物坑的发掘》，《考古》1997年第11期。

11 参看［苏］B.A.伊斯特林：《文字的产生和发展》，左少兴译，王荣宅校，北京大学出版社，1987年。

12 曹玮编著：《周原甲骨文》，世界图书出版公司北京公司，2002年。

13 在周人的文献中就有《分器》一篇（这原是《周书》的一篇，文书已佚，只保留下篇目。《尚书序》："武王既胜殷，邦诸侯，班宗彝，作《分器》。"），分配从商朝获得的器物，除了要有概要的公文外，可能还得有分配器物名目的名册，同时需要有人认识这些器物名册，古蜀人很可能是这时掌握的古汉字。

14 卢连成、胡智生：《宝鸡䲨国墓地》（上册），文物出版社，1988年。

15 裘锡圭：《文字学概要》，商务印书馆，1988年。

16 参看丛文俊：《商周金文书法综论》，《中国书法全集·商周编·商周金文卷》，荣宝斋出版社，1993年。

17 郭绍虞：《从书法中窥测字体的演变》，《现代书法论文选》，上海书画出版社，1980年。

18 《周礼·地官·保氏》，中华书局影印世界书局《十三经注疏》缩印本。

19 许慎：《说文解字·序》。

20 程邈说如《北史·江式传》引北魏江式《论书表》曰："于是秦烧经书，涤除旧典，官狱繁多，以趣约易，始用隶书，古文由此息矣。隶书者，始皇使下杜人程邈附于小篆所作也。世人以邈徒隶，即谓之隶书。"王次仲说如北魏郦道元《水经注·漯水》卷一三："郡人王次仲，少有异志，年及弱冠，变仓颉旧文为今隶书。秦始皇时，官务烦多，以次仲所易文简，便于事要，奇而召之，三征而辄不至。次仲履真怀道，穷数术之美。始皇怒其不恭，令槛车送之。次仲首发于道，化为大鸟，出在车外，翻飞而去，落二翮于斯山，故其峰峦有大翮、小翮之名矣。"秦书佐隶人说如晋卫恒《四体书势》："秦既用篆，奏事繁多，篆字难成，即令隶人佐书，曰隶字。"

21 周晓陆：《汉字艺术——结构体系与历史演进》，贵州人民出版社，1997年。

22 裘锡圭：《文字学概要》，商务印书馆，1988年，第67页。

23 王学理：《秦汉刻写文字与早期篆隶书法》，《咸阳师范学院学报》2023年第5期。

24 徐邦达：《五体书新论》，载萧培金编：《近现代书论精选》，河南美术出版社，2014年，第307—364页。

25 《汉书·郊祀志》："是时，美阳得鼎，献之。下有司议，多以为宜荐见宗庙，如元鼎时故事。张敞好古文字，桉鼎铭勒而上议曰：'臣闻周祖始乎后稷，后稷封于斄，公刘发迹于豳，大王建国于郊、梁，文武兴于丰、镐。由此言之，则郊、梁、丰、镐之间周旧居也，固宜有宗庙、坛场祭祀之臧。今鼎出于郊东，中有刻书曰："王命尸臣：'官此栒邑，赐尔旗鸾、黼黻、琱戈。'尸臣拜手稽首曰：'敢对扬天子丕显休命。'"臣愚不足以迹古文，窃以传记言之，此鼎殆周之所以褒赐大臣，大臣子孙刻铭其先功，藏之于宫庙也。昔宝鼎之出于汾脽也，河东太守以闻，诏曰：'朕巡祭后土，祈为百姓蒙丰年，今谷嗛未报，鼎焉为出哉？'博问耆老，意旧臧与？诚欲考得事实也。有司验脽上非旧臧处，鼎大八尺一寸，高三尺六寸，殊异于众鼎。今此鼎细小，又有款识，不宜荐见于宗庙。'制曰：'京兆尹议是。'"

26 马叙伦：《书体考始》，《二十世纪书法研究丛书·考识辨异篇》，上海书画出版社，2008年，第6—7页。

27 《历代书法论文选》，上海书画出版社，2014年，第872页。

28 罗振玉、王国维编著：《流沙坠简》，中华书局，1993年，第241页。

29 刘正成：《钟繇与长沙吴简说》，《中国书法》1998年第1期。

30 张宗祥先生认为，"由正、行、草三体书观之，似由正而行，由行而草，草为最后起之字。然余有疑焉"，并举"草之结体大异于楷者，既出于楷，不应不同如是"；"今行书之起，虽在章草之前，然章帝以前行书无传者……且章草之体，亦与行书不类"；"余意章帝之前，未必无草，盖自秦迄汉，篆衰而隶盛，人之用隶稿草之类，必不能尽皆工整者，势也"；"解散隶字，变为草法，故章草用笔皆挑，实与隶书相类"三条证据。进而提出，"草出于隶，非出于楷矣。……自晋王羲之始不用章草之法，一变而为今草。今草行而章草废，则今草用笔不近隶而近楷，楷行而隶废故也"。张宗祥：《书学源流论》，上海书画出版社，2018年。

31 康有为：《广艺舟双楫·导源第一四》，《历代书法论文选》，上海书画出版社，2014年。

32 郝文勉：《略论中国楷书史的发展》，《史学月刊》1993年第5期。

33 康有为：《广艺舟双楫·导源十家第十五》，《历代书法论文选》，上海书画出版社，2014年。

34 付申：《得来全不费工夫——南宋初国子监本〈淳化阁帖〉入藏弗里尔美术馆往事》；《万壑过眼——中国古代书画鉴藏研究》，上海书画出版社，2023年。

35 唐何延之《兰亭记》："帝命供奉拓书人赵模、韩道政、冯承素、诸葛贞等四人，各拓数本，以赐皇太子、诸王、近臣。贞观二十三年，圣躬不豫，幸玉华宫含风殿。临崩谓高宗曰：吾欲从汝求一物，汝诚孝也，岂能违吾心耶？汝意如何？'高宗哽咽流涕，引耳而听受制命。太宗曰：'吾所欲得《兰亭》，可与我将去。'及弓剑不遗，同轨毕至，随仙驾入玄宫矣。"

36 启功：《启功丛稿·论文卷》，中华书局，1999年。

37 郭沫若：《由王谢墓志的出土论到〈兰亭序〉的真伪》，《文物》1965年第6期。

38 高二适：《〈兰亭序〉的真伪驳议》，《光明日报》1965年7月23日。

书法历史传统源流概说

文 / 何应辉（四川省诗书画院）

一

中国书法的优秀传统博大精深，代有杰创，从古至今是一个环环相扣、并未中断的连贯运动的历史过程。史上精品无不渊源有自，风格特立，内涵丰富，格调高尚，技巧高超，为我们提供了继往开来、笃学新创的一系列典范例证，是一面最好的镜子。

面对前人浩繁的历史遗产，如何正确地解读、吐纳、继承、活用和成功地脱胎、创变？要之，对于古今，对于物我，对于艺术本体，须有真切而不虚妄的感悟和透彻而直入内在本质的理性认识，并进而融通天地万物、主体精神与艺术本体。只有对于“道”，对于内在规律的解悟与把握，才是最深入、最根本的把握，才能达于自觉与自由。

孙过庭云“情动形言，取会风骚之意；阳舒阴惨，本乎天地之心”，早已道明书法艺术天人合一、技道一体的本质特征。我们学习某一范本、某一家、某一时代，要善于通过自己的深入研究，不仅把握对象个别的、特殊的规律，更要进而抽取其所寓含的整个书法艺术内在的一般规律，才有利于我们举一反三，深入其他个别具体对象；才有利于我们在实践中灵活运用乃至发展传统中的内在规律，生发新变，实现自己的艺术创造。这个内在规律，包含着精神内涵与物质形式两个方面。形质与性情、技与道、形而下与形而上是辩证的统一体，而以精神内涵为主导。对此，我们切不可陷入认识与实践上的片面性。如果这一点做不好，便无法从历史的全过程去准确地认识、把握传统，也就很难实现从继承到创造的飞跃。在对优秀传统的研究与学习中，我们的出发点是当代立场，而我们所遵循的正确认识路径则是：察于形，究于法，识于势，会于意，悟于道；并进而达于情，通于变。其间，从学转化为创的关键环节是悟于道。这个道，就是“阳舒阴惨，本乎天地之心”，也即内在的一般规律。而达于情、通于变，则是孙过庭所说的“情动形言，取会风骚之意”，在达情创变中实现目的性与规律性的统一，通过艺术创造实现天人合一。

二

以现有实物资料为据观照中国书法的历史发展，我们大体可以将能供今天研究与借鉴的史上遗存书迹划分为两大系统：以先秦两汉为源头的篆、隶、隶草、隶行、隶楷书和以二王为发端、文人为主体的草、行、楷书。这两大系统的关系，不是二元对立的，而是先后相承、互为衔接的，并在其后续的发展中交互影响。

（一）以先秦两汉为源头的篆、隶、隶草、隶行、隶楷书

从先秦至汉魏，这是中国文字与书法的原创期。在这一时期中，作为汉字字体（广义）的甲骨文、大篆、小篆、隶书、草书、行书、楷书相继产生，形成了古、今文字两大体系。推动字体演变的根本动因是汉字实用性书写中草写与正写相反相成的矛盾运动。以审美为追求的书法艺术正是伴随着汉字演变过程而发展并形成自己的体系的。当然，这一发展与人的社会生活方式、思想观念的演变以及书写工具、载体材质的改进等也都有着相应的关系。

在上述文字与书法的演变中，由篆而隶之变最为关键，具有划时代意义。汉字的形体由此挣脱了篆书系统中以象形为主的“随形诘屈”构成方式的桎梏，而以抽象的线的符号重新组合字形，亦即点画化；同时这又是对古文字一次最高层次的简化。汉字的发展从此结束古文字而进入今文字阶段。隶变不仅解放了汉字的空间结构，而且丰富了点画的运动形态，凸显出线自身的意义。由此，汉字充分地具备了艺术性的素质和品格，并形成了不再被动地受制于空间构筑方式的具有自觉审美功能的线的形式语汇系统。这对于中国书法艺术的成熟所具有的重要意义已是不言而喻。

周秦两汉篆书、隶书及隶草的遗存极为丰富，从简牍到金石，从纸帛到砖瓦，其所展现的不仅是丰富的空间形态、用笔变化与风格样态，而且其所承载的厚重博富的精神内涵与文化价值更对其后两千多年整个中国书法的发展，具有奠基性、本源性的重要意义。概而言之有四：

1. 线的劲健沉厚的运动力量。它是对大自然与人的生命力的表现，是对人类生存发展的感性肯定。这是中国书法艺术创造的根本。而骨与筋、刚与韧则成为运动力量的两种基本表现形态。

2. 骨力出气势，由劲健沉厚的运动力量生发而成的雄浑宏达的气势美，在笔势的运动中表现为纵横排宕、不可阻遏的精神趋向与勃发的生机；在空间构造的整体上表现为完足的神理与宏博的气象。肃凝与骏发成为气势美的两种基本表现形态。

3. 质朴、丰满、生动，则是这一系统在总体上鲜明地表现于外的品格风致。在艺术的原创期，虽不免对秩序、规范的理性追求，但本然凋谢，重于生命本体鲜活的内在真实始终是其审美的基调。此尤为后代书法所难以超越。究其缘由，尤因这一系统中，“民间艺术与文人艺术尚未分化”（李泽厚语），文字与书法均以庶民为主体（虽汉末始有士人以书名家现象），因而整体地体现出一种鲜活、深沉的历史力量。

4. 在书法形式语汇系统的创造中，因应于“万物负阴而抱阳”“阴阳既生，形势出矣”的乾坤之道，在实践成果与审美理念两个层面都积淀了丰厚的历史资源，为中国书法其后的发展奠定了坚实的基础。

在概观这一系统的后续发展时，还需要着重指出的是：

篆书构字的象形原则虽被今文字抽象的空间形式规律所代替，但会神写意之抽象精神却对其后诸体书法乃至中国绘画有着潜移默化的影响；而其简约、遒浑、圆凝、婉通的中锋圆笔中所包含的笔法、笔势、笔意及其所体现的“充实之谓美”的理念，更是作为一种基本素质、一种“遗传基因”，长期积淀下来，在其后诸体书法用笔中或显或隐地起着固本、通变的重要作用，并成为字体、书体相通的一个重要内容。

相对于以二王为代表的妍美流便、一变古法的南朝新书风，以北魏为主的南北朝楷书（尤显于刻石）隶楷交错，笔法、结字新变迭出，创造出楷书发展的灿烂局面。其主体多为民间书手，率性质朴，线质更多地承继“篆分遗意”“中原古法”。从血脉传承的直接性、精神气质的同一性上看，北魏楷书与汉隶关系极为密切，从篆隶的立场出发去理解它和表现它方为法门。

作为这一系统后续发展中的一大亮点，清代的碑学经前期的酝酿至晚清而大盛，取得了篆、隶、魏楷、魏体行书创作与研究的丰硕成果，并直接影响到近现代书法的发展；而近一百多年来，大量秦汉简牍、砖瓦、纸帛等书迹出土，更极大地丰富了这一系统的涵容，填补了人们对这一系统及整个书法史认识中的若干空白，既足以修正此前书史研究中某些固有的史观，又有力地促进了近现代书法创作，从而更加凸显出这一系统在整个中国书法史中的本源意义。

（二）以二王为发端的文人草、行、楷书

魏晋是书法走向艺术自觉的重要转变时期。作为书体演进的一个环节和这一时期众多书家的突出代表，王羲之兼工诸体，并继往开来，裁成不同于汉魏的草、行、楷新体（今体）；王献之书承羲之，交融草、行而宏逸过父。二王新体开宗立派，成为东晋、南朝的主流书风并启被其后，形成了新的系统。理解二王在书史上重要贡献的关键，在于王羲之的今草。

从新书体体裁的层面看：

其一，在从长期而大量的隶书草写中演化而出的张芝、卫瓘为代表的汉魏时人书法成果的基础上，王羲之完成对隶草的改制，形成了成熟的今草。今草完全消解了隶草遗存的隶意（笔势、字势的横张），以竖向下引、起伏流贯之笔势为主导，生发出纵横曲直、自由多变的单字及字群的空间形式。这就突出了笔势运动的合理连贯性及其导引空间形式营构的主动性，强化了书法的时间特征（所谓“字群”的创树实源于此），使线的意义更为纯粹。这对于形成今草“以使转为形质，以点画为情性”的体裁，沟通笔势运动与主体的内心律动，形成空间形式的有机整体，拓展书法通于音乐、舞蹈的艺术表现功能，至为关键。

其二，在篆、隶与隶草的基础上，方圆交互，由变化生动的笔势运动衍生出空前多样的空间形式，极大地丰富了笔法、笔形、结字、章法的涵容，形成了今草的一套技法规范，既为新体的行书、楷书提供了形质上的参照（约草就行、规行成楷，“损益钟君之隶”，此不详论），又为其后草书、行书、行草书风格多样演化的可能性提供了基础。

从审美内涵的层面看：

其一，魏晋时期思想文化重大变化的标志是人的觉醒与文的自觉，二王新体则成为书法艺术本体自觉的标志，并典型地体现出“魏晋风度”（参见李泽厚《美的历程》）。二王草、行书的艺术风格表现为：萧散简远悠游自在的风神、俊逸多姿爽健流便的势态、超逸绝尘意余形外的韵致，从而反映出晋人精神解放、尊重个性、生机活泼的艺术心灵和远朴趋华、耀文含质的审美取向——一言蔽之曰：晋韵。

其二，基于作为魏晋时期书法艺术主体的门阀士族的文化心理与精神风貌，二王草、行、楷书雅化了书法的形质与内涵，具体表现在形式要素的精妙唯美、技法的深入讲究、文化内涵的雅逸绝俗。以书名家自此形成社会文化风尚，而崇文尚雅则成为文人书法的鲜明特征，树立了影响久远的书法审美的新的价值标准。

准确理解二王书艺真正的历史意义，对于当代而言至关重要。

在这一系统的后续发展中，初唐因太宗的推崇，王羲之书独尊一时，风从者众，虽对二王影响的延续有着重要的推动作用，但历史地看，王羲之书艺的本质精神此后也因人为加之的种种神圣光环而受到某些曲解。作为唐代书法突出成就之一的楷书，其所承续的二王，其实早已开始异化。如果说，“到了隋唐，晋人书艺中的神理凝成了法，于是智永精熟过人，惜无奇态矣”（宗白华《艺境》），那么，初唐的欧、虞、褚“俱用二王法”而各有特色的楷书，更是不能不程度不同地受到由隋入唐所带来的文化南北合流的影响，而且，与实用功利的巨大影响不无关系，精熟更过于智永，完全理性的形式技法规范已然铸成。到了盛、中唐的颜、柳之楷，虽各成一体并见时代气象，但理性规范也日益走向程式化，更发展到“森严”的地步。便于习字入门的今楷高度成熟了，但是离晋人那种“尽各字之真态”的艺术性、离二王那样的心性简远自然却是越来越远甚至背道而驰了。唐楷的高度程式化在实用领域最终导出了宋代的印刷楷体，直到后来的仿宋字。

因此，理解以二王为发端的这一系统的后续发展，主要应从草、行书切入。以最具代表性而又至今可见作品的书家为据，由唐至明，择其要者，这一系统草、行书的后续发展可以梳理出两条线索：

其一，智永—孙过庭—米芾—赵孟頫—董其昌—王铎。

其二，智永—孙过庭—张旭、颜真卿、怀素、（李邕）—杨凝式—黄庭坚、（苏轼）—（董其昌）—王铎。

第一条线索中的各家，虽因时代思潮、个人积学与性情之差异而书风各具特色，但均以晋人为旨归，在二王风范与格局的总体规模内各显灵苗，代有通变。其间，孙过庭俊拔刚断，顿挫流宕，风神“咄咄逼羲献”，“凡唐草得二王法，无出其右”。米芾振迅天真、奇宕超妙，直入晋人之室，堪称二王“嫡传”且用笔之神变实有过之，其集古出新，不愧为文人草、行之一大重镇。赵孟頫以遒媚秀逸见长，尤重笔法，在特殊的时代条件下力倡复晋人之古，影响广泛，但所得形貌多于神理，不免唐人习气。董其昌以真率古淡求诉晋韵，其书骨力内含，疏宕秀爽，尤饶墨韵；且见识超卓，慧悟二王“以奇为正”之要妙。然行书实践较其书论终逊一筹。王铎以“独宗羲献”自命，在二王一系草行书中涉猎深广，得米尤多，而融铸时我，风格兀立。

第二条线索中，越初唐尊王风气而至盛、中唐，张旭、颜真卿、怀素虽沾溉二王，但毕竟酝酿于盛唐新气象，又逢开元、天宝年间玄宗帝喜好汉隶碑书推波助澜，丰硕、巨丽成为新的审美时尚，加之主要代表人物颜真卿的师承关系与素擅籀篆的家学渊源，于是从书写心理机制到形式技法，二王一系今草至盛中唐产生了重要变革：理性、情感的融洽协调与情性的自适流露，变而为理性潜隐激情宣泄；出于主动的艺术立场借古开新，引籀篆入草、行，改变二王线质，省约二王形制：或恣纵连绵，起伏腾荡，诉诸狂草（大草成为今草中的新体裁，艺术性书写与实用性书写之分野实发轫于此），或遒凝婉畅、沉酣跌宕，形诸行草。而颜氏又引篆隶入楷，卓然成一新体。另有同在盛中唐，早于颜而以行书盛名于其后的李邕，虽本于怀仁《集王圣教序》，但线质亦见篆隶之影响。杨凝式书独步五代，上承盛唐之变，下启北宋苏、黄。其“机括本出于颜，而加以不衫不履，遂自成家”（刘熙载语）。究其草、行之线质，确如颜真卿之引籀篆，极富漏痕意趣，但风情变化，又暗合晋人神理，可谓学颜而善化，自出机杼。

苏轼、黄庭坚之承盛唐新变而又力求晋人神理，表现有别。若以上涉旭、颜、素，形神兼会而风格特立论，黄胜于苏。构成黄庭坚草、行书风格的形式要素，除空间节奏与形式自出新意外，其草书线质的圆劲遒凝与行书线质的浑古生辣，均与颜同调；其书论中对于周秦籀篆与旭、颜、素乃至王羲之书法的融通关系亦独具慧眼，多有洞察和阐发。苏东坡以行书《黄州寒食诗》为独绝，虽亦力倡学晋，并力主以意行之不为法缚，但实由颜真卿行书的“信手自然，动有姿态”与颜书形质的丰厚遒润获益更多。

董其昌本归于前述第一条线索中，为明代深解晋韵且有成功创作实践之代表性名家；但与此同时，由于对颜、素，尤其怀素亦颇有研习，其大草的线质则明显受到怀素引小篆入草的影响，且尤富于放逸而虚灵冲淡的意韵（见《试书帖》《临怀素自叙帖》等）。

在文人草行书的后续发展中，晚明是一个从思想到文艺反拨拟古主义、勇于新创并对近现代产生直接影响的重要时期。前述两条线索进一步交互影响，从徐渭的狂纵遒密、突破常格，到张瑞图的劲折跌宕、另辟蹊径，黄道周的浑深密丽、绵延流贯，倪元璐的浑融奇险、宕逸随机，再到王铎的苍浑奇崛、元气淋漓，造成了草行书的灿烂高潮。而王铎则处于前述两条线索后续发展的交汇点上，成为文人草行书发展中最后一位集大成者。以其丰富的书法实践观之，他一方面始终坚持扎根于二王的源头活水，浸淫之深，非同代名家所可企及；一方面又吸取上述第二条线索发展中积淀的历史经验，“直追篆籀通其微”，为自己空间形式的“拓而为大”构筑了用笔的意、势、法的强有力支撑。吴昌硕高度评价他的成就，认为是“有明书法推第一”。通观以王铎为杰出代表的晚明“新帖学”，其共同的主要特征在于直取性情真，强化主体“本我面目”的支配与统摄作用，并在笔墨与空间形式上实现了突破性变革。具体而言，突出地表现在重于势态的变化与连贯，并自觉地通过作品节奏范式的建构与篇章形式的整体把握来实现风格样态鲜明的个性。然而，与此一时期社会时尚与文艺思潮之变不无关联，从徐渭到王铎，若论格调之雅逸超俗，则未免有逊于晋唐、北宋。此亦不可不识。

概览这一系统的历史发展，还必须指出的是：

其一，在这一系统的发展中，魏晋、盛中唐至北宋、晚明是三个重要的变化时期。三次变化各有不同的表现形式及其思想与时代背景，但都总体地表现出主体精神的高扬和艺术本体相应的愈益自觉，而这恰恰是一门艺术的命脉。明乎此，我们自可剖开史上实用书写与艺术表现之间长期的复杂纠缠，正确处理意与法、神与形的关系，在继承—创造的嬗变中，始终抓住入于理、达于情、通于变几个关键环节，直入二王书艺的精神实质，学有因革，通变为雄，而不致堕入徒追形貌的拟古主义的泥潭。这对于当代书法创作尤有针对意义。

其二，盛、中唐旭、颜、素、邕出于主动的艺术立场借古开新，相较先秦、两汉篆隶的笔法因书体流变作为“遗传因子”在晋人草、行书中的潜存，两者显然有别，此不可不察。而晋人笔法、线质与初唐以后学王者再现的“晋法”，其间所发生的变异，更不可不察：晋人笔法并不刻意强调笔画起、收与转折处，笔画中段每以绞转等法（此不详论）丰富点画内笔锋的运动形态，而使线质更显厚度；而自初唐始，宗二王者却因唐楷技法的笼罩，多着力强调起、收与转折处，不免雕琢；笔画中段内笔锋运动形态相对简单，线质则较晋人为单薄。由此，我们不难看出，元代赵孟頫所复之“古”，亦实为唐而非晋。

其三，初唐的怀仁集王《圣教序》与宋初的刻帖，既为广大士人与学书者提供了学习魏晋书法不可多得的范本，但因时代条件所限，又对正确解读魏晋造成隔膜甚至误会，此亦不可不辨。明清刻帖之流弊前人已多有指出。唐怀仁号称集王《圣教序》虽可见大王笔形与结字间架，但笔法与线质之差异已如前述，而字间、行间、篇内空间关系的处置则因集字已多非王貌，行气、章法的有机整体更差之远矣。但唐初崇王，一般士人无从获观真迹，多凭《圣教序》追摹羲之，可谓“天下景从”，此间之流弊亦可谓甚矣。

其四，出于儒家思想的长期支配，古代科举制度对汉字实用书写的普及产生过十分积极的推动作用，但同时也对作为艺术的书法的发展与提升造成不可忽视的负面牵制，尤其表现在观念的层面，其影响至深且广。以二王为发端的文人楷书，长期在实用与艺术纠缠不清的关系中发展。唐代楷书的成就，绝非全自于初唐传羲之法，其实既有前述隋以后南北文化合流的影响在，唐中后期更有旭、颜、柳之变的推动之功。自赵孟頫之复古始，元、明文人楷书又向魏晋回归，遂有赵孟頫、王宠、黄道周等人的小楷成就。但文人楷书的总体艺术成就，远不及草、行书。

其五，沈曾植云“开元文盛，百家皆有跨晋宋追两汉之思”，而“诗书其最显者已”。旭、颜、素、邕引篆隶入草、行、楷对二王的主动变革，非仅个人风格之特，实为盛中唐时风使然，此已如前述。近世所谓“碑帖融合”，在清代碑学兴起后其实早已成为书家自觉实践，但究其渊源，应可溯至隋之南北文化合流与盛中唐主动引篆隶入草、行、楷之新变；而后者，也正是前述书法历史发展的两大系统交互影响的一大亮点。而在近一百多年来一系列新史料的基础上再来概览书史，后世二元对立的碑帖观，其偏狭之处也就十分显明了。

（本文原载：《溯源问道——何应辉书法课徒集》，荣宝斋出版社，2018年，又载《中国书法》2018年第13期。）

以景观为方法
——从成博“汉字中国——方正之间的中华文明”谈起

文 / 胡范铸（华东师范大学国家话语生态研究中心、《文化艺术研究》编辑部）

我们今天试图从博物馆出发，从成都博物馆的“汉字中国——方正之间的中华文明”展出发，讨论何为景观，如何以景观为方法认识博物馆、认识汉字，乃至重新认识我们的社会和历史。

何为博物馆？博物馆何为？

一般很容易以为，所谓博物馆就是“安置一套文物典藏的建筑物或机构”。而国际博物馆协会（ICOM）在2007年提出：“博物馆是一个不以营利为目的的、为社会和社会发展服务的、向公众开放的常设性机构。它为了教育、研究和欣赏之目的而获取、保存、研究、传播和展示人类及环境的物质和非物质遗产。”在2022年更进一步提出：“博物馆是为社会服务的非营利性常设机构，它研究、收藏、保护、阐释和展示物质与非物质遗产。向公众开放，具有可及性和包容性，博物馆促进多样性和可持续性。博物馆以符合道德且专业的方式进行运营和交流，并在社区的参与下，为教育、欣赏、深思和知识共享提供多种体验。”

我们要说的是：博物馆不仅是一个研究、收藏、保护、阐释和展示物质与非物质遗产的常设性机构，更是全人类文明成就最直观最集中的展示、阐释与思考的重要机缘，是国家形象建构、城市形象建构最重要的地标之一，是现代社会生活中最迷人的景观之一。

一、作为世界文明史奇观的汉字：从“汉字中国”说起

“汉字中国——方正之间的中华文明”可以说是博物馆史上大型综合性博物馆对于汉字文明史第一次最集中的呈现，也提供了一个让全社会重新认识汉字，乃至重新认识文字的难得机缘。

（一）“语言”≠“文字”：“文字”是文明的标志

“语言文字”高度关联，以至于常常不做区分。其实“语言”不等于“文字”，“文字”可以理解为“语言”的书面形式，但语言的发端却远远早于文字，语言的种类更是远远多于文字的种类。

根据语言学界的一般性认识，全世界的现存语言有6000至7000种之多，其中印欧语系包括日耳曼语、斯拉夫语、希腊语、意大利语、亚美尼亚语、印度－伊朗语、阿尔巴尼亚语等；阿尔泰语系包括土耳其、蒙古、满－通古斯3个语群，40种语言；闪－含语系包括阿拉伯语、希伯来语等200多种语言；美洲印第安语团则包括50个语系，200组、2000种以上语言。朝鲜语、日语属于难以归类的孤立语言。而汉语所在的汉藏语系则包含了300多种语言。在这数千种语言中，多数迄今也没有自己的文字。

文字不仅仅意味着书面语言，更是界定“文明”诞生的重要标志。今天我们所说的“两河楔形文文明”（5400年前）、“古埃及象形文文明”（5000年前）等，无不是以其拥有了文字体系为标志的。

（二）贾湖刻符VS仓颉造字：汉字的由来

汉字是什么时候诞生的？有人依据贾湖龟甲刻画符号断论“汉字已有7000年历史”。如果说在7000年前，中华民族的先祖已经开始借助刻画符号来表达一定的信息，

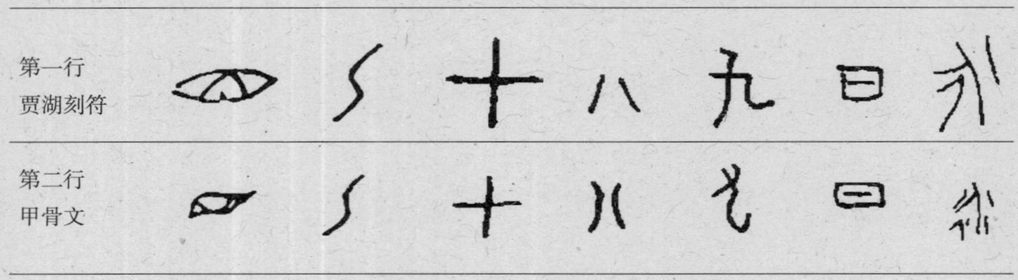

第一行
贾湖刻符

第二行
甲骨文

图 1 贾湖契刻符号与甲骨文对比

这种说法完全成立，但如果说汉字史已经有了 7000 年，则并不准确。尽管无论是 7000 年前的贾湖龟甲刻符，还是 5000 年前的仰韶大汶口陶符，其中“刻痕纪事”的符号已经与后世的甲骨文高度一致，如贾湖龟甲契刻符号与四五千年后的甲骨文比较，二者看上去几乎很少有差别（图 1），“一是书写工具相似，皆以利器将符号刻写在龟甲、骨器上；二是记刻内容接近，商代甲骨文是用来记载占卜内容的，而贾湖刻符也与占卜相关；三是某些符号记录了特定的事项”（“汉字中国——方正之间的中华文明”展解说词），但是，依然不能够称为“文字”，只能叫作“刻符”。因为所谓“文字”不是单个的，而是意味着已经构成一个符号体系，也就是说不但需要一定量的成“系统”的符号，而且这些符号通常是在一定的“语篇”中存在的。在“语篇”被发现之前，符号很难被确定为“文字”。甲骨文的价值就在于它是在一篇篇“卜辞”中呈现的。

关于汉字的诞生，中华民族记忆中有一个几乎妇孺皆知的传说：“仓颉造字”，这一传说最初见于战国时的《荀子·解蔽》：“好书者众矣，而仓颉独传者，一也。”其后汉代《淮南子·本经训》则云：“昔者仓颉作书，而天雨粟，鬼夜哭。”对此，明代的《万姓统谱》称“上古仓颉，南乐吴村人，生而神圣，有四目，观鸟迹虫文始制文字以代结绳之政，乃轩辕黄帝之史官也”。现代则多以为这只是一种神话传说，鲁迅《门外文谈》便表示：“仓颉也不是一个，有的在刀柄上刻一点图，有的在门户上画一些画，心心相印，口口相传，文字就多起来了，史官一采集，就可以敷衍记事了。中国文字的来由，恐怕逃不出这例子。”

应该说，在先秦，最初并未确认汉字就是仓颉一人所造，并且其创造过程也并非惊天地泣鬼神，所谓“仓颉作书，而天雨粟，鬼夜哭”。《荀子·解蔽》明明白白写的是“好书者众矣”，也就是研究文字创造者“众矣”，只不过仓颉能够“一也”（始终如一，坚持不懈），才能够“独传”。

值得注意的是，为何一个“好书者众矣，而仓颉独传者，一也”的叙事，竟然演变成为一个“仓颉作书，而天雨粟，鬼夜哭”的神话？也许，可以从“仓颉陵”的修建窥知一二。现存已知最早的“仓颉陵”为始建于东汉永兴二年（154 年）的河南南乐仓颉陵，屡毁屡建，1966 年庙成废墟，墓亦被挖开，出土大量龙山和仰韶时期器物，如今存有元延祐年间（1314—1320 年）残碑镌刻：“仓颉生于斯葬于斯，乃邑人之光也”，为省文保单位。与此几乎同时，东汉延熹年间（158—166 年），陕西白水亦有为仓颉“建庙之举”，该庙现存古壁画 19 幅，碑刻数十通，40 余棵千年古柏环绕于庙、墓，为我国“三大古柏群”之一，属国家文物保护单位。而我们知道，汉字史上第一部最重要著作许慎《说文解字》成书于东汉永元十二年（100 年）到建光元年（121 年）。这是否可以认为是许慎的伟大著作激发了当时中国知识阶层重新认识汉字以理解中华历史文化的自觉，而借助流行的谶纬文化对仓颉造字加以神化，以进一步确认族群认同的价值？

（三）汉字的诞生，自有其历史因缘

最早的汉字系统是甲骨文。甲骨文的诞生是“人神沟通”的产物。“国之大事，在祀与戎”（《左传·成公

十三年》），甲骨文是“因卜刻字”，就“国之大事”与神沟通的过程。

以本次展出的武丁时期的甲骨卜辞（图2）为例：“癸丑卜，㱿贞，不隹王征𢀛方，上下弗若，不我其受佑？”亦即“在癸丑日，贞人㱿卜问：殷王（能）不征伐𢀛方。天神祖先都不赞成。不能保佑我殷族？”这便是就能否发动战争攻打殷族之敌𢀛方进行占卜，为了慎重其事，还占卜两遍，“对贞”以确认。

而到了金文，则更多的是“由名生器”，通常是“王臣对话”，以记录重大事功。如西周成王时的何尊（图3），尊内铭文12行、122字：“唯王初雍，宅于成周（洛阳）。复禀武王礼福自天。在四月丙戌，王诰宗小子于京室，曰：‘昔在尔考公氏，克逑文王，肆文王受兹大命。’唯武王既克大邑商，则廷告于天，曰：‘余其宅兹中国，自兹乂民。呜呼！尔有虽小子无识，视于公氏，有勋于天，彻命。敬享哉！’唯王恭德裕天，训我不敏。王咸诰。何赐贝卅朋，用作□（周）公宝尊彝。唯王五祀。”这里记载的便是周成王营建成周、举行祭祀、赏赐臣子的活动，特别是天子对于宗小子何的训诰之辞。

《尚书·多士》所谓：“惟殷先人，有册有典。”可以说，直到竹简与帛书的出现，汉字才真正成为中华民族普遍使用的社会治理和公共传播媒介。

（四）影响与被影响：汉字与跨文化的交流

众所周知，汉字的发展直接影响了周边民族的文化发展，由此形成了所谓“汉字文化圈”，以至于越南的外交官与日本外交官由于语言隔阂难以交流时，便采用书写汉字“手谈”的现象。而在日本、越南、朝鲜半岛，在对汉字的接受与拒排的矛盾中，也产生了“国字”“喃字”“儒字”“谚文”等概念。

汉字是中华民族先祖的创造，然而在它漫长的发展过程中，也吸纳了各种文化的力量。佛经翻译对于汉语的影响已经人所共知，其实，这不仅影响了汉语，同样也影响了汉字。“塔”“魔”“卍”都是在佛经翻译中出现在汉字体系中的，如“如来胸臆有大人相，形如卍字，名吉祥海云”（《华严经》卷四十八），“胸表卍字狮子臆”（《无量义经》）。对其中的“卍”，鸠摩罗什、玄奘等译为“德”，菩提流支译为“万”，表功德圆满、万德具足之意。武则天制定此字读为“万”，表示“吉祥万德之所集”。

不仅来自“印西”的佛教传播曾经影响了汉字，近代“欧西”的天主教传播也曾或多或少影响了汉字。如第一代进入中国大陆的传教士曾著有《天主实录》（罗明坚著，利马窦等译，1630年），其中采用了大量音译专用字，如“义人罗得”写成“囉哆”。类此有“噜、咈、囉、哆、咽、吵、哔、嗖 、嚩……”，其中大多是源出有自的古体字或异体字，如：“咈”，见于《说文·口部》“咈，违也。从口，弗声”；“哆”，见于《说文·口部》“哆，张口也。从口多声”；“噜”，见于《集韵》“笼五切，上姥来”；“囉”，见于《广韵》“鲁何切，平歌来”。但也有他们特地创造出的汉字，如“㖿”“嚥”“吁”。

图2 征伐卜骨刻辞（旅顺博物馆藏）

图3 何尊（宝鸡青铜器博物院藏）及铭文拓片

现成汉字加“口”旁音译方案，最初源于早期佛经的翻译，但如此集中且自觉地使用却不能不说是罗明坚、利玛窦的一大创造。由此，不但保存了一些异体字，也激活乃至创造了不少译音专用字，直接影响了其后汉语科技用字特别是化学元素用字的创造。如近代科学家所创造的“氢、氦、锂、铍、硼；碳、氮、氧、氟、氖、钠、镁、铝、硅、磷；硫、氯、氩、钾、钙、钪、钛、钒、铬、锰；铁、钴、镍、铜、锌、镓、锗、砷、硒、溴；氪、铷、锶、钇、锆、铌、钼、锝、钌、铑；钯、银、镉、铟、锡、锑、碲、碘、氙、铯；钡、镧、铈、镨、钕、钷、钐、铕、钆、铽；镝、钬、铒、铥、镱、镥、铪、钽、钨、铼；锇、铱、铂、金、汞、铊、铅、铋、钋、砹；氡、钫、镭、锕、钍、镤、铀、镎、钚、镅；锔、锫、锎、锿、镄、钔、锘、铹、𬬻、𬭊、𬭳、𬭛、𬭶、鿏、𫟼”等。

不但“西方”文化参与了汉字的发展，东洋文化也参与了汉字的创造。其中最典型的是日本的“国字”，直接支持了中国的知识现代化进程，如“吨”“吋”“瓩”“腺”等都源出于日本。其中“腺”（せん，sen），可以用于“腮腺”“汗腺”“泪腺等，其中“泉”表示液体涌出，“月”表示器官。这个“腺”字很像是诞生于我国的汉字，其实不然，它诞生于200多年前的江户时代后期。历史上“汉方”将人体脏器分为“五脏六腑”，而西医则将“腑”分开，由此产生一个重要概念，就是荷兰语中被称为“klier”的器官。早期日本兰学家（荷兰学家）杉田玄白《解体新书》（1774年）以假借字“機里爾”音译“klier”，后修订为“吉離盧”。但这写法不仅书写费力，而且将它与“肺”“骨”等字结合时，长短严重不均并且读音不顺。于是，当时的日本学者便利用已有汉字来造词，大槻玄泽从符合器官功能之意的汉字中挑选出了“濾泡”二字，组合成了新词。之后杉田玄白弟子宇田川榛斋《西说医范提纲释义》中进一步创造出“腺”字，以后便逐渐传到中国，使人常常误以为这就是中国土生土长的汉字。

“汉字文化区”的其他民族文化，同样也对汉字产生了或多或少的影响。如“椥”，见于《新华字典》，但不见于古代典籍，便是源于越南的地名用字“槟椥省”。“鮸”“魵”“鯜”“魦”“鱳”等字则来源于朝鲜半岛。

而中华民族内部，汉族以外的其他民族的文字对于汉字也产生过影响，如“峒”“崇”“岜”源于古壮字，“逃”字异体“迯”则来源于侗字和布依字。当然，汉民族内部各地方言的方言用字也丰富了汉字的系统，如吴语区的“朆”、粤语区的“氹”、陕西的“biáng biáng面”。

（五）汉字：世界文明史特殊的文化景观

“我们生活在‘世界图景的时代’”（海德格尔）。博物馆是一种空间的景观，可以让我们“看到”超越时空的景象；文字是一种符号的景观，可以让我们“看到”文明演化的密码。

汉字发展至今，数量极为庞大，仅仅一部《汉语大字典（第二版）》就收录了60367个汉字。这一独特的文字体系的发展过程，就是既不断创造又保持文化性格，既不断吸收异族文化又不断影响异族文化的过程。

汉字的传播路线主要是三条：一是向南和西南，传到壮族、越南京族，较晚又传播到川贵云湘的少数民族（苗族、瑶族等）；一是向东传到朝鲜和日本；一是向北和西北，传到宋代的契丹、女真和西夏等。在这一传播过程中，产生了两种影响：一是形成汉字式文字，如日本汉字、朝鲜汉字、喃字、方块壮字、方块苗字、方块瑶字、方块侗字、方块白字、方块布依字、方块哈尼字；二是形成了准汉字式文字，如日本假名、朝鲜谚文、西夏文、契丹文、女真文、八思巴字、彝文、水书、傈僳文、纳西哥巴文、女书，等等。

在诞生、发展、演化、传播的过程中，汉字不仅形成了一套独特的记录语言的符号系统，更成为中华民族问题探究、知识生产、思想传播的利器。

进而言之，汉字已经成为汉语世界，虽然存在难以胜数的方言、次方言、方言点，却依然是中华文明数千年能够保持统一的最重要的动因，成为中华文化认同的重要资源，成为解读中华民族发展特征的密码，也成为东亚文化圈的符号基础。

汉字，已然成为世界文明史一道特殊的文化景观。

二、景观：不仅仅是“图景”

（一）景观的传统理解

“景观”是一个现代汉语词语，在汉语史上与其相近的表达是“景物”“景象”。权威的《现代汉语词典》对此释为：“（1）指某地或某种类型的自然景色。（2）泛指可供观赏的景物。”

而Michael Jones和Marie Stenseke等当代西方学者的认识把“景观”概括为三种类型：其一，将“景观”作为自然和人文的一种形态；其二，将“景观”视作一种栖居的“风景”；其三，将景观作为“和政治权力联系”“进行某种象征性的表达”的政体。Ralph 则从景观建筑学、地理学、历史学、建筑学、学术、意识形态等学科角度分别把“景观”概括为“景观作为客体对象(object)”“景观作为区域特征”“景观作为历史记录”“景观作为城镇景观”“景观作为环境意义的分析”“景观作为私人所有权的表达”等。

“意义即用法”，那么，究竟如何系统认识当代语言中的“景观”的种种“用法”呢?

(二) 从居伊·德波开始

居伊·德波认为：“景观并非一个图像的集合，而是人与人之间的一种社会关系，通过图像的中介而建立的联系。”“景观不能被理解为地某个视觉世界的滥用，即图像大量传播技术的产物。它更像是一种变得很有效的世界观，通过物质表达的世界观。这是一个客观化的世界视觉。”由此而言，第一，所谓“景观并非一个图像的集合”，否定式中已预设了“景观”首先是“图像”；第二，“景观”又不只是“图像的集合”，而是由“图像的中介”建立起来的“人与人之间”的“社会关系”；第三，这一“社会关系”背后是“客观化的世界视觉”，即“通过物质表达的世界观”。

居伊·德波的论述很有力量，不过，也未必不会带来某种疑惑：是否“人与人之间通过图像的中介而建立的联系”都可以成为“景观”？医生给病人拍的 CT 片，这无疑是“通过图像的中介而建立的联系”，可是，在什么条件下可以认为这是景观？声音本身不是“图像”，但当听到广播中一阵阵的口号，是否也可以感受到一种景观？进而言之，什么样的“人与人的联系”可以成为“景观”？什么样的“世界观”才称得上是“景观”？基于景观的“世界观”与一般意义上的“世界观”有何不同?

(三) 何为景观

任何景观都意味着一种“图景”。图景不仅有自然的，更有人文的、社会的、行动的：桂林山水、丽江夜月可称为“自然景观”；皖南青砖黛瓦、纳西“披星戴月”可称为“器用景观”；国家国徽、城市标语可以称为“符号景观”；街头演艺、团队游行可称为“行动景观”。

任何景观都包括“观看”。景观不是外在于主体的存在，而是特定主体生产出的空间。没有人，即使有空间也没有景观；如果有人有空间，但主体缺乏相应的意识，依然没有景观。“大漠孤烟直，长河落日圆”背后是人的活动。在这里，“介入景观”即“创造景观”：游客即景观。“西班牙天体浴场”，游客就是景观的核心要素；宽窄巷子去掉满是靓男倩女的游客，也不构成宽窄巷子这一景观；博物馆没有参观者，就不构成博物馆景观。

任何景观都意味着一种“表演”。卞之琳《断章》所谓：“你站在桥上看风景 / 看风景人在楼上看你 / 明月装饰了你的窗子 / 你装饰了别人的梦。”任何景观的“观”的过程其实不但包括“看”和“被看”，还包括了“旁观”。

任何景观都是生命的形塑方式，是生命形塑的空间过程。你意识到什么景观，就形塑出什么生命。例如，把讲台始终看作是一个公共对话的空间，就可能形塑出自由的人格；若始终把讲台看作是一个权力的标志，就可能形塑出控制与反控制的人格。景观有“积极景观”与“消极景观”——或者说是“景观”与“负景观”。最典型的景观，即景观的核心部分应该是积极的，但广义的景观也包括消极的。景观的积极与否由于参照系不同也会发生变化。

“景观”不仅仅意味着“图景”，更是由“图景”“观看者”“观看”和观看“语境”等彼此作用而成就的整体性(认知)效应。

当我们说“汉字是世界文明史上一道独特的景观”时，其实不但包含了“汉字”本然的面貌，也包含了“我们”对汉字的“观察”，包括由此对“我们”自己的反思，乃至包括对整个文明史语境的认识。

三、景观如何成为方法

方法，就是理论思考的路径。居伊·德波批评当代社会已经进入景观社会，这种批判相当警醒，但反过来也意味着，离开对于景观的考察，就很难把握当代社会。

传统的无论是“博物馆景观”“旅游景观”，还是“符号景观”“文学景观”的讨论，在一定意义上都是意味着站在自己的视角“看”景观，那么，能不能从“景观”的视角看世界？所谓“从景观的视角看世界”，也就是以“景观”为理论方法，考察博物馆，考察城市，考察当代社会，考察历史文化，考察全球治理乃至考察我们自身。换言之，对于景观的考察，完全可以成为考察当代社会、历史、文化乃至全球治理的一个重要进路。

（一）符号即社会：语言景观的重新分析

景观社会将语言边缘化，同时又依赖语言将事物景观化。依据对于“景观”范畴的重新认识，可以看到，在语言社会的各个侧面，都存在着“景观性”，尤其是“社会景观”的生产问题。进而言之，不仅“看”到的语言符号可以构成“语言景观”，“听”到的语音乃至“意识”到的言语行为都可以构成“语言景观”。

以景观为视角考察声音。语言景观不仅是文字，也包括语音，声音是景观的重要组成部分。声音景观可以是自然声音，如流水、海涛；可以是借声设景，如所谓“听雨轩”；可以是背景设置，如背景音乐；还可以是行动，如江南小镇景区船娘的江南小调。我们已经有了各种各样的实物博物馆，但对于展示声音景观的博物馆如方言博物馆的建设还相当不够。

以景观为视角考察标语口号。各式各样的户外标语口号可以说是最具中国特色的语言景观，考察中国社会最直接的路径之一便是考察各种户外标语口号。

以景观为视角考察中国文化关键词的翻译。中国人自称“龙的传人”，“龙”是中华民族的视觉形象符号。在将“龙”翻译成外语时，从13世纪开始，既有意译为dragon和serpent的，也有音译为loung和loong的。不过迄今为止，翻译界的主流还是坚持译龙为dragon，其基本理由则沿用已久。但有论者提出：dragon在欧美文化中主要指一种丑陋的恶兽“杜拉根”，无论是在第一、第二次世界大战，还是冷战、反恐战争和欧美国家内部的政治斗争中，敌对双方都把对方比喻为杜拉根兽(dragon)，把己方比喻为杀死杜拉根兽的英雄；与此同时，几百年来，西方无数时政绘画(如图4、图5)也都把各种病毒比喻为杜拉根兽。由此，不宜将“龙”继续翻译为“dragon”。也就是说，从全球政治景观建构视角看，中国文化关键词的翻译原则不能简单考虑是否沿用已久，还必须考虑“景观效应”。

图4 托洛斯基杀死反革命杜拉根兽（1918年）

图5 杀死纳粹（1943年）

（二）观看即创作：影视景观的重新认识

每一部影视作品都在通过创造一个特殊的场景叙述故事，这很容易使人以为所谓“影视景观”等同于影视剧的场景创造。而依据对于“景观”范畴的重新认识，可以看到，一部影视剧，无论其具体画面、制作过程还是放映与观看过程，都具有“景观性”。影视景观就是由影视剧的生产语境—酝酿—剧本—投资—编剧、导演—制作—审核—放映—观看—评论等全部过程所呈现出的互文性空间框架。任何影视作品都是在一定时间维度中制作的，“时间＋作品”可以构成不同的社会景观。意大利著名导演安东尼奥尼拍摄的《中国》，在拍摄完成的当时，立刻遭到全中国媒体连篇累牍的声讨，安东尼奥尼也因此被视为“反动导演”。但时过境迁，现在《中国》却成为今天的中国人重新认识那个时代景观最重要的资料之一。而对于那个时代影视剧的重新认识的可能性何尝又不会构成新的当代社会的一道景观。任何影视作品都需要一定量的观众，“作品＋观众”更可以构成不同的社会景观。无论是一部切中时弊的电影的“叫好不叫座”，还是一部荒唐的电影创造了“票房的天花板”，呈现的都不只是作品本身的面貌，而是整个社会意识形态的景观。由此而言，对于所谓的“票房奇迹”就不能一味唱赞歌，常常也需要给予足够的反思。

任何影视作品都会产生相当数量的评论，“作品＋评论”也可以构成不同的社会景观。以2023春节档为例，一部《流浪地球2》，有人注意到“生物生命”和“数字生命”的冲突与和解，有人注意到“电影工业美学”与“重工业美学”联姻的价值与可能，有人则注意到“人类只有一个地球”的普世主义与“世界各国刻板印象”的民粹主义之间的分裂与弥合；一部《满江红》，有人惊艳于其中情节的不断反转，有人则对反转的近乎无厘头表示反感，有人陶醉于其中饱满的爱国主义情绪，有人则鄙夷其“都是贪官在害朕”的皇家美学；一部《三体》，有人看到的是奇思异想，有人看到的是科幻哲学，有人看到的是未来的可能，有人看到的则是过去的伤痕；一部《狂飙》，有人惊叹演员张颂文的超凡演技，有人感慨于剧中角色高启强的沉沦过程，有人则反思鱼贩高启强受欺时警察的特别站台究竟是支持了弱者现代意识的生长还是催生了弱者对强权治理的欲望……凡此种种，都构建了一种基于影片的2023春节的社会景观。

进而言之，“作品＋观看＋评论＋社会语境”之间的互文，更是值得关注的社会景观。电视连续剧《狂飙》惊心动魄的情节和丝丝入扣的表演，与公众收视时的社会环境想象彼此作用，而形成了特殊的景观，以至于网络出现了这样的段子：“建议严查张颂文（影片主角黑老大高启强的扮演者）。”

电影不仅是一种艺术创作，看电影也不仅是一种文化消费，电影与看电影可以构成一种“社会景观”。例如，《战狼2》和“看《战狼2》”的空前票房和“评《战狼2》”的一种声音，同样构成了一种特别的社会景观。

（三）“建筑可阅读”：街区景观的重新发现

传统“景观”研究通常关注的是“诗与远方”，是身边的纪念碑性建筑和远方的异域风情建筑，包括博物馆等地标性建筑，对于身边的居民建筑则通常熟视无睹。而依据对于“景观”范畴的重新认识，可以看到，即使是普通的市民建筑，一旦与“人”联系，便具有了“景观性”。

身边的建筑之所以可以“阅读”，首先就在于阅读建筑也是在阅读建筑中的生命史。建筑是生命的容器，建筑可能彼此雷同但每一个生命却都是独特的，每一幢建筑中都流淌着别样的生命之歌。由此，对于一个城市来说，曲阜的孔府、鲁迅儿时游乐的绍兴百草园、张爱玲久居的上海常德公寓、邬达克设计的建筑作品等固然值得阅读，平头百姓的祖屋、普通市民的出生地又何尝不值得流连？对于一所大学而言，校史馆固然值得打卡，但每一间老宿舍何尝不是保留了更多的青春记忆？某些海外名校为有效地保存这份情感寄托，专门在每一间宿舍钉上铜牌，铭刻上曾经的住宿者的姓名。

身边的建筑之所以可以“阅读”，还在于阅读建筑也是阅读建筑的空间史。任何建筑都是存在于一定的地理空间之中，借助具体的建筑之“象”，便可能直观地唤起对于这一地理空间变迁的回忆、想象和情感。从“洋泾浜”到“延安路”再到“上海延安路高架”，地理空间特征不但发生了巨大的变化，更载荷了丰富的情感。

身边的建筑之所以可以“阅读”，也在于阅读建筑也是阅读建筑的社会史。上海江湾的“旧上海特别市政府大楼”“飞机楼”可以让人重忆20世纪30年代的“大上海计划”，曹杨新村“两万户”、番瓜弄“十八间”则可以成为20世纪50—60年代全国瞩目的新上海“工人新村”建设计划的直接说明。

（四）运动即叙事：体育景观的重新理解

提到“体育景观”，不少人以为指的就是体育的建筑物，其实不然。根据欧洲委员会《欧洲体育宪章》的定义：“‘体育’系指通过随意或有组织地参与，旨在表达或改善身体健康和心理健康、形成社会关系或在各级竞争中获得成果的所有形式的体育活动。”而“维基百科”对体育的定义是：“旨在使用、保持或提高身体能力和技能，同时为参与者提供乐趣，在某些情况下为观众提供娱乐”的“活动或游戏”。也就是说，体育不仅是“使用、保持或提高身体能力和技能”的活动，同时还具有“为参与者提供乐趣”“为观众提供娱乐”“改善身体健康和心理健康”“形成社会关系”等种种功能。其中，“为观众提供娱乐”已经直接显示了体育的“景观性”，而“形成社会关系”更内蕴了“参与者”之间、“参与者”与“观众”之间、“观众”之间构成“社会景观”的可能。

体育景观就是围绕体育而被全社会“看到”并“参与”的整个事件框架。以2022年卡塔尔世界杯而言，令人瞠目结舌的千亿美元投入、耳目一新的吉祥物设计、半身残疾的开幕式演员、热情好客的接待、无所不在的中国商品、出人意表的阿沙之战乃至在场馆施工中死去的劳工等故事，构成了本届世界杯特别复杂的体育景观。

进而言之，体育事件与公众评论的互文，更构成了另一层面上的体育景观。

以2020年东京奥运会为例，受全球新冠肺炎疫情危机影响，该届奥运会成为历史上首届因非人类威胁原因而未能如期举行，最后又终于成功举办的体育盛会。甘莅豪于《文化艺术研究》2021年第5期上曾发表论述：“在全球‘悲情’语境和日本‘以悲为美’文化的双重影响下，2020东京奥运会开幕式放弃以往‘酒神狂欢模式’，转而采用了‘物哀共情模式’……由此，这也成为奥运会景观塑造观念史上的一个新起点：从‘张扬人类意志’的‘人类中心主义’转向‘敬畏自然与生命’的‘非人类中心主义’。”不过，对于这样的开幕式，在网络上却有着完全不同的反应。仅仅一条《东京奥运会开幕式迷惑行为》的微博推文，在24小时内就吸引7764万次阅读、4.1万次讨论，甚至有网民吐槽：“艺术可以接地气，但请不要接地府；艺术可以有灵魂，但是不能有鬼魂；艺术可以有灵气，但是不能有灵异；艺术是送给观众，而不是送走观众；艺术来源于灵感，不能来源于灵堂；艺术可以很冷门，但真不能太邪门；艺术可以超越人，但不能超度人；艺术不分国界，但分阴阳。”由此反映出的“体育景观观念”，不仅构成了体育史学的重要材料，也构成了认识社会意识形态的重要路径。

（五）活动即表演：市民形象的重新认识

活动构造主体。以博物馆而言，这不仅是一个研究、收藏、保护机构，更是阐释与思考人类文明成就的重要机缘，是国家形象建构、城市形象建构最重要的地标之一。以参观人数而言，卢浮宫（巴黎）、中国国家博物馆（北京）、大都会艺术博物馆（纽约）、梵蒂冈博物馆（梵蒂冈）、美国国家航空航天博物馆（华盛顿）、泰特现代艺术馆（伦敦）、大英博物馆（伦敦）、英国国家美术馆（伦敦）、自然史博物馆（伦敦）、美国自然历史博物馆（纽约）名列前十，这些分明已经成为巴黎、北京、纽约、梵蒂冈、华盛顿、伦敦最重要的地标之一。没有博物馆的城市是荒芜的，没有踏进过博物馆的人生是不完善的，走出博物馆而不思考的旅程也是不完整的。参展本身，就是现代社会生活中最迷人的景观之一，是一个城市市民乃至国家精神风貌展示的重要平台。各大博物馆最低的年度参观人数也在500万以上，直接显示了参观者对于人类文明成就的认同。有一流博物馆的城市是幸福的，有热爱博物馆的大批市民的城市是伟大的。

四、博物馆何为：以景观为方法反身考察景观

“景观”首先是“空间性”的。空间是生命的存在依据，对于行为主体而言，这一“空间”可以说有三种呈现方式：一是自己当下所处的空间；二是远方他人所处的空间；三是未来可能呈现的空间。如果用不同的术语加以指称，则可以分别称之为“场景”（生活的当下）、“风景”（游览的远方）、“愿景”（想象的未来）。

传统的“景观”概念大多将之等同于“风景”，而忽略了“场景”“愿景”与“风景”的关联。“以景观为方法”则意味着必须充分认识到：这是一个“全媒介”的时代，也是一个“全景观”的世界，这就需要融通“脚下”与“远方”、“当下”与“未来”，采用一个“场景—风景—愿景”统一的分析模型。

“场景”,我们无时不刻生活在一定的场景中。“场景—风景—愿景”模型下的“场景”分析提示我们：“愿景”生长于“场景”,“场景”转换则成为“风景”。由此,便提出了“生活景观化”问题。博物馆建设可以说就是当下生活“场景”的景观化的重要路径。

“风景”，这是我们的“诗和远方”。“场景—风景—愿景”模型下的“风景”分析提示我们：“场景”与“愿景”的紧张催生了“风景”，“风景”成就了“场景”与“愿景”的对话。景观是符号化的产物，“诗和远方”的“风景”是一种符号，也是一种符号秩序，更是符号秩序创造的符号。一个个富有创意的展览，正是把“诗和远方”重组为当下生活的过程。

“愿景”，这是我们的“梦想”，这不是一种“自然的视觉”，而是一种“理想风景”。“场景—风景—愿景”模型下的“愿景”分析提示我们：“场景”“风景”催生了“愿景”，“愿景”指引着“场景”“风景”。“愿景”也是一种“看到”，“看得到”的目标才能构成生活的“愿景”。“愿景”在根本意义上就是一种有关权利实现和利益分配的社会理念（social idea），“一场有意识的、由自我生产的梦”，一种“可以眺望”的社会框架。

依据“场景—风景—愿景”统一的理念，“景观”是一个在特定“场景”中依据“愿景”不断生产“风景”的过程。

以景观为方法必须认识到：这是一个“全媒介”时代，也是一个“全景观”的世界，“被看”的意义在于“看”，“看”同时也是“被看”，“看+被看”构成了生活的主体。一切

皆可成景，人即景观，我即景观。景观是生命的容器，也是生命的形塑方式，更是生命共同体形塑的空间过程。景观的发展就是“我”和“我们”的发展。因此，就个体生命而言，“愿景”指引下的景观建设的根本意义在于不断推进情感的提升、认知的拓展、生命的重塑，成为天地之间的大写的“人”。就共同体而言，“愿景”指引下的景观建设的根本意义在于以景观推进城市发展，推进乡村建设，推进社会经济文化的发展，推进族群和文化的认同与彼此承认；以景观推进全人类彼此“愿景”框架的互相理解和融通；以景观推进全人类诗意地栖居的可能。

可居宜居的“场景”是当下社会治理的核心，普遍认同的“风景”是国家现代化治理的关键，诗意栖居的“愿景”则是全球治理和全人类命运共同体建设的战略性目标。

由此而言，回到开头：

我们感叹成都博物馆的“场景”，希望每一个立志成为全球卓越社区的城市都拥有世界一流的博物馆；

我们惊艳成都博物馆“汉字中国——方正之间的中华文明”创设的“风景”，希望由此真正认识到文字最深刻的意义在于“发现问题、纪录以往、探究未知、沟通彼此”，以推动我们的不断发展；

我们沉思成都博物馆馆铭“立足成都 博览天下”的“愿景”，希望更多的博物馆能够帮助她的参与者形塑既有地方性知识，更有全球文明发展视野的世界公民，以景观推进人类诗意地栖居——创造最理想的景观。

从《为田律》说到秦治时期蜀地农田水利与蜀道交通大发展

文 / 彭邦本（四川大学历史文化学院）

1980 年，四川省博物馆会同青川县文化馆在川北青川县郝家坪发掘清理秦移民墓葬群时，于 M50 出土了写于木牍上的战国晚期秦国法律文献《为田律》。这一重要出土文献公布后，立即引发学者的重视和热烈讨论。本文谨拟在学界成果的基础上，侧重从《为田律》对蜀地农田水利和交通建设的积极影响作用出发，探讨秦治时期蜀地水利和交通建设的大发展。

一、青川木牍《为田律》及其启示

各方面的史料表明，公元前 316 年秦人灭掉开明氏古蜀王国后，为了将蜀地打造成为其统一天下的"王业之基"，伴随其统治秩序的逐步建立、巩固和自秦地大规模移民于蜀，秦很快就将其在关中实行的耕战立国战略及其相应的农田水利、交通城建等制度、法规和政策推行于成都平原为核心的蜀地。郝家坪秦移民墓葬中出土的《为田律》木牍，十分清楚地反映了这一史实。其文云：

二年十一月己酉朔朔日，王命丞相戊（茂）、内史匽、□□更修《为田律》：田广一步，袤八则为畛。亩二畛，一百（陌）道。百亩为顷，一千（阡）道。道广三步。封，高四尺，大称其高。捋（埒），高尺，下厚二尺。以秋八月，修封捋（埒），正彊（疆）畔，及癹千（阡）百（陌）之大草。九月，大除道及除邹（浍）。十月，为桥，修波（陂）隄（堤），利津□，鲜草，虽非除道之时，而有陷败不可行，相为之□□。[1]

牍文所云"二年"，学界基本公认乃秦武王二年（前 309 年）。"王命丞相戊（茂）、内史匽、□□更修《为田律》"，"□□"为二未识字，于豪亮先生释为"民愿"；李昭和、黄盛璋先生释为"取譬"；李学勤先生释作"民臂"，读作"民僻"；何琳仪先生释作"身臂"；当从徐中舒、伍仕谦先生，释为"吏臂"，可谓文从字顺[2]。"更修"二字，学者多解为改订，可从。秦武王二年距离秦举巴蜀仅仅 7 年，显然，更修此律，很可能与兼并巴蜀，疆域扩大，并亟须将商鞅变法后的秦制推行于蜀地，实行统一的农田规划包括相应的农田水利制度有关，要结合和针对蜀地的具体实际情况，因而需要重修。商鞅变法以耕战立国，史称其"为田开阡陌封疆，而赋税平"[3]，这一记载与《为田律》吻合。不仅如此，以农立国，大力发展农业，必须以大力发展水利为必要条件，因而秦人在关中地区为核心的秦地大兴水利，此一国策在《为田律》中亦得到明确体现。

《为田律》是关于农田规划的法律，与云梦秦简《田律》等有关农业生产管理等方面的法律有所异，因而在规定田亩面积、阡陌封疆等规制的同时，《为田律》又明令每年"以秋八月，修封捋（埒），正彊（疆）畔，及癹千（阡）百（陌）之大草。九月，大除道及除邹（浍）。十月，为桥，修波（陂）隄（堤），利津□"。每岁秋八月"癹千（阡）百（陌）之大草"，即修整田间的阡陌道路，显然与接下来的"九月，大除道"之"道"有所异，后者既包括阡陌，也包括与阡陌相通的大道，亦即作为交通干线的"道"，所以接下来就是"十月，为桥"。"利津"二字后之"□"，原简报未释，于豪亮、李学勤、唐嘉弘诸先生释为"梁"[4]，甚是。汉承秦制，张家山汉简《二年律令·田律》中有一枚简的文字十分接近青川木牍，其相同文字部分正作

"十月，为桥，修波（陂）隄（堤），利津梁"。[5]而所谓"修波（陂）隄（堤）"，即修整沟渠河流陂池堤防，此为定期维修水利设施的记载。或释波为陂，亦通，陂塘亦为水利设施，在丘陵山地尤为普遍而重要。青川地处川北，属于四川盆地周边山地，"修陂隄"可谓合乎地宜。

《为田律》牍文的发现和释读，无疑是秦人将商鞅变法后施行的秦地农田水利制度推行于蜀地的确证，至少是首先施行于青川等蜀地各秦移民区。由于兼并巴蜀、平叛过程中蜀地人口死亡、流亡甚众，所以秦先后多次迁徙关中和关东新兼并地区之民入蜀，规模也很大。青川秦移民墓葬出土《为田律》，说明至少对移民立即施行了这一法律。由于移民广泛分布于蜀中交通干线附近，尤其是各战略和统治要地，因而有很强的示范作用。

据《华阳国志·蜀志》记载，并蜀之初，秦贬蜀王为侯，并在蜀地施行蜀侯之国与郡县并行之制，统治秩序还不稳定。秦的统治虽然强势，蜀侯仍几度反叛，但均遭秦武力镇压屠戮。废除蜀侯后，秦在蜀地完全建立起稳定的郡县制度和普遍的编户齐民制度，这就为全面施行《为田律》规定的制度奠定了基础。由此可知秦人治蜀时期，蜀地古老的农业水利和交通应有了进一步大规模的开发建设，进而大大促进了蜀中经济社会的发展，无疑有深远的历史意义。

二、蜀地水利建设的推广和大发展

（一）灭蜀初期的水利建设

《为田律》等大量出土资料和传世文献反映，秦举巴蜀后，一边压制平定叛乱、稳定社会秩序，一边就有计划、有步骤地开始了包括农田水利在内的大规模建设。

值得注意的是，秦人在巴蜀的水利建设，从来就不限于与农业结合，亦即并不仅仅着眼于农田灌溉，而是和交通运输、城市建设甚至城乡生态环境建设等紧密结合。如《华阳国志》等书明确记载，并蜀之后，秦随即在巴蜀重要地区大行城垣建设，具体来说即在巴地政治中心江州筑城，在蜀地核心区筑成都、郫县和临邛城。在古代尤其是先秦时期，城市的城垣和城壕构成的所谓金城汤池，作为复合的防御体系，固然有重要的军事防御功能，但同时其避水患、兴水利的功能更是基本且源远流长。城垣或曰城墙，就是封闭城圈的堤防，壕沟又和城内外的河流沟通，成为供排水以至行洪排涝的体系。特别是对成都城垣的兴建，秦人更是高度重视，甚至以秦都咸阳城为蓝本进行规划设计。值得注意的是，蜀郡首府成都城的设计和修建有明确的水利、水文化思路与安排。

夯筑成都城垣的工程十分浩大，所需大量的黏土资源主要分布于城外西、北、东方向。为此，《华阳国志·蜀志》记载，张仪等又有计划地利用城外取土筑城所成的巨坑蓄水成湖，城北计有万岁池和龙坝池，城东有千秋池，城西有柳池，城西北有天井池，这是蜀地历史上最早有案可稽的人工湖。以上著名湖泊随时移而名称或有所改，但延续千载，不仅长期有利于城乡生产生活，对成都地区的生态环境有优化作用，而且作为人工景观，对古蜀文态的进一步丰富提升和增色添彩效用也显而易见。近世成都北郊昭觉寺以北尚存水面宽广达十余顷的白莲池，即是其孑遗之一。成都平原起初有诸多积水泽地，经禹时及先秦蜀地历朝，已逐渐得到很好治理，成为其时大西南地区经济文化最为发达、人口最为繁庶的古代文明中心。古蜀文献中本无人工兴凿大型池沼的传统见载，而战国晚期以后则蔚然成为传统，其源头实自秦而来。先秦以来的关中平原，据班固《汉书·地理志》，旧号为"陆海"[6]。颜师古注云："言其地高陆而饶物产，如海之无所不出。""陆海"之地物产丰饶，则与古代关中水资源的丰沛、水环境的优渥密不可分。其时关中地区河流纵横、湖陂池沼众多，单是有名可稽之湖泊池沼，就计有鹤池、盘池、冰池、镐池、初池、麋池、蒯池、郎池、牛首池、积草池、东陂池、西陂池、当路池、洪池陂、苇埔、美陂、樵获泽等[7]，难怪班固在其《西都赋》中又盛赞长安之地"源泉灌注，陂池交属。竹林果园，芳草甘水。郊野之富，号为近蜀"。从其每每名为"陂""池"，可知当有不少为人工开凿拓展而成，周秦时期关中地区率先成为东亚大陆之"天府"，其生业的多样、生计的富庶和生态的优美，应颇获益于这些湖泽。因此，开成都历史上人工湖泊先河的上述万岁、龙坝、天井诸池，应是随秦人而来的北方水文化。筑城竣工之后，郫江、检江等天然和人工河流及柳池等诸人工湖泊，以活水相互串联，史称"津流径通，冬夏不竭"[8]，显然系规划建设使然，构成了成都平原充裕的水利资源和良好的生态环境，并意在造成城市与水相辅相成的亲和格局。成都城内的供水条件历来也很好，除了郫、检二江可以源源不断地提供取之不尽的城市用水以外，城内自身的水资源也非常丰富，考古发现的秦汉陶井圈表明，众多的水井已经达到颇高的技术水平。人、水、城市的亲密无间，形成一派亲和融洽、充满活力的人文景观。

和前代相比，秦人治下的蜀地，水利和水文化的多样性有了进一步的丰富发展，城垣和人工水利设施更为精致，与水环境等自然条件和谐亲融，显示了天人合一、道法自然理念的传承和深化。

（二）李冰治蜀时广泛进行水利建设

秦人以强势手段几度平定蜀地的叛乱动荡后，终于建立起稳定的统治秩序，到李冰守蜀时，遂普遍和大规模地在蜀地开展水利建设。除创造性地设计兴建了都江堰之外，据载李冰其他的水利活动和兴修的水利工程几乎遍及蜀地。如《华阳国志·蜀志》中就有以下几条记载：

（李冰）又导洛通山洛水，或出瀑口，经什邡与郫别江会新都大渡。

此处所记，为石亭江出山口高景关右岸引水之堰。

冰又通笮道文井江，经临邛，与蒙溪分水白木江，会武阳天社山下。

武阳为今新津区，当金马河、西河与南河三江之会，秦人据蜀时属于蜀郡，汉武帝以后属犍为郡，乃所谓三蜀之地。

时青衣有沫水出蒙山下，伏行地中，会江南安，触山胁溷崖，水脉漂疾，破害舟船，历代患之。冰发卒凿平溷崖，通正水道。

南安县，郡东四百里，治青衣江会。县溉有名滩，一曰雷坻，二曰盐溉，李冰所平也。

南安即今乐山，位于沫水和青衣江、岷江之会，史载李冰于此处凿离堆、平险滩，亦当地自古以来的传说。

僰道有故蜀王兵兰，亦有神作大滩江中，其崖崭峻不可凿，冰乃积薪烧之。

这是有关宜宾地区“离堆”的古老传说。结合秦人设置僰道、修筑五尺道等史实，和其循长江东下灭楚以统一天下的战略等综合审视，李冰凿此处离堆亦即整治长江航道的记载是合乎历史背景的。

现存史籍中李冰水利活动的丰富记载启示我们，秦人大约在蜀地所到之处都陆续开展了水利建设，其活动几乎广及蜀地全域范围。

（三）上古水利文化的集大成杰作——都江堰

前已指出，公元前4世纪末期秦举巴蜀，目的非常明确，就是要将蜀地建成其兼并天下的“王业之基”，为此开展了大规模的基础建设，尤其是水利工程建设。可以这样说，从秦举巴蜀以至秦统一天下，是历史上蜀地水利大发展、成就最卓著的重要时期之一。这方面最引人注目的典型体现，就是融会蜀秦水利技术精华，尤其是集古蜀水文化智慧之大成并加以深化传承的都江堰水利工程的建设。秦统治集团一方面以几十年艰难曲折的努力敉平开明氏残余势力的几次反叛，最终稳定了局势，一方面积极着手开发建设巴蜀地区。继张仪筑成都城之后，蜀守李冰又于公元前3世纪上半叶，主持设计兴修了都江堰大型综合性水利工程系统。

都江堰水利工程体系极为完善，固然可能是李冰以来长期积累改进的结果，但该工程的设计主旨和基本模式应于兴建之初就已大致确立。该工程的综合功能包括成都平原的行洪排涝、舟楫水运、农田灌溉、城邑生活和景观供水等，其中最重要的则是航运和灌溉，因此，现存最早记述李冰主持创建此项大型工程的《史记·河渠书》就明确指出：

蜀守冰凿离碓，辟沫水之害，穿二江成都之中。此渠皆可行舟，有余则用溉浸，百姓飨其利。

《华阳国志·蜀志》亦曾概述云：

冰乃壅江作堋，穿郫江、检江，别支流双过郡下，以行舟船。岷山多梓、柏、大竹，颓随水流，坐致材木，功省用饶。又溉灌三郡，开稻田，于是蜀沃野千里，号为“陆海”。旱则引水浸润，雨则杜塞水门。故《记》曰：“水旱从人，不知饥馑，时无荒年，天下谓之天府也。”

上文所引之《记》，应为前朝古籍。堋，又作堋鄢[9]，鄢即堰，则堋即堰。显然，宝瓶口后平原上展开的航运灌溉系统，广收水运、灌溉和防洪之利，千百年来发挥了巨大的经济、生态效益与卓越的军事战略作用，使蜀中成为千古不衰的“天府之国”。

从上引《史记》和《华阳国志》可知，作为成都平原上都江堰航运灌溉系统的主体部分，李冰所“穿二江”，就是郫江和检江。揆诸当时社会整体发展水平，尽管铁工具已经开始普遍推广，但所“穿”二江仍然并非全盘能由人工开凿，而是顺应和利用了川西平原水地的自然之势，尤其是充分利用原有自然河道加以疏导，对个别河段可能实施过拓展以至截弯取直，以利通航，然仅此已足以使川西平原的水环境和经济社会发展条件大为改善。

三、大规模交通建设与蜀道的升级换代

青川木牍《为田律》除了立法规定田亩制度外，田野中还有与之配套的阡陌制度，这就把农田水利与交通紧密地联系起来。从其条文可知，该律所涉之交通，不仅包括田野中的阡陌，而且包括国家的水陆交通。因此，《为田律》不仅规定"以秋八月，修封捋（埒），正彊（疆）畔，及婺千（阡）百（陌）之大草"，并进而规定在"九月，大除道及除郤（浍）。十月，为桥，修波（陂）隄（堤），利津□，鲜草，虽非除道之时，而有陷败不可行，相为之□□。"[10]"利津□"，前引于豪亮等先生已经明确指出即"利津梁"，则所谓"大除道"之"道"，显然已非仅指阡陌等"道广三步"的田间道路，而是包括行政区划之间的官道，所以有"桥""津梁"，应该是蜀道网络中的重要线路。倘若就此木牍出土的秦移民区而言，即后世阴平道。实际上，秦人在川北所设的青川、昭化等县，都地处龙门山和大巴山地带，其道所经多险，所以牍文有"除浍"之说：于豪亮、李学勤均释为"阪险"，黄盛璋释作"陕险"，读作"狭险"，甚是。然此正好揭示，秦人高度重视从关中通往蜀地之间道路的修治和畅通，因而在规划土地制度的同时加强了对交通的综合考虑，并用法律加以明文规定。

秦灭巴蜀后，为了巩固对这一新兼并的广辽地区的统治，加强政治军事控制，并充分利用巴蜀地区尤其是蜀地富饶的资源物产，非常重视通往蜀地的交通建设，不仅新修五尺道，而且将古老的蜀道加以提档升级，为此开展了大规模的蜀道工程。

蜀道起源甚早，并经历了从新石器时代中晚期以来，历虞夏商周的长期发展，到秦举巴蜀之际，已经基本形成金牛道、故道等线，并在秦举巴蜀以后通过大规模国家工程，得以升级换代，形成中国西部纵贯南北的国道网络。蜀道网络诸线中，以金牛道、故道形成最早。此两线有一个共同特点，即均有很长路段沿嘉陵江水系河谷建成，《为田律》出土墓群所在的秦移民区，正好位于此线。嘉陵江源流由北而南，纵贯长江以北四川盆地的地理区位，使之注定要发挥重要的文化孕育和联系传播的历史使命。特别是其上游切穿秦巴山地形成的河谷豁口，是成都平原为核心的蜀地北向到达汉中盆地和关中平原的唯一天然通道，因此，嘉陵江及其河谷，就成了连接蜀中、汉中和关中的最早水陆交通线，故道之所以名"故"，正是由于此故。而广元市及其下属的青川等县，在从古至今的这一南北向交通线路网络中，具有非常重要的地位。

嘉陵江河谷水系在秦蜀交通上的此种重要性，不仅在广元以北的上游如此，在长达700多公里的中下游同样如此。20世纪70年代末，重庆市博物馆对嘉陵江中下游进行考古调查，发现从新石器时代到战国—秦汉时期的古代文化遗址十一处[11]。调查报告把其中的阆中市兰家坝、南部县涌泉坝和报本寺、南充市明家嘴、南充市淄佛寺5处遗址均归入新石器时代，并且认为它们与陕西龙山文化有一定关系。指出嘉陵江流域与陕西的文化联系，可谓卓识，但将上述遗址笼统归于新石器时代，则明显是限于当时资料条件之误。随着三星堆遗址大量发掘资料的陆续面世，已有学者根据嘉陵江中下游的上述调查资料与之在文化面貌上的相似之处，指出兰家坝等5处遗址的年代可以晚到夏商时期[12]，有的学者更明确将嘉陵江流域的淄佛寺、兰家坝等遗址和铜梁西郊水库遗址归入早期蜀文化[13]，这些论断无疑都是正确的。实际上，调查报告所发表的出自这些遗址的高柄豆、小平底器和尖底器等，正是以广汉三星堆、成都十二桥和金沙遗址为代表的早期蜀文化陶器群的典型器物。因此，兰家坝等遗址显然应是早期蜀文化共同体在四川盆地内嘉陵江一线的北向延续性分布的支系遗存。假如把从铜梁、南充、南部、阆中到凤县，进而到宝鸡以及汉中等地的遗址遗迹串连起来，一个沿嘉陵江河谷北上陕陇、水陆衔接的早期通道系统遂跃然纸上。在四川盆地的各主要河流中，嘉陵江流域的考古工作开展尚少，与岷江流域相比尤显如此。倘对嘉陵江沿线有计划地组织进行考古调查和发掘，相信会有更多更大的发现，进一步揭示出古代四川盆地循之与汉中、关中族群迁徙和文化交流互动的丰富多彩的图景。

四川盆地由盆底平原—盆地丘陵—盆周山地依次构成的特殊地理条件，使得川人在古代为了克服盆周山地和西部高原对外联系交通的限制，往往主要依靠流经盆地的长江及其大小支流河谷。而由盆周进入盆地内的这些大小河流构成的向心状水系结构，同样也成为盆地内部早期的主要交通网络。当时，在有条件通航的河段，船筏水运交通的开发应不晚于周代。公元前316年秦灭巴蜀，战略意图之一即是"方船积粟，起于汶山，循江而下"，直捣楚郢都[14]。四川盆地内一个时期以来出土的东周以降的大量船棺，特别是近年发掘的商业街巨型船棺群，尤其足以揭示蜀地卓越的造船技术必有一颇长之发展过程。不

过，先秦时期巴蜀地区的交通线，更多的应是沿着河流两岸的陆路展开，在不通航的河流或河段更是如此。为什么陆路也依循水流的路线呢？因为河流的自然规律总是水往低、平之处流，所以水道所在，往往就是非平原地区最自然和方便的交通路径所在，而先民大大小小的聚落城邑，也就依水而兴。此种情形，在四川尤为典型。四川省地貌类型极为复杂多样，总的形势是山地、高原和丘陵面积远远大于平原或平坝，因而造成了古代交通和聚落分布的上述特点[15]。

陆路依傍河流，在山区一些峡谷陡峻之处，遂发展出栈道和笮桥，笮桥虽然还难以解决车乘过往问题，但栈道至少在技术上已经让车辆通行成为可能。这些技术设施可以有效地减少或避免跋山涉水的劳顿，极大地方便当时的交通。如栈道的修筑，竟然可连接汉中和关中的数百里褒斜道，主要的坡阪仅有褒、斜二水的分水岭五里坡。史载战国晚期范雎为秦相（前260年左右），大力发展交通，此一唯国家能够承担的交通工程，规模之大，成效之高，前所未有。可以这样讲，正是蜀道的建成、发展，特别是秦并巴蜀后的大规模建设、升级换代和畅通，使得中国西部尤其西南地区与以中原为核心的古代中国紧密地联系在了一起，对中华文明多元一体的宏大格局的形成、巩固和发展，做出了不可替代的贡献。

秦人大规模交通建设成效甚为显著，据《史记》所载，有所谓“栈道千里，通于蜀汉”[16]“栈道千里，无所不通”之说[17]。可见秦人的建设曾使蜀道达到了很高的工程建设水准和畅通状态，完成了上古蜀道交通系统（至少其主要线路）的升级换代。实际上，此种说法并非《史记》的创造，而是最先出自先秦文献《战国策》[18]。汉承秦制，太史公自言曾“奉使西征巴蜀以南”，可见其亲身经历过这些路段，更可知两百多年前，秦并巴蜀之际重修《为田律》以来大规模建设造就的盛况，似乎仍然不逊后来者。

注释

1 四川省博物馆、青川县文化馆：《青川县出土秦更修田律木牍——四川青川县战国墓发掘简报》，《文物》1982年第1期。按：发掘者近年又对木牍所出的M50专门发表了简报，请详四川省文物考古研究院、青川县文物管理所：《四川青川县郝家坪战国墓群M50发掘简报》，《四川文物》2014年第3期。

2 徐中舒、伍仕谦：《青川木牍简论》，《古文字研究（第十九辑）》，中华书局，1992年。

3 《史记·商君列传》。

4 于豪亮：《释青川秦墓木牍》，《文物》1982年第1期；李学勤：《青川郝家坪木牍研究》，《文物》1982年第10期；唐嘉弘：《论青川墓群文化及其政治经济问题》，《先秦史新探》，河南大学出版社，1988年，第100页。

5 张家山二四七号汉墓竹简整理小组编：《张家山汉墓竹简（二四七号墓）》（释文修订本），文物出版社，2006年。

6 东汉班固在《汉书·地理志》中称关中“号称陆海，为九州膏腴”。东汉杜笃的《论都赋》亦言其地“滨据南山，带以泾渭，号曰陆海，蠢生万类”。另详王双怀：《五千年来中国西部水环境的变迁》，《陕西师范大学学报（哲学社会科学版）》2004年第5期。

7 王双怀：《五千年来中国西部水环境的变迁》，《陕西师范大学学报（哲学社会科学版）》2004年第5期。

8 〔晋〕常璩：《华阳国志·蜀志》，见《华阳国志校补图注》，上海古籍出版社，1987年。

9 近年都江堰渠首鱼嘴西侧外江河床出土的东汉建安四年（199年）郭择赵汜碑铭文即作堋鄢，碑藏都江堰文物局。

10 四川省文物考古研究院、青川县文物管理所：《四川青川县郝家坪战国墓群M50发掘简报》，《四川文物》2014年第3期。

11 重庆市博物馆：《四川嘉陵江中下游新石器时代遗址调查》，《考古》1983年第6期。

12 四川省文物管理委员会、四川省文物考古研究所：《四川省文物考古十年（1979—1989）》，载文物编辑委员会编：《文物考古工作十年（1979—1989）》，文物出版社，1991年。

13 范勇：《试论早蜀文化的渊源及族属》，《三星堆与巴蜀文化》，巴蜀书社，1993年。

14 《战国策·楚策一》。

15 《四川省水利志》（四川省水利厅，1989年稿本）第二卷第6页根据《四川省情》（四川人民出版社，1984年）统计，四川山地约占全省面积的49.80%，高原约占29.02%，丘陵约占18.64%，平原约占2.54%。此为重庆成为直辖市前的数据，重庆直辖后，情况当无根本变化。

16 《史记·范雎蔡泽列传》。

17 《史记·货殖列传》。

18 《战国策·秦策一》。

主要参考文献

古籍文献

[1]〔东汉〕班固：《汉书》，中华书局，1962 年。

[2]〔北宋〕欧阳修、宋祁：《新唐书》，中华书局，1975 年。

[3]〔明〕宋应星：《天工开物》，香港中华书局，1988 年。

[4]〔唐〕房玄龄等：《晋书》，中华书局，1996 年。

[5]〔北齐〕魏收：《魏书》，中华书局，1997 年。

[6]〔南朝宋〕范晔：《后汉书》，中华书局，2000 年。

[7]〔西汉〕司马迁：《史记》，中华书局，2014 年。

考古发掘资料

[1] 中国科学院考古研究所、陕西省西安半坡博物馆：《西安半坡：原始氏族公社聚落遗址》，文物出版社，1963 年。

[2] 陕西周原考古队：《陕西扶风庄白一号西周青铜器窖藏发掘简报》，《文物》1978 年第 3 期。

[3] 陕西周原考古队：《陕西岐山凤雏村西周建筑基址发掘简报》，《文物》1979 年第 10 期。

[4] 河南省文物考古研究所、河南省丹江库区考古发掘队、淅川县博物馆：《淅川下寺春秋楚墓》，文物出版社，1991 年。

[5] 中国社会科学院考古研究所安阳工作队：《1991 年安阳花园庄东地、南地发掘简报》，《考古》1993 年第 6 期。

[6] 河南省文物考古研究所：《舞阳贾湖》，科学出版社，1999 年。

[7] 安徽省文物考古研究所、安徽省蚌埠市博物馆：《安徽蚌埠双墩新石器时代遗址发掘》，《考古学报》2007 年第 1 期。

[8] 湖南省文物考古研究所：《里耶秦简（壹）》，文物出版社，2012 年。

[9] 成都文物考古研究所：《成都天府广场东御街汉代石碑发掘简报》，四川大学博物馆、四川大学考古学系、成都市文物考古研究所：《南方民族考古（第八辑）》，科学出版社，2012 年。

[10] 王瑾：《成都市群众路唐墓出土佛教纸本真言及相关问题》，《考古》2020 年第 9 期。

研究论文

[1] 广荣：《“台阁体”和“馆阁体”书法》，《文物》1979 年第 4 期。

[2] 王志方：《试论汉字发展演变的社会政治因素》，《上海师范大学学报（哲学社会科学版）》1993 年第 4 期。

[3] 金波：《敦煌莫高窟北区出土西夏文文献初探》，《敦煌研究》2000 年第 3 期。

[4] 荣新：《唐宋时期四川雕版印刷考述》，《文博》2003 年第 2 期。

[5] 同印：《概谈唐代书法的历史地位》，《书法世界》2003 年第 10 期。

[6] 杨宏：《试论魏碑楷书的字体特征》，《中州学刊》2004 年第 6 期。

[7] 曹定云：《夏代文字求证——二里头文化陶文考》，《考古》2004 年 12 期。

[8] 曹丽芳、任典云：《秦始皇“书同文字”的性质及作用初探》，《山东电大学报》2005 年第 1 期。

[9] 孙雍长、李建国：《南北朝隋唐时期的汉字规范》，《学术研究》2005 年第 5 期。

[10] 乔玉萍、李中兴：《董其昌及明代书法》，《书法赏评》2007 年第 1 期。

[11] 高雅梅：《魏晋南北朝书体论研究》，首都师范大学 2007 年硕士学位论文。

[12] 肖克：《简述汉代的书法艺术理论》，《大众文艺（理论）》2008 年第 12 期。

[13] 窦元章：《宋“尚意”之“意”辨析》，《太原师范学院学报（社会科学版）》2009 年第 4 期。

[14] 冉前林：《敦煌写经书法述略》，《丝绸之路》2009 年第 22 期。

[15] 胡发强：《敦煌藏经洞出土雕版印刷品研究》，西北师范大学 2009 年硕士学位论文。

[16] 李正庚：《先秦至唐书法教育制度研究》，首都师范大学 2009 年博士学位论文。

[17] 王曦：《书同文字与汉字字形的发展》，《黄冈职业技术学院学报》2010 年第 1 期。

[18] 侯东菊：《浅析唐楷书尚法和唐诗重律的政治原因》，《书法赏评》2010 年第 5 期。

[19] 杨二斌：《西汉官文书运行书体研究》，山西师范大学 2010 年硕士学位论文。

[20] 杨涛：《东晋“新体”书法成因研究》，中国艺术研究院 2010 年博士学位论文。

[21] 黄休兵：《隶变在中国书法史上的地位》，《文学界（理论版）》2012 年第 9 期。

[22] 牛子：《书法正体文字形态之沿革》，中国美术学院 2012 年博士学位论文。

[23] 田建平：《宋代书籍出版史研究》，河北大学 2012 年博士学位论文。

[24] 王晖：《中国文字起源时代研究》，《陕西师范大学学报（哲学社会科学版）》2013 年第 3 期。

[25] 胡敬轩：《太和改制对北朝书法影响管窥》，《青少年书法》2013 年第 10 期。

[26] 耿海燕：《宋代书刻述论》，郑州大学 2013 年硕士学位论文。

[27] 游功惠：《中国古代公文载体流变研究》，四川师范大学 2013 年硕士学位论文。

[28] 牛清波：《中国早期刻画符号整理与研究》，安徽大学 2013 年博士学位论文。

[29] 王学军：《无厚与有间：先唐礼制与文学》，南京大学 2013 年博士学位论文。

[30] 曹利华：《中国书法史上的三次飞跃》，《美与时代（中）》2014 年第 3 期。

[31] 颜默：《敦煌写经体对后世书法的影响》，《书法赏评》2015 年第 5 期。

[32] 刘雨升、刘清扬：《浅析宋代“尚意”之风在行书创作中的影响》，《美与时代（下）》2015 年第 6 期。

[33] 陈名生：《吴门书派述评——以南京博物院藏明代吴门书作为中心》，《中国书画》2015 年第 8 期。

[34] 刘超：《北宋文人士大夫书斋生活与尚意书风——以欧阳修为中心展开考察》，《荣宝斋》2015 年第 9 期。

[35] 杨倩：《隶书与汉代思想文化的关系》，《语文学刊》2015 年第 12 期。

[36] 梅跃辉：《“篆隶为本”书法观研究》，中国艺术研究院 2015 年博士学位论文。

[37] 李慧斌：《唐宋书学的历史嬗变——以制度为视角的书法史考察》，《江苏师范大学学报（哲学社会科学版）》2016 年第 6 期。

[38] 黄雷：《唐代敦煌的教育研究》，兰州大学 2016 年博士学位论文。

[39] 李祥俊：《传统法度与文人心灵激荡下的明代书法》，《衡水学院学报》2017 年第 1 期。

[40] 南泽：《浅谈中国书法艺术的发展脉络与联系规律》，《中国文艺家》2017 年第 9 期。

[41] 曾凡虎：《政治意识对汉字字体演进的影响研究》，湖南师范大学 2017 年硕士学位论文。

[42] 孙振杰：《南朝国家教育与文学整合》，郑州大学 2017 年博士学位论文。

[43] 张洺贯：《上古至汉代契刻文字研究》，中央美术学院 2017 年博士学位论文。

[44] 刘刚：《夕阳坡竹简新探》，《江汉考古》2018 年第 3 期。

[45] 冉令江：《魏晋文人书家与楷书的衍生、流变》，《中国书法》2018 年第 6 期。

[46] 李楠：《“天人合一”观与书法艺术精神》，《中国书法》2018 年第 16 期。

[47] 陈平：《秦汉至隋唐时期的书法理论发展略论》，《美术教育研究》2018 年第 23 期。

[48] 陈平：《两宋至明清的书法理论发展略论》，《美术教育研究》2019 年第 1 期。

[49] 金延河：《魏晋南北朝造像记文字研究》，华东师范大学 2019 年硕士学位论文。

[50] 闫章虎：《政治制度视角下的唐代书法史研究》，吉林大学 2019 年博士学位论文。

[51] 何欢：《对中国书法史分期问题的思考》，《美术观察》2020 年第 2 期。

[52] 王峰：《论宋代刻帖的书法教育功用——以〈淳化阁帖〉为中心》，《大学书法》2020 年第 3 期。

[53] 兰浩：《晋楷、魏楷、唐楷书风演进之思想底蕴探索》，《吉林艺术学院学报》2020 年第 3 期。

[54] 周思宇：《唐五代刻本字形研究》，浙江师范大学 2020 年硕士学位论文。

[55] 禹剑：《殷墟花园庄东地甲骨刻辞语言文字综考》，天津师范大学 2020 年博士学位论文。

[56] 刘畅：《从东汉书论看书法艺术形态审美规范的确立——以崔瑗〈草书势〉、蔡邕〈笔论〉〈九势〉为例》，《书法赏评》2021 年第 1 期。

[57] 郁建伟：《以“集王行书”为主体的唐宋时期书法集字现象——以〈集王圣教序〉为例》，《艺术百家》2021 年第 4 期。

[58] 尚峤：《浅谈中国书法发展与汉字文化的传承》，《文物鉴定与鉴赏》2022 年第 5 期。

[59] 张洪振：《汉代隶书的形成与影响探析》，《美与时代（中）》2022 年第 8 期。

[60] 叶怀卿：《论魏晋时期书法艺术创作格调及其成因》，《美术教育研究》2022 年第 17 期。

[61] 朱桧：《晋系玺印艺术特色研究》，西南大学 2022 年硕士学位论文。

研究论著

[1] 中国社会科学院历史研究所：《甲骨文合集》，中华书局，1982 年。

[2] 谢桂华、李均明、朱国炤：《居延汉简释文合校》，文物出版社，1987 年。

[3] 裘锡圭：《文字学概要》，商务印书馆，1988 年。

[4] 何琳仪：《战国文字通论》，中华书局，1989 年。

[5] 甘肃省文物考古研究所、甘肃省博物馆、文化部古文献研究室、中国社会科学院历史研究所：《居延新简：甲渠候官与第四燧》，文物出版社，1990 年。

[6] 中国民族古文字研究会：《中国民族古文字图录》，中国社会科学出版社，1990 年。

[7] 曹之：《中国印刷术的起源》，武汉大学出版社，1994 年。

[8] 潘吉星：《中国金属活字印刷技术史》，辽宁科学技术出版社，2001 年。

[9] 曹玮：《周原甲骨文》，世界图书出版公司北京公司，2002 年。

[10] 中国社会科学院考古研究所：《殷墟花园庄东地甲骨》，云南人民出版社，2003 年。

[11] 王锋：《从汉字到汉字系文字：汉字文化圈文字研究》，民族出版社，2003 年。

[12] 高广仁、栾丰实：《大汶口文化》，文物出版社，2004 年。

[13] 佟春燕：《典藏文明：古代造纸印刷术》，文物出版社，2007 年。

[14] 高延青：《内蒙古珍宝 · 陶瓷器》，内蒙古大学出版社，2007 年。

[15] 蒋勋：《汉字书法之美》，广西师范大学出版社，2009 年。

[16] 刘宝山：《从柳湾墓地到河湟地区史前考古学研究》，三秦出版社，2010 年。

[17] 洛阳博物馆：《河洛文明》，中州古籍出版社，2012 年。

[18] 吴镇烽：《商周青铜器铭文暨图像集成》，上海古籍出版社，2012 年。

[19] 扬州中国雕版印刷博物馆：《雕版印刷》，山东友谊出版社，2013 年。

[20] 宁夏博物馆：《朔色长天：宁夏博物馆藏历史文物集萃》，文物出版社，2013 年。

[21] 樊嘉禄：《造纸（续）· 制笔》，大象出版社，2014 年。

[22] 徐中舒：《甲骨文字典》，四川辞书出版社，2014 年。

[23] 国家图书馆中国记忆项目中心：《我们的文字》，清华大学出版社，2015 年。

[24] 张志和：《中国古代书法艺术史》，中国社会科学出版社，2015 年。

[25] 良渚博物院：《良渚文化刻画符号》，上海人民出版社，2015 年。

[26] 潘吉星：《中国科学技术史：造纸与印刷卷》，科学出版社，2016 年。

[27] 佟春燕：《纸上春秋——中国古代造纸术》，文物出版社，2017 年。

[28] 梁正齐、吉朝声：《石鼓文辨析》，中国石鼓印社出版社，2017 年。

[29] 钟明善：《中国书法史》，陕西人民美术出版社，2017 年。

[30] 秦始皇帝陵博物院：《平天下——秦的统一》，西北大学出版社，2019 年。

[31] 武威市文体广电和旅游局：《武威文物精品图集》，读者出版社，2019 年。

[32] 汉字文明传承传播与教育研究中心、郑州大学汉字文明研究中心：《甲骨春秋——纪念甲骨文发现一百二十周年》，商务印书馆，2019 年。

[33] 沃兴华：《中国书法史》，上海古籍出版社，2019 年。

[34] 湖南省博物馆：《千年遗墨——中国历代简帛书法展》，中华书局，2020 年。

[35] 高秀清、罗红胜：《中国古代物质文化史：书法 · 篆刻》，开明出版社，2021 年。

[36] 金玉甫、李海亭：《中国古代物质文化史：书法 · 甲骨文 金文》，开明出版社，2021 年。

[37] 梁基永：《馆阁之美——清代翰林楹联屏幅研究》，广西师范大学出版社，2022 年。

[38] 贾一默、李勇梅：《直观书法三千年——一部中国书法索引》，三晋出版社，2022 年。

后记

中华文化源远流长，中华文明博大精深。博物馆是收藏、保护、研究、展示中华文明物质载体的重要公共文化机构。用现代博物馆的陈列语言对中华优秀传统文化进行创造性转化和创新性发展，将“优秀传统文化中具有当代价值、世界意义的文化精髓提炼出来、展示出来”，从文物里唤醒历史记忆，从历史里读懂中华文化，从文化里获得民族自信，是时代赋予博物馆的责任与使命。

由国家文物局与四川省人民政府共同主办，成都博物馆策划实施的“汉字中国——方正之间的中华文明”特展，立足于四川地区深厚的历史文化积淀和特色文物资源，放眼全国，融展览策划、资源调集、文旅融合、多元释展、公共服务等综合能力为一体，系统解读汉字作为音、形、意三位一体的文化符号对于中华文明起源、国家统一、民族融合的重要意义。展览根据内容框架组织全国 42 家文博单位 225 件重要考古文物、文献和传世书法珍品，如舞阳贾湖刻符龟甲、石峁古城人射马石雕、史墙盘、秦始皇二十六年铜诏版、敦煌遗书、虞世南《大运帖》、辛弃疾《去国帖》等。从文明之源到统一之基，众多国宝级的珍贵文物，串联起宏大叙述框架下文字与文明交相辉映的华章，努力做到文物价值挖掘深入浅出，文物利用别开生面。

在近四个月的展期中，共接待现场观众 140 万，线上观众近亿人；举办学术讲座及沙龙 7 场，直播观看量逾 700 万人次；CCTV、新华社、人民日报、中新社、中国文物报等央级媒体在内的各级媒体提供报道超8000条，其中新华社、中新社、人民日报等进行了多语种、多角度、多层次的深度报道，网络话题量逾3000万。展讯首次登上求是网，受到中央电视台《焦点访谈》专题报道，成为2023年夏秋之际一场现象级的热门特展。在第31届世界大学生运动会期间，数十批外国元首、大使级团队、各国运动员到馆参观，展览成为联通中外、深入古今的人类文明“交心之路”“互鉴之桥”。强烈的社会反响，凸显出博物馆在资源调配及使用、策展专业品质保障和文化品牌效应推广等方面的创新优势，是博物馆高质量发展的一次有益实践。

展览的成功举办，亦离不开各方的鼎力支持。国家文物局、四川省人民政府对展览进行了全程指导，四川省文化和旅游厅（四川省文物局）、成都市文化广电旅游局（成都市文物局）、中国文物交流中心在展览策划过程中给予了全力支持。故宫博物院、中国国家图书馆、敦煌研究院、上海博物馆、天津博物馆、辽宁省博物馆、陕西考古博物馆、湖南博物院、湖南省文物考古研究院、安徽博物院、河南博物院、山西博物院、宁夏回族自治区博物馆、甘肃省博物馆、四川博物院、苏州博物馆、无锡博物院、洛阳博物馆、旅顺博物馆、宝鸡周原博物院、吴文化博物馆、镇原县博物馆等全国20个省、自治区、直辖市的41家文博机构倾力相助（联合参展单位名单详见本书编委会）。汉字，既是中华民族生生不息的文化根脉，也成为促使现代文博人共襄盛举的纽带！

孙华、王跃工、何应辉、房方、彭邦本、张居中、许杰、樊一等专家就展览内容和形式设计方面给予了悉心指导，为展览如期开展提供了有力保障，在此谨致以深深谢意！

相信本书的编撰出版，将在更广阔的时空里向人们持续讲述汉字与中华文明的相生相发的动人故事，既是对展览的有益总结和延续，亦是对广大公众文化需求的有效回应。

本书编写时间紧迫，编者学识有限，对一些问题的认识尚有不足，存在某些疏漏或不当之处，敬请指正。

任舸
成都博物馆馆长
2024 年 4 月

穀孰成賢聖並

進博士先生長樂

無極老復丁

至大二年夏五月廿四日子昂為

德卿臨于松雪行齋

患萬才未窮玉安
达今墨亮世子中國
安亨百姓季往信阳
和平風雨时若兰乐
荒崇蝗农不把毛

图书在版编目（C I P）数据

汉字中国：方正之间的中华文明 / 成都博物馆编 .
-- 成都：巴蜀书社，2024.5（2025.1 重印）

ISBN 978-7-5531-2125-3

Ⅰ . ①汉… Ⅱ . ①成… Ⅲ . ①汉字－文化史－中国
－图录 Ⅳ . ① H121-64

中国国家版本馆 CIP 数据核字（2023）第 237360 号

漢字中國

方正之间的中华文明

HANZI ZHONGGUO

FANGZHENG ZHIJIAN DE ZHONGHUA WENMING

成都博物馆　编

出 品 人：王祝英
策　　划：周　颖　吴焕姣
责任编辑：王　莹　王欣怡　徐雨田
责任印制：田东洋　谷雨婷
封面设计：何　明　周海川
内文设计：李中果　严小华
出　　版：中华书局　巴蜀书社
成都市锦江区三色路 238 号新华之星 A 座 36 楼
邮编：610023　总编室电话：028-8636 1843
www.bsbook.com
发　　行：巴蜀书社
发行科电话：028-8636 1852
印　　刷：成都市东辰印艺科技有限公司
成品尺寸：230mm×300mm
印　　张：40
字　　数：300 千
版　　次：2024 年 5 月第 1 版
印　　次：2025 年 1 月第 2 次印刷
书　　号：ISBN 978-7-5531-2125-3
定　　价：480.00 元

ISBN 978-7-5531-2125-3

9 787553 121253 >